Coleção

Filosofia e Direito

Direção

Jordi Ferrer

José Juan Moreso

Adrian Sgarbi

ESTUDOS
SOBRE
LÓGICA E DIREITO

JULIANO SOUZA DE ALBUQUERQUE MARANHÃO

ESTUDOS
SOBRE
LÓGICA E DIREITO

Marcial Pons

MADRI | BARCELONA | BUENOS AIRES | SÃO PAULO

2013

Coleção
Filosofia e Direito

Direção
Jordi Ferrer
José Juan Moreso
Adrian Sgarbi

Estudos sore lógica e direito
Juliano Souza de Albuquerque Maranhão

Capa
Nacho Pons

Preparação e revisão
Ida Gouveia

Editoração eletrônica
Oficina das Letras®

Dados Internacionais de Catalogação na Publicação (CIP)
Câmara Brasileira do Livro, SP, Brasil

Maranhão, Juliano Souza de Albuquerque

Estudos sobre lógica e direito / Juliano Souza de Albuquerque Maranhão. -- São Paulo : Marcial Pons, 2013. -- (Coleção filosofia e direito)

Bibliografia.

ISBN 978-85-66722-07-9

1. Direito - Filosofia 2. Hermenêutica (Direito) 3. Lógica 4. Lógica jurídica I. Título. II. Série.

13-07766 CDU-340.12

Índices para catálogo sistemático: 1. Direito : Filosofia 340.12

Av. Brigadeiro Faria Lima, 1461, conj. 64/5, Torre Sul
Jardim Paulistano CEP 01452-002 São Paulo-SP

☎ (11) 3192.3733

www.marcialpons.com

Impresso no Brasil [07-2013]

SUMÁRIO

SEÇÃO 3

SEÇÃO 4

Seção 8

Seção 9

PREFÁCIO

Juliano Maranhão pertenece a la generación de jóvenes lógicos y juristas brasileños, alumnos casi todos del famoso lógico Newton da Costa y se lo puede considerar también como un discípulo de otros dos grandes filósofos y lógicos: Georg Henrik von Wright y Carlos Alchourrón. Sus obras están presentes en cada una de las páginas de este libro. Juliano visitó a von Wright en Finlandia y tuvo varias conversaciones con él (que lo dejaron muy impresionado al maestro, quien me lo contó personalmente en una de mis frecuentas visitas a Finlandia). Y fue un asiduo y apasionado lector de las obras de Alchourrón desde su época de estudiante y sólo la muerte prematura de Carlos le impidió conocerlo personalmente, cosa que lamenta profundamente hasta el día de hoy.

Juliano Maranhão no es, ciertamente, un desconocido en el campo de la Filosofía del Derecho y sobre todo en el de la Lógica Deóntica. A pesar de su juventud es uno de los lógicos más importantes de Brasil. Ha trabajado con lógicos destacados, como Prakken, Hage y Hilpinen, ha publicado varios trabajos en revistas internacionales y ha participado en numerosos congresos y simposios en Brasil, en Argentina y en otros países.

Este libro es una colección de artículos escritos en distintas ocasiones sobre temas de lógica concernientes al derecho. Pese a ello, conserva una unidad temática, que lo hace no sólo útil, sino indispensable para todos los que se ocupan de la estructura y el funcionamiento del derecho y de las normas jurídicas.

Los tres primeros trabajos se refieren a la obra de von Wright. Juliano hace un interesante análisis de la evolución del pensamiento del maestro. Como es bien conocido, von Wright cambió varias veces su posición respecto de la lógica deóntica. En su primer trabajo (1951), al elaborar una lógica del deber (lógica deóntica), pasó por alto el llamado dilema de Jørgensen, pues no se planteó el problema de la verdad de las normas, ni para la definición de relaciones lógicas básicas (consecuencia y contradicción), ni para la definición de las conectivas proposicionales. En el prefacio a *Logical Studies* (1957), donde se reimprime su primer artículo, reconoce que esto fue un error y dice, sin embargo, que su ensayo muestra que la lógica tiene mayor alcance que la verdad,[1] pero no fundamenta esta afirmación. En *Norm and Action* (1963) admite que hay dos interpretaciones de las fórmulas deónticas: prescriptiva (que da lugar a normas que no son ni verdaderas ni falsas) y descriptiva (de las proposiciones normativas que tienen valores de verdad). La lógica deóntica que elabora en *Norm and Action* supone una interpretación descriptiva, pero sus fórmulas reflejan las propiedades de las normas, es decir, de las fórmulas interpretadas prescriptivamente. Tampoco le pareció satisfactoria esta versión y 32 años después de la publicación de su primer artículo afirma categóricamente que como las normas no tienen valores de verdad no hay una lógica de normas.[2] En su lugar, elabora unas reglas de racionalidad de la actividad creadora de las normas que no son estrictamente lógicas, pero que permiten construir un sistema que se podría llamar cuasilógico. Esta novedosa «lógica» deóntica está fundada en la idea de «ejecutabilidad», es decir, de la posibilidad de llevar a cabo las acciones prescriptas por las normas. En este sentido la norma Op no es ejecutable conjuntamente con su norma-negación P~p. Pero esto no significa que estas dos normas sean contradictorias y no puedan darse; sólo son no «co-ejecutables». Esta nueva visión de von Wright le permite eludir el dilema de Jørgensen y disolver las conocidas paradojas de la lógica deóntica como las de Ross y Prior.

Maranhão interpreta este cambio de von Wright, que provocó un gran desconcierto entre los lógicos deónticos, como una típica terapéutica wittgensteiniana, consistente en disolver y hacer desaparecer un problema filosófico mediante la clarificación del lenguaje. Las ideas de Wittgenstein compartidas por su discípulo von Wright y puestas en práctica en este caso son básicamente tres: 1) que los problemas filosóficos provienen de confusiones lingüísticas, 2) que la clarificación de tales confusiones hace desaparecer el problema filosófico y 3) que la filosofía es una actividad y no una doctrina. Esta «reinterpretación» de la lógica deóntica permite a von Wright caracterizar en forma novedosa las principales nociones de la lógica deóntica como implicación normativa, contradicción, ejecutabilidad, necesidad lógica e independencia.

---

1 *Logical Studies*, London: Rourledge and Kegan Paul, 1957, VII.

2 G.H. von WRIGHT, «Norms, Truth, and Logic" en *Practical Reason*, Oxford: Basil Blackwell, 1983, 130-209.

En el segundo ensayo Maranhão plantea y discute la cuestión de saber si la ausencia de la regulación (una laguna normativa) no constituye también una «violación» de las reglas de racionalidad de la actividad legislativa. Analiza la objeción de von Wright, quien le señaló que tal regla implicaría excesivas exigencias para el legislador, que tendría que regular todas las acciones posibles. Surge así la cuestión de saber si se puede dar buenos argumentos para sostener esta conjetura. Personalmente me inclino a pensar que el hecho de que legislador deje sin regular algunas conductas, sea porque no le parecen importantes, sea porque prefiere dejar su regulación en manos de otros órganos (como, por ejemplo, jueces) no autoriza a calificarlo de irracional.

La tercera sección está dedicada al análisis de la noción de implicación normativa en la última versión de la lógica deóntica de von Wright y muestra las dificultades con las que tropieza su intento de disolver la paradoja de Chisholm.

En el cuarto ensayo Maranhão emprende la tarea de caracterizar la dogmática jurídica. Su punto de partida es la obra del conocido jurista y filósofo del derecho Tercio Sampaio Ferraz Junior titulada *Función Social de la Dogmática Jurídica* (1975), quien parte de una genealogía de la institución, distinguiendo tres tipos centrales e interrelacionados de actividad: analítica, hermenéutica y decisoria, cuestiona su estatus como ciencia, y se pregunta por su función social. Según Sampaio Ferraz el discurso de la dogmática jurídica ejerce un poder paralelo, al uniformar los sistemas y las soluciones normativas posibles, resultantes de la identificación de las normas y de su adecuación a la realidad. Esta línea de pensamiento es desarrollada luego en otras obras del mismo autor. Maranhão analiza esas actividades de la dogmática a la luz de obras más recientes: Alchourrón-Bulygin (1971), Aarnio (1977, Bulygin (1986), Alchourrón-Makinson (1981) y Rodríguez (2000), subrayando la función creadora de normas que realiza la dogmática.

Los dos ensayos siguientes están dedicados a la noción de refinamiento y su aplicación a sistemas normativos (sección 5) y a creencias (sección 6).

Hablando en general, el refinamiento consiste en la introducción de nuevas distinciones con la finalidad de cambiar la calificación normativa de un caso. La situación típica es la de una laguna axiológica, es decir, cuando el intérprete considera que el legislador no ha tomado en cuenta una propiedad relevante. Por ejemplo: supongamos que hay una norma que prohíbe fumar en una sala. El intérprete (juez o jurista dogmático) podría preguntarse si la circunstancia de fumar al lado de una ventana abierta no sería relevante para cambiar esa prohibición. Si la considera relevante, entonces cambia la solución: lo que estaba prohibido por la vieja norma, ahora estará permitido.

La idea de Maranhão es que el refinamiento igual que la revisión al estilo de AGM conserva la consistencia e introduce alteraciones mínimas en el sistema original, pero, tiene además la ventaja de que las normas en conflicto no son rechazadas en forma absoluta, sino que son restringidas por una condición. Maranhão distingue entre refinamiento interno, externo y global, de los que este último (que no es más que la combinación de los otros dos) tiene la ventaja de que preserva la completitud y es, por lo tanto, preferible como modelo para la reconstrucción de sistemas normativos, llevada a cabo por la dogmática jurídica con el objetivo de justificar soluciones normativas excepcionales.

La séptima sección del libro, titulada «Porqué Alchourrón tenía miedo a las serpientes» contiene un detallado análisis de dos (o tal vez tres) enfoques del problema del condicional derrotable (hoy día uno de los temas más discutidos en lógica y en el derecho). El hilo conductor del análisis de Maranhão es la resistencia de Alchourrón a la aceptación de las lógicas no monotónicas. El problema se plantea cuando en ciertas circunstancias surge una contradicción entre dos normas (por ejemplo, entre las normas «El que mata debe ser castigado» y «Los menores de edad no deben ser castigados» en el caso en que el que mata es un menor) o cuando se descubre una circunstancia anómala (frente a la ley física de que el agua hierve a 100 grados se comprueba que en La Paz el agua hierve a una temperatura menor).

Las lógicas no monotónicas propician debilitar el condicional (si – entonces), abandonando las leyes de refuerzo del antecedente y del *modus ponens*. La otra alternativa, defendida por Alchourrón, consiste en poner en evidencia el cambio de premisas consistente en el agregado de una premisa nueva. En su reconstrucción Alchourrón en lugar de debilitar el condicional, lo refuerza, pues emplea el condicional estricto, pero debilita el antecedente, que ya no es una condición suficiente del consecuente, sino una condición contribuyente (es decir, una condición necesaria de una condición suficiente).

Maranhão cree poder conciliar ambas posiciones a través de su idea de refinamiento que mostraría que las dos conducen a resultados, si no idénticos, al menos muy parecidos. Sus argumentos no me parecen del todo convincentes, pero no trataré de rebatirlos, pues no me parece que un prefacio sea el lugar más adecuado para una polémica, si bien señalar ocasionalmente alguna discrepancia con el autor, lejos de perjudicar el prefacio o al autor, los favorece.

En la octava y penúltima sección del libro el autor se aboca al tema de la contracción conservadora. Se trata del problema de saber qué queda eliminado de un conjunto de creencias cuando se rechaza una creencia de ese conjunto. Según la teoría de la revisión de creencias basada en el principio del cambio minimal, del conjunto originario se deben eliminar el mínimo posible de creencias para que el resultado sea compatible con la nueva información. Maranhão sostiene, basándose en el principio epistémico de conservadorismo formulado por Harman, que se deben aceptar por lo menos algunas consecuencias lógicas de una creencia rechazada, salvo que existiera una razón específica para rechazarla. Para ello propone un operador llamado «contracción conservadora» que satisface el principio de Harman.

En la última y, por cierto, muy interesante sección del libro Maranhao aborda –con motivo de una polémica entre Susan Haack y el suscripto– el tema de la utilidad de la lógica para la jurisprudencia. Haack[3] la puso en duda con especial hincapié en el libro que publicamos con Carlos Alchourrón hace más de cuarenta años,[4] que –según ella– al poner excesivo énfasis en la estructura lógica del derecho no es capaz de dar cuenta de la parte esencial del fenómeno jurídico, a saber, la actividad de interpretación. En mi réplica[5] yo había sostenido que la importancia de la lógica para el derecho consiste precisamente en el análisis de los conceptos jurídicos fundamentales y no en la interpretación. Maranhão sostiene (creo que con razón) que la discrepancia real entre Haack y Bulygin no versa tanto sobre la lógica y su aplicación, como sobre qué es el derecho y cuál es la tarea de la ciencia jurídica. Haack, siguiendo a Holmes en su polémica con Langdell, cree que lo esencial en el derecho es su adaptación a los cambios sociales mediante la interpretación de las leyes que hacen los jueces a la luz de ideales políticos y morales. Y esto es un campo en que la lógica es impotente. Por lo tanto, según Juliano, se trata de una controversia entre el enfoque descriptivista y positivista (Bulygin) y el enfoque interpretativo del derecho (Haack). Ahora bien, ¿qué se entiende aquí por «descriptivista y positivista»? Si esto quiere decir que la ciencia del derecho consiste en la descripción del derecho positivo y no en la expresión de anhelos, deseos o valoraciones, estoy dispuesto a aceptar este rótulo. En esto estoy en buena compañía: Bentham y Austin, Kelsen, Alf Ross y Hart me parecen preferibles a Dworkin y Alexy que Maranhão cita como referentes de la «dimensión valorativa de la práctica social de interpretación» como algo «inherente y fundamental a la caracterización del fenómeno jurídico». Lo que está en cuestión aquí es la existencia de la ciencia jurídica: si se admite su posibilidad, entonces como toda ciencia la del derecho ha de ser descriptiva; si no es descriptiva, sino expresiva de valoraciones políticas o morales, entonces no es ciencia. Esta es una lección fundamental que cabe extraer de la Teoría Pura de Kelsen y de otros positivistas como Alf Ross

---

[3] S. HAACK, «On Logic in the Law. "Something but not All"», *Ratio Juris*, vol. 20, n.1, 1-31.

[4] C.E. ALCHOURRÓN – E. BULYGIN, *Normative Systems*, Springer, Wien-New York, 1971.

[5] E. BULYGIN, «What Can One Expect from Logic in the Law? Not All but Something. A Reply to Susan Haack", *Ratio Juris*, vol. 21, n. 1 (2008), 150-156.

y Hart. Lo que hacen Dworkin y otros antipositivistas es negar que haya una ciencia jurídica. Nadie niega que los juristas y jueces no se limitan a la descripción del derecho positivo, pero no cabe duda de que la ciencia jurídica, si es que existe tal cosa, pretende precisamente eso, describir el derecho positivo y para esta tarea la ayuda de la lógica es imprescindible.

Frente a la posición escéptica de Haack que no cree que la lógica puede abordar los problemas que plantea la interpretación (con lo que coinciden los positivistas descripcionistas), Maranhão cree que el desarrollo de las lógicas no monotónicas y de argumentación derrotable puede resolver este problema. Es cierto que las técnicas lógicas desarrolladas últimamente permiten un cierto control de la racionalidad en la actividad del juez o del intérprete, pero es importante subrayar que si bien pueden detectar incongruencias entre las reglas y las valoraciones subyacentes no pueden justificar las decisiones políticas o morales, basadas en las valoraciones, lo que constituye, en mi opinión, un límite para la racionalidad de la interpretación.

Tal es sucintamente el contenido de este libro. No es un libro de fácil lectura, no solo porque presupone un cierto conocimiento de lógica que va más allá de la lógica proposicional y de las tablas de verdad. Pero vale la pena hacer el esfuerzo. En vista del extraordinario desarrollo de la lógica contemporánea y su capacidad para resolver los complejos problemas que plantean la estructura, el funcionamiento y la repercusión social del derecho, la lectura de este libro resulta imprescindible para el jurista, para el magistrado y sobre todo para el filósofo del derecho.

EUGENIO BULYGIN

INTRODUÇÃO

MAPA GENEALÓGICO DO LIVRO

Este livro reúne nove artigos elaborados a partir de capítulos da minha tese de doutoramento intitulada *Padrões de racionalidade na sistematização de normas*, defendida em 2004, na Universidade de São Paulo, mas que já tinha seu núcleo formado pelo menos desde 2002. A razão pela qual demorei dez anos para publicá-la é que, na verdade, decidi não publicá-la. Resolvi, primeiramente, aperfeiçoar seu conteúdo com críticas que poderia receber ao submeter seus capítulos, em forma de artigos, a conferências e revistas, principalmente internacionais, ou mesmo discuti-los por *e-mail* com colegas. Nesse processo pude corrigir uma série de ingenuidades, reforçar argumentos e desenvolver as ideias ali contidas. Devo destacar aqui as contribuições provenientes de conversas com Tercio Sampaio Ferraz Junior, Newton C. A. da Costa, Andre Fuhrmann, Eugenio Bulygin, David Makinson, Pablo Navarro, Edelcio Gonçalves de Souza, Jean-Yves Béziau, Renata Wassermann, Jaap Hage, Henry Prakken, Giovanni Sartor, Jorg Hansen, Georg Meggle, Risto Hilpinen e Jorge Rodriguez, além de diversos *referees* anônimos e participantes de conferências de lógica e direito, onde tive a oportunidade de apresentar e discutir o conteúdo da tese ao longo desses anos, tanto antes quanto durante e após a sua defesa.

Mas nenhum impulso foi tão decisivo e determinante para o conteúdo e desenvolvimento da tese quanto os dias mágicos que passei em Helsinki discutindo temas de lógica aplicada ao discurso normativo com Georg Henrik Von Wright. Na verdade, minha ideia inicial para a tese de doutoramento seria reconstruir a filosofia do direito e moral por trás dos trabalhos de lógica deôntica e lógica da ação de Von Wright, a quem o Prof. Tercio havia me introduzido no primeiro ano da faculdade. Mas a clareza de exposição de Von Wright e sua criatividade para primeiro delimitar com precisão problemas e depois enfrentá-los com originalidade foram um convite para que eu abandonasse a ideia de simplesmente interpretar seu trabalho e me engajasse em explorar os temas por ele desenvolvidos. Durante minha graduação, Von Wright vinha publicando trabalhos para os quais a comunidade de lógica deôntica, de certa forma, «torcia o nariz», ou porque discordava ou porque considerava-os triviais. Tratava-se de uma reinterpretação da lógica deôntica não mais como uma lógica de normas genuínas, mas como «padrões de racionalidade» ideais para a atividade de legislação, por meio da qual Von Wright acreditava poder se libertar das dificuldades filosóficas envolvidas na aplicação da lógica ao campo das normas. De minha parte, via essa reinterpretação de forma muito reconfortante, mas me dei conta de que ela era insuficiente para lidar com alguns problemas tradicionais da filosofia do direito e da lógica deôntica. O primeiro que me saltou aos olhos foi como tratar o problema das lacunas dentro da nova abordagem de Von Wright. Escrevi uma carta ao professor mostrando a questão, o que foi o estopim para um diálogo que acabou por me levar para a gelada Helsinki. O resultado das discussões formou o núcleo da primeira parte da tese.

A tese, como aponta o título, discutiu alguns padrões de racionalidade na sistematização de normas jurídicas, entendidos no sentido de critérios ideais de avaliação da racionalidade de sistemas normativos dados (padrões estáticos) ou da alteração desses sistemas (padrões dinâmicos). A primeira parte da tese voltou-se para os padrões estáticos de racionalidade, olhando, em primeiro lugar, para o próprio significado da reinterpretação da lógica deôntica em termos de padrões, em seguida para o padrão de completude e, por fim, o padrão de consistência.

O primeiro capítulo teve seu germe nas conversas com Von Wright, quando apontei que a sua abordagem cética parecia afastá-lo de seus compromissos anteriores sobre o próprio papel da lógica em relação ao discurso normativo ou até em relação à própria linguagem ordinária. Satisfeito com minha «acusação», Von Wright simplesmente chamou minha atenção para seu próprio professor, Wittgenstein, com algumas alusões que me pareceram, naquela oportunidade, bastante obscuras e enigmáticas, bem ao estilo das Investigações Filosóficas. A leitura posterior de Wittgenstein, principalmente suas observações sobre o papel da filosofia como *terapia e* a ideia de «apresentação panorâmica» do uso da linguagem (*Übersichtliche Darstellung*) permitiu-me ver que Von Wright culminava um processo terapêutico de longa data. Como sua reinterpretação teve por fim solucionar o dilema de Jørgensen, bem como superar os paradoxos tradicionais que atormentaram a lógica deôntica ligados ao uso da implicação material (paradoxos de Ross, Prior e Chisholm), problemas que interliguei em um pacote que chamei de «síndrome de Jørgensen», o capítulo, e depois o artigo a partir dele elaborado, receberam o título «Von Wright's therapy to Jorgensen's Syndrome», que foi publicado na revista *Law and Philosophy* (28: 163-201; Springer, 2009) e que traduzi aqui na Seção 1.

À luz de suas raízes wittgensteinianas ou «terapêuticas», ficou claro para mim que os últimos artigos (céticos) do fundador da lógica deôntica moderna foram muito mal compreendidos pelo «*mainstream*» em lógica deôntica, isto é, foram tomados como uma tentativa do criador de decretar o fim de sua criação. Entretanto, suas últimas investigações tratam de problemas filosóficos que são independentes dos desenvolvimentos técnicos dos sistemas de lógica deôntica.

No capítulo seguinte, a tese abordou o problema que identifiquei acerca das lacunas. Resumidamente, pelo padrão de racionalidade proposto por Von Wright para reinterpretar a lógica deôntica standard (chamado de *padrão de executabilidade*), um legislador que promulgue ordenamentos lacunosos seria racional, o que parece estranho, de um lado, porque lacunas são vistas como «falhas» no ordenamento e, de outro, porque na lógica deôntica *standard*, pela interdefinibilidade dos operadores de obrigação e permissão, não há nem espaço para lacunas, nem para contradições. O padrão de executabilidade, por sua vez, acaba por cuidar apenas de contradições, o que revela uma lacuna na própria reinterpretação de Von Wright. O conteúdo do texto, que foi publicado sob o título «Von Wright's sceptic turn on the logic of norms and the problem of gaps in normative systems» na revista *Archives für Rechts-und Sozialphilosophie* (ARSP, vol. 88, *Heft* 2: 216-229, 2002), é basicamente aquele da primeira carta que encaminhei a Von Wright, com respostas as objeções e desafios que ele formulou durante nossas conversas. Esse texto está traduzido na Seção 2 deste livro.

Em seguida, a tese trata do próprio padrão de consistência, que decorre da definição de executabilidade de um ordenamento. Para Von Wright, sua reinterpretação seria suficiente para dissolver todos os paradoxos da lógica deôntica, inclusive o *paradoxo de obrigações em condições contrárias ao dever* (de Chisholm). Com base nessa crença, defendeu a tese de que seria desnecessário o recurso a lógicas deônticas diádicas para a representação de normas condicionais, bastando representá-las por uma implicação material clássica no escopo do operador deôntico. Todavia, percebi que sua solução para o paradoxo de Chisholm enfrenta dificuldades. Na verdade, elas decorrem de um problema mais abrangente, que chamei de *problema da inconsistência racional* e que tem por base uma ambiguidade na noção de negação de normas condicionais, fazendo com que normas condicionais conflitantes possam satisfazer o padrão de executabilidade (nesse sentido podem ser consideradas o resultado de uma legislação racional). O problema, mas também o divertido, é que tentativas de inserir cláusulas no padrão de executabilidade para dar conta de conflitos entre normas condicionais fazem surgir antigos problemas e reproduzem diferentes propostas de sistemas de lógicas deôntica presentes na literatura. Percorro algumas tentativas infrutíferas, mostrando que, para resolver a limitação, tem-se que inserir cláusula no padrão de executabilidade que acaba por fazer com que a implicação material na linguagem objeto da lógica não funcione mais como tal, comprometendo-se a tentativa de Von Wright de resgate da representação de normas condicionais presente na lógica deôntica monádica *standard*. Na tese, esse capítulo recebe o título de «*velhos fantasmas assombrando a lógica de implicação normativa de Von Wright*», mas acabei por publicar uma versão mais simples e direta sob o título «Condicionalidade e a lógica de implicação normativa de Von Wright» na *Revista Brasileira de Filosofia* (vol. 233: 192-220; ano 58, jul.-dez. 2009). O texto ainda submete a «lógica de implicação técnica relevante» (LITR), que formulei para escapar do *problema da inconsistência racional* aos testes de sucesso para superar o paradoxo de Chisholm. Reproduzi esse artigo na Seção 3 deste livro.

No artigo aqui publicado, não incluí um resultado presente na tese que considero importante. LITR parece superar todos os velhos fantasmas da lógica deôntica, a não ser uma dificuldade fundamental que dividiu a lógica deôntica diádica em duas correntes. A tradição Hansson-Lewis para a qual não vale a regra de fortalecimento do antecedente e a tradição Von Wright-Alchourrón, que descarta a consistência entre normas condicionais. A divisão decorre da incompatibilidade entre esses dois princípios intuitivos. Porém, aliando LITR, que satisfaz os dois princípios, ao padrão de completude proposto no capítulo anterior sobre lacunas, aquela incompatibilidade desaparece. Vale a pena olhar a tese ou refletir sobre isso.

Na segunda parte da tese, discuti os padrões dinâmicos de racionalidade. Na verdade, inicio com capítulo que procura esclarecer minha visão sobre o papel dos padrões estáticos e dinâmicos e da lógica deôntica na tarefa de sistematização de normas pela dogmática jurídica. Parto da concepção de Alchourrón e Bulygin, exposta no clássico *Normative Systems*, segundo a qual sistemas normativos são conjuntos logicamente fechados de proposições que apresentem ao menos uma solução normativa. Assumo, porém, um caráter aberto e tentativo desses sistemas interpretativos de partes do ordenamento, sempre sujeitos a alterações e à derrota, o que me levou a conceber a linguagem da dogmática jurídica, por força de sua tarefa criativa, não como uma descrição ordenada de normas jurídicas, mas como um conjunto de regras técnicas acerca *do que se pode ou se tem que fazer* para satisfazer o ordenamento. Essa ideia, em que o discurso de regras técnicas faz a ponte entre o discurso prescritivo de normas e o discurso descritivo de um ordenamento pareceu-me ilustrar o «insight» do Prof. Tercio, de que a tradução e a interpretação de qualquer discurso baseiam-se na construção de uma linguagem intermediária entre a linguagem objeto e a linguagem de origem, funcionando como uma espécie de paráfrase que, mantendo propriedades da linguagem objeto, permite a compreensão na linguagem de origem. O discurso de regras técnicas faz exatamente isso, ao preservar propriedades lógicas típicas da normatividade do discurso prescritivo, ao mesmo tempo em que constitui discurso teórico (sujeito a verdade ou falsidade) tal como o discurso descritivo. Acabei por publicar uma versão modificada desse artigo, que reproduzo aqui na Seção 4, sob o título «O discurso da dogmática jurídica» (no livro *Nas Fronteiras do Formalismo,* orgs. RODRIGUES, J.R, BARBOSA, S.R. e BATALHA DA SILVA E COSTA, C.E., Saraiva, 2010), que homenageou os 30 anos da publicação do livro *A função social da dogmática jurídica* de Tercio Sampaio Ferraz Junior, razão pela qual o artigo inicia com breve análise da evolução da sua teoria jurídica.

Portanto, a concepção de dogmática adotada naquela tese foi a de um discurso de paráfrase do ordenamento jurídico por meio de regras técnicas, mas uma paráfrase reformadora, que não se limita a descrever ou reformular o ordenamento sem alterar suas consequências. O intérprete dogmático, na reconstrução de normas por meio da explicitação daquilo que *tem que* ser feito para obedecê-las, enfrenta um dilema entre satisfazer a norma expressa ou satisfazer a justificação da norma (*i.e.* o propósito – moral ou político – pelo qual ela foi formulada), que podem ser divergentes. Alchourrón e Bulygin eliminaram esse problema de *Normative Systems* ao reduzi-lo a uma questão de identificação do sentido das normas, ou de crítica valorativa, mas não descrição do ordenamento. Entretanto, é possível enfrentá-lo como questão de sistematização. A norma e sua justificação podem receber significados inconsistentes em determinadas condições, o que requer algum tipo de reforma no conjunto ampliado de normas e justificações. Uma forma de fazê-lo é qualificar a norma jurídica conflitante, pela introdução de novas condições de aplicação, de forma que, naquela condição, ela se coadune com seu propósito. A essa operação, estudada no último capítulo da tese, dei o nome de *refinamento de sistemas normativos* (o nome deriva da qualificação que Alchourrón e Bulygin dão a sistemas normativos como «mais finos» ou «menos finos» conforme apresentem para uma mesma ação mais ou menos fatores relevantes).

As principais operações de revisão de sistemas normativos consistem no rechaço explícito e derrogação implícita de normas jurídicas, operações formalizadas por Carlos Alchourrón e David Makinson e que culminaram, posteriormente, junto com o trabalho de Peter Gärdenfors, na construção do modelo AGM de revisão de sentenças (crenças ou normas).

O modelo AGM, entretanto, é fundamentalmente um modelo de derrogação de normas ou correção de crenças. A nova sentença é *sempre* e *totalmente* aceita e, para tanto, as *sentenças* com ela inconsistentes são *sempre* e *totalmente* rechaçadas. Esse mecanismo pode ser inadequado em alguns contextos, particularmente na argumentação e interpretação jurídicas, em que é usual limitar o alcance de regras conflitantes, ou abrir exceções, por meio da qualificação das condições nas quais elas valem, em vez de simplesmente eliminar uma das normas do sistema. Por essa razão, Peczenik chegou a afirmar que o modelo AGM não serve como modelo de argumentação jurídica.

Meu esforço na tese foi então refutar Peczenik mostrando que é possível construir um operador que qualifique normas, em vez de derrogá-las, e que possa ser reduzido a operações básicas de revisão no formato AGM. A ideia apareceu no curso de Inteligência Artificial de Renata Wassermann no IME/USP. Apresentei como trabalho de final de curso o texto «Refinement: a tool to deal with inconsistencies» e o submeti ao ICAIL (*International Conference on Artificial Intelligence and Law*) de 2001. Prakken, Sartor, Trevor Bench-Capon e Jaap Hage leram o texto e fizeram críticas que me ajudaram a ver a ideia sob diferentes perspectivas. Como no final daquele ano eu estaria entre Leipzig (com Jorg Hansen e Georg Meggle) e Maastricht (com Jaap Hage e Bart Verheij) rapidamente trabalhei em nova versão que submeti ao *Jurix*, na qual desenvolvi três operadores de refinamento: um chamado de *refinamento externo*, que condiciona a aceitação da nova norma ou crença; um de *refinamento interno* que condiciona a norma ou crença original; e um de *refinamento global* que restringe tanto a nova norma (crença) quanto a original com ela conflitante a condições correspondentes. O artigo saiu com o título «Some operators for refinement of normative systems» (em VERHEIJ, B., LODDER, A., LOUI, R. e MUNTJEWERFF, A. eds., *Legal Knowledge and Information Systems*, Jurix, 2001, IOS Press, p. 103-115) e foi traduzido na Seção 5.

Os artigos seguintes traduzidos neste livro são desdobramentos e desenvolvimentos da ideia de refinamento, sob diferentes perspectivas.

O artigo «Refining Beliefs» foi um esforço de generalização dos operadores de refinamento em algumas frentes: (i) a primeira é uma simplificação do modelo AGM por meio do conceito de «conjunto interessante» (o modelo AGM abrange situações em que a sentença a ser rejeitada não pertence ao conjunto original ou quando essa sentença é uma tautologia – para o modelo funcionar é preciso fazer algumas intervenções nas definições que tornam mais enroladas as demonstrações; a ideia é simplesmente eliminar esses casos que não são interessantes do ponto de vista de uma contração ou revisão); (ii) a segunda é a aplicação do operador de refinamento sobre conjuntos em geral (não necessariamente fechados pela relação de consequência); (iii) a terceira é definição de todos os operadores e funções de contração, revisão e refinamento sobre pares de conjuntos de sentenças e sentenças, em vez de fixar o conjunto a ser revisado (com isso posso usar funções uniformes que me permitem inserir informações antes ou depois da contração sem alterar radicalmente o resultado do refinamento); (iv) a quarta é a abstração da lógica clássica como base do modelo e a identificação da propriedade estrutural especifica que precisam valer na lógica subjacente para o operador funcionar corretamente (no caso é a propriedade de decomposicionalidade da relação de consequência). Como tratava de generalização de um modelo já abstrato de consequência, revisão, contração e refinamento, achei por bem submetê-lo ao primeiro Congresso Internacional de Lógica Universal (estudo de propriedades gerais de sistemas lógicos) organizado por Jean-Yves Beziau. O artigo, que traduzo na Seção 6 deste livro, saiu em volume que reunia artigos selecionados desta conferência («Refining Beliefs», em J-Y. Béziau, A. Costa Leite eds., *Perspectives on Universal Logic*, 335-349, Polimetrica, 2007).

Os operadores de refinamento constituem uma representação da noção de derrotabilidade, tomada em sua concepção epistêmica (revisibilidade de premissas em situação de incerteza mediante novas informações), em oposição à concepção inferencial (relação de inferência mais fraca, admitindo exceções aos condicionais, que não trazem condições suficientes para a conclusão, embora permitam instanciações por presunções). O campeão da defesa da concepção epistêmica foi Alchourrón que, em uma série de artigos criticou as lógicas não-monotônicas como modelos de representação da derrotabilidade e, em seu lugar, propôs uma lógica de condições contributivas (com operadores de revisão associados ao antecedente dos condicionais).

Os artigos de Alchourrón foram publicados na década de 90, em que as lógicas não-monotônicas estavam em voga no *mainstream* da comunidade de lógica deôntica e, principalmente, da comunidade de inteligência artificial e direito. Mas associar uma teoria representando assunções implícitas ao antecedente de um condicional é, do ponto de vista matemático, uma forma de construir lógicas não-monotônicas. Portanto, a reação de Alchourrón frente a essas lógicas intrigou a todos. Alguns até o olharam com desdém. Um comentário particular de Ron Loui no sentido de que «*Alchourrón estaria fazendo lógica default se tivesse vivido mais alguns anos*» pareceu-me um despropósito e estimulou-me a compreender melhor as razões da oposição de Alchourrón às lógicas derrotáveis. Abordei brevemente o tema na tese, mas desenvolvi a resposta posteriormente, analisando inclusive artigos anteriores de Alchourrón sobre a distinção feita por Hilpinen entre os conceitos de «*conflito normativo*» e «*inconsistência normativa*». Em 2005 tive a sorte de ser convidado por Bulygin para escrever em volume dedicado à memória de Alchourrón. Foi a oportunidade para defender que a crítica de Alchourrón dizia respeito à inadequação filosófica das lógicas não monotônicas em relação a sua concepção sobre o papel da ciência em geral e, em particular, da ciência do direito. Dei ao artigo o título «Why was Alchourrón afraid of snakes» (em *Análisis Filosófico*: vol. XXVI, n.1: 62-92; maio 2006), em referência ao símbolo de relação de consequência não-monotônica que parece uma «cobrinha». Recentemente, retomei o tema, pois notei que a representação da concepção epistêmica por meio de operadores de refinamento, em vez dos condicionais contributivos, poderia escapar das confusões e críticas que foram desfechadas contra o mestre argentino pelos defensores da concepção inferencial (basicamente dizem que a concepção de Alchourrón, no fundo, é também inferencial). Acredito hoje que o modelo de condições contributivas encontrado por Alchourrón, apesar de sua elegância, tenha de certa forma o traído em relação às suas convicções filosóficas. Esse resgate do tema foi publicado sob o título «Defeasibility, Contributory Conditionals and Refinement of Legal Systems» (em orgs. Ferrer, J. e Ratti, G. *The logic of legal requirements: essays on defeasibility*, Oxford University Press, 2012). Apesar de ter alterado minha convicção em pontos importantes, achei melhor traduzir neste livro, na Seção 7, o artigo anterior.

Em seguida, na Seção 8, traduzi o artigo «Conservative Contraction» que saiu no volume *The Many Sides of Logic* (eds. Carnielli, W., D'Ottaviano I. e Coniglio, M., serie *Studies in Logic* da King's College Publications) que reúne uma seleção de artigos apresentados no XV Encontro Brasileiro de Lógica, de 2008. Ali faço um esforço para formalizar o princípio de conservadorismo de Harman, que é relevante no debate entre fundacionalismo e coerentismo em epistemologia. Chamo a atenção para o fato de que o princípio de minimalidade da contração AGM pode ser insuficiente para dar conta da ideia de «alteração mínima» se os operadores forem aplicados em bases de crenças (e não teorias logicamente fechadas). Desenvolvo então um operador de contração conservadora que, no final das contas, é uma generalização interessante do operador de refinamento interno.

Por fim, na Seção 9, traduzo um artigo escrito também posteriormente à tese, mas que se aproveita de uma tentativa lá presente de contextualizar o que seria a lógica jurídica e qual seria o papel da lógica deôntica. O artigo foi escrito durante o Encontro Internacional de Bahia Blanca de 2007, quando Bulygin recebeu seu título de doutor *Honoris Causa* da Universidad Nacional del Sur. O texto que Bulygin leu como discurso de posse foi um artigo, publicado na *Ratio Juris*, respondendo às críticas de Susan Haack à possibilidade de aplicação da lógica ao direito. Contra as limitações apontadas, Bulygin apenas procurou reduzir as expectativas de Haack em relação ao que a lógica pode fazer pelo direito (não tudo, mas algo). Trabalhei imediatamente em texto que procurava destacar que esse «algo» do qual a lógica poderia tratar (que talvez seja mais do que o «algo» do Bulygin) dá conta daquilo que é importante na atividade de reconstrução do ordenamento pelo jurista (que pareceu ser o desejo de Haack). Pablo Navarro gentilmente traduziu o texto do inglês para o espanhol, que foi publicado sob o título «La logica en el derecho: grandes expectativas y algunas desilusiones» na revista *Doxa* (*Cuadernos de Filosofia del Derecho*, 32: 229-254; 2009).

Na verdade, para evitar a tentação de intervir no conteúdo dos textos, recorri à ajuda de Thomas Olcesi e Thiago Acca, para a tradução de alguns dos artigos, fazendo depois a sua revisão. Bruna de Bem Esteves e Fernanda Schmidt também ajudaram muito na montagem do livro. Devo destacar aqui o apoio sempre presente da Fundação de Amparo à Pesquisa de São Paulo – Fapesp ao longo de toda a pesquisa refletida neste livro, seja na bolsa de Iniciação Científica, na bolsa de Doutorado, Pós-Doutorado e nos financiamentos aos estágios no exterior.

De todos os interlocutores com quem tive o privilégio de discutir os temas contidos neste livro, omiti apenas o principal: Carlos E. Alchourrón. Quando Alchourrón faleceu, eu cursava o segundo ano da Faculdade de Direito e alimentava a esperança de um dia conhecer aquele que já era para mim um herói. Alchourrón definiu minha forma de ver o Direito e nutriu meu prazer em estudá-lo. Este livro é resultado da diversão rigorosa que esse herói me proporcionou ao longo desses anos.

À memória de Carlos E. Alchourrón

SEÇÃO 1

A TERAPIA DE VON WRIGHT PARA A SÍNDROME DE JØRGENSEN[1]

Resumo: Nos seus últimos escritos sobre lógica deôntica, Von Wright defendeu que *não existe uma lógica de normas genuínas*. Argumento aqui que essa afirmação surpreendente por parte do pai da lógica deôntica não deve ser entendida como uma sentença de morte para a lógica deôntica. Antes, ela indica uma mudança profunda no entendimento de Von Wright sobre o papel epistêmico e ontológico da lógica quando pensada no âmbito normativo. No lugar do «construtivismo» de sistemas deônticos, que supostamente revelariam uma estrutura necessária para o discurso prescritivo, ele passou a encarar esses sistemas como meros «objetos de comparação», *i.e.* como fornecedores de padrões de racionalidade para a atividade de criação de normas. Dentro dessa concepção, ele propôs uma reinterpretação da lógica deôntica de modo a libertar os lógicos deônticos das dificuldades filosóficas ligadas ao dilema de Jørgensen e aos paradoxos da implicação deôntica. Esse esforço consiste numa aplicação do método terapêutico de Wittgenstein para dissolver dificuldades filosóficas criadas pela tentativa de modelar racionalmente o discurso prescritivo.

---

[1] Maranhão, J. «Von Wright's Therapy to Jorgensen's Syndrome». *Law and Philosophy*, vol. 28, 2009. Traduzido pelo autor.

1. O QUE PODE HAVER DE WITTGENSTEIN EM SEU HERDEIRO FINLANDÊS?

Georg Henrik Von Wright é, reconhecidamente, o mais independente dos pupilos de Wittgenstein.[2] Seu trabalho distancia-se tanto do estilo, como dos temas e jargões de seu celebrado mestre. Não obstante, Von Wright aponta Wittgenstein como o filósofo que mais influenciou seu pensamento.[3] Tal influência, esclareceu Von Wright em um de seus últimos escritos, diz respeito à concepção de filosofia de Wittgenstein, que, em linhas gerais, orientou-o sobre o que é a filosofia, sobre o que ele, como filósofo, fez e estava fazendo.[4] O norte dessa filosofia traduz-se na observação de Hertz, em *Principles of Mechanics*, e que Wittgenstein queria usar como epígrafe na abertura de suas *Investigações Filosóficas*: *«o embaraço mental causado por um problema filosófico desvanece-se quando uma contradição nele embebida é exposta»*.[5]

> «A ideia sempre teve apelo para mim – e acredito que alguns de meus próprios esforços para me livrar de quebra-cabeças filosóficos foram nesse espírito.»[6]

Von Wright não especifica quais de seus trabalhos ou argumentos são instâncias de tais esforços,[7] mas especifica aqueles que não o são. Seu influente trabalho em lógica filosófica, com a criação de diversos sistemas de lógica deôntica, lógica da ação, lógica de preferências *etc.* são exemplos de esforços imbuídos de um «construtivismo lógico», que Von Wright não considera afeito nem ao primeiro nem ao segundo Wittgenstein.[8] Porém, a observação de que seus sistemas deveriam ser vistos como *«objetos de comparação linguística»*[9] já sugere uma influência das opiniões do segundo Wittgenstein acerca do papel da lógica na atividade filosófica.

Em particular, na lógica deôntica, ou a lógica das normas, um campo que praticamente (re)criou, Von Wright propôs diferentes sistemas para superar uma série de dificuldades lógicas e filosóficas. Essa «peregrinação», como Von Wright gostava de chamar seu trabalho, contém propostas bastante

---

[2] Hacker (1996: 143); e Habermas (1997).

[3] Von Wright (1989b).

[4] Von Wright (2001: 179).

[5] *Idem*, p. 179.

[6] *Idem*, p. 179.

[7] O impacto do segundo Wittgenstein é discernível na análise filosófica de Von Wright acerca dos valores, razão prática e sobre a controvérsia entre explicação e compreensão da ação.

[8] Von Wright (2001: 179).

[9] *Idem*, p. 179.

diversas: sistemas de lógica deôntica monádica e diádica; linguagens em que as modalidades deônticas operam sobre elementos representando ações (*tun-sollen*) ou sobre elementos representando estados de coisas (*sein-sollen*); e redução de modalidades deônticas a modalidades aléticas.[10]

Fundamentalmente, Von Wright oscilou entre uma concepção de lógica deôntica como lógica de normas (prescrições) ou como uma lógica de proposições normativas (proposições descrevendo a existência de normas).[11] A peregrinação culmina com uma conclusão desconcertante no artigo *Norms Truth and Logic* (NTL):[12]*não existem relações lógicas entre normas.*[13] Von Wright adotou, desde então,[14] ponto de vista segundo o qual a lógica deôntica deveria ser concebida como um conjunto de princípios governando a atividade de legislação racional.

Importantes lógicos deônticos consideram a nova concepção de lógica deôntica de Von Wright como simples questão de preferência terminológica[15] e na comunidade de *Inteligência Artificial e Direito* parece haver uma certa animosidade geral em relação ao ceticismo de Von Wright. Talvez por essa razão, Von Wright tenha expressado, no prefácio do volume *Practical Reason*, sua surpresa quanto ao fato de que «*o que nele [NTL] era uma nova abordagem da lógica deôntica passou aparentemente desapercebido pela pesquisa posterior*».[16] Assim, Von Wright viu-se como um «*lobo solitário*»[17] numa luta contra embaraçosos problemas filosóficos da lógica deôntica, que o distanciaram da «corrente principal» de investigações. Mas o «criador» não deixou de enfatizar que a maioria dos lógicos deônticos estava cometendo um «pecado» pela aplicação acrítica das noções de implicação lógica e contradição às normas.[18]

Nas linhas a seguir, mostrarei que a última abordagem de Von Wright para a lógica deôntica (e mesmo a *lógica de implicação normativa* por ele proposta) não tem a pretensão de ser uma nova «construção lógica». Pelo contrário, como o próprio Von Wright mais tarde compreendeu e afirmou, suas novas ideias pouco ou em nada influem o trabalho dos lógicos deôn-

---

10 Para uma exposição da evolução das concepções filosóficas de Von Wright acerca da lógica deôntica ver (Von Wright, 1993) e ver (Berg, 1989) para uma análise concisa dos diferentes sistemas deônticos propostos por Von Wright.

11 Ver Von Wright (1993).

12 Von Wright (1983a).

13 Como veremos abaixo, essa afirmação foi posteriormente qualificada.

14 Von Wright, (1983); (1985); (1989a); (1996a,b); (1997); (1999a).

15 Prakken (1997: 98).

16 Von Wright (1983b, p. ix).

17 Von Wright (1999a).

18 Von Wright (1991b: 41).

ticos. Trata-se antes de uma «terapia», no sentido de Wittgenstein, para livrar os lógicos deônticos dos intrincados problemas filosóficos que os circundam.

2. A SÍNDROME DE JØRGENSEN

O problema filosófico fundamental que assola a lógica deôntica foi formulado com precisão pelo filósofo dinamarquês Jørgen Jørgensen[19] como crítica ao *Grundgesetze des Sollens* de Mally,[20] mais de uma década antes do renascimento do tema pelas mãos de Von Wright. O problema, explicitado a seguir, é conhecido como o dilema de Jørgensen.

No discurso ordinário, parece razoável admitir que a obrigação de João pagar impostos «decorra» da norma geral que obriga todos ao pagamento de impostos. É intuitivo aceitar que se alguém for obrigado a fechar a janela e a porta, então será obrigado a fechar a porta, ou, ainda, que esta última norma «contradiz» uma outra que lhe exija deixar a porta aberta. Portanto, em algum sentido, falamos de relações de implicação e contradição entre normas.

Todavia, de um lado, há consenso entre filósofos, com raras exceções,[21] de que normas (discurso prescritivo) não possuem valores de verdade. Um comando como «*Feche a porta!*» não fornece qualquer informação sobre o comportamento do sujeito comandado, antes exige uma ação ou comportamento futuro. Uma reação ao comando como «*Isso é falso*» seria vista como inadequada se não como contrassenso. De outro lado, conceitos tais como consequência lógica e contradição e até mesmo as operações de negação, conjunção e disjunção são definidos semanticamente em termos de valores de verdade. Por exemplo, segundo a definição semântica usual, uma proposição é consequência lógica de um conjunto de proposições se for verdadeira em todas as atribuições de valores de verdade em que as proposições desse conjunto forem verdadeiras.

Assim, se normas são entidades que não possuem valores de verdade, não podem figurar em relações de consequência e contradição (ao menos no sentido usual) e não é sequer claro o sentido de compostos de normas por meio de conectivos como «não», «e», «ou» e «implica». Portanto, segue o argumento, não pode haver uma lógica de normas.

Mais de sessenta anos após o desafiante artigo de Jørgensen, David Makinson[22] chamou atenção para o fato de que a maioria dos lógicos deôn-

19 JØRGENSEN (1937: 38).
20 MALLY (1926).
21 KALINOWSKI (1975).
22 MAKINSON (1999).

ticos continua a fazer seu trabalho como se a distinção entre discurso descritivo e prescritivo jamais tivesse sido ouvida.[23] No nível sintático, conectivos booleanos são rotineiramente aplicados a itens representando normas. Em apresentações semânticas, valores de verdade são atribuídos a normas em mundos possíveis e validade é definida em termos de verdade em todos os mundos possíveis, muito embora raramente consideremos um comando ou norma válida nesses termos. A despeito do avanço técnico dos diversos sistemas de lógica deôntica propostos, tais dificuldades filosóficas são silenciosamente varridas para debaixo do tapete.[24]

Uma tentativa de saída do dilema seria desconsiderar a lógica deôntica como uma lógica de normas e tomá-la como uma lógica de proposições normativas, *i.e.* interpretar as fórmulas (deônticas) como descrições (verdadeiras ou falsas) de que tais e tais normas existem, ou de que, segundo o ordenamento, existem estados de coisas obrigatórios, permitidos ou proibidos.[25] Todavia, se a lógica deôntica for uma lógica acerca da existência de objetos que representariam normas, ou obrigações/permissões/proibições, então não diferiria de maneira interessante da lógica de predicados clássica e as características peculiares do discurso prescritivo seriam perdidas, a não ser que introduzidas por postulados adicionais, que, por sua vez, seriam questionáveis do ponto de vista de uma descrição mais realista de sistemas normativos. Por exemplo:

(i) não há necessariamente contradição em se afirmar que existe uma norma exigindo um estado de coisas oposto àquele exigido por outra norma, cuja existência também é afirmada;

(ii) a existência de uma obrigação para fazer algo não necessariamente implica a existência de uma permissão para fazê-lo;

(iii) da existência de determinadas normas que prediquem certos estados de coisas como obrigatórios não se segue necessariamente que existam normas que atribuam o mesmo predicado às consequências lógicas desses estados de coisas.

Agora, se tais relações fossem postuladas como axiomas adicionais para uma lógica que descreva relações entre normas ou que fale sobre normas, isto implicaria assumir relações lógicas no reino das próprias normas,[26] ou

---

23 Von Wright, Carlos Alchourrón e Eugenio Bulygin são exceções, entre outros.

24 Makinson (1999).

25 Esse foi o caminho tomado principalmente por Carlos Alchourrón (Alchourrón, 1969), Erik Stenius (Stenius, 1963) e Von Wright (Von Wright, 1963).

26 Essa assunção da existência de relações lógicas entre normas foi feita por Von Wright (Von Wright, 1963) e Kelsen (Kelsen, 1960). Ambos defenderam nesses trabalhos a possibilidade de uma lógica de proposições normativas que refletiria relações entre as próprias

seja, postular que «a existência de uma obrigação necessariamente implica a existência de uma permissão» pressupõe que «o que é obrigatório é permitido», e assim por diante.

Enquanto as propriedades (i)-(iii) parecem razoáveis para descrições de ordens normativas (não necessariamente completas e podendo conter conflitos) as respectivas contrapartes no discurso prescritivo contrariam postulados geralmente aceitos na lógica deôntica tradicional (tomada como uma lógica de normas). Como observou Alchourrón,[27] normas e proposições normativas possuem propriedades e estão sujeitas a relações lógicas distintas, que somente coincidem quando se descreve um ordenamento «perfeito», *i.e.* sem contradições ou lacunas.

Mas talvez o mais intrigante seja postular a relação (iii), *i.e.* assumir que as consequências lógicas do conteúdo de um conjunto de proposições normativas verdadeiras sejam proposições normativas necessariamente verdadeiras descrevendo normas existentes (ou válidas) na ordem normativa. Seria razoável admitir a existência ou validade de uma norma apenas por razões lógicas?

Tal questão incomoda não só uma lógica de proposições normativas, mas também o «*truque*» de Dubislav para superar o dilema de Jørgensen.[28] A solução de Dubislav[29] é construída sobre a distinção entre a «sentença de exigência» (*Forderungssätze*) e seu «fator indicativo» associado, que descreve o estado de coisas demandado ou o conteúdo do imperativo. Se um imperativo F_1 exige o estado *a* e se *b* é uma consequência lógica de *a*, segue

---

normas. Posteriormente ambos abandonaram essa concepção e mergulharam no ceticismo quanto à possibilidade de uma lógica de normas genuínas (Von Wright, 1983, e Kelsen, 1965 e 1979). Uma estratégia interessante foi proposta por Alchourrón em *Logic of Norms and Logic of Normative Propositions* (Alchourrón, 1969), onde o princípio de não contradição entre o *conteúdo* de normas não é postulado na lógica de proposições normativas, mas compõe a definição de inconsistência normativa. O mesmo é feito com a interdefinibilidade de operadores de obrigação e permissão. Ao invés de postulados, apenas caracterizam, por definição, sistemas normativos completos. Alchourrón demonstrou então que se o sistema normativo satisfaz ambas as propriedades de consistência e completude, conforme definidas, então o sistema de proposições normativas é isomórfico à lógica de normas. Heuristicamente, isso significa que, nesse caso (e não em todos), as proposições normativas descrevem um sistema com «propriedades de perfeição», consistente e completo. Todavia, falta explicar por que as consequências lógicas do conteúdo de normas existentes geram normas derivadas *existentes* ou *válidas*.

27 Alchourrón (1969).

28 O trabalho de Dubislav é anterior ao Jørgensen o que mostra que Dubislav já estava absolutamente consciente do dilema. Todavia, a formulação precisa do problema é devida a Jørgensen.

29 Dubislav (1937).

que o imperativo F_2, exigindo *b*, é dedutível de F_1. Tal truque pressupõe que as consequências lógicas do que foi exigido são também «exigidas».

Isto nos conduz ao problema ontológico das normas, *i.e.* o que significa (definição) ou quando está alguém justificado em acreditar (justificação) que uma norma existe ou é válida ou que determinado comportamento é obrigatório de acordo com uma ordem normativa. Se normas são a expressão de atos de vontade concretos, *i.e.* se a existência de uma norma está intrinsecamente ligada à sua promulgação pela autoridade normativa, como postula o último Kelsen, seria razoável admitir a existência de uma norma com base no truque de Dubislav? A «exigência derivada» poderia ter o mesmo *status* de uma exigência resultante de um ato de vontade concreto? A última resposta de Kelsen é um claro não.[30] Kelsen chega a conceder que uma autoridade que exija o conteúdo derivado de outra norma estaria racionalmente «justificada» mas a existência da norma «derivada» calca-se na sua promulgação pela autoridade normativa, não na sua dedutibilidade a partir do conteúdo de uma norma pré-existente.[31] Caso contrário, endossar o truque de Dubislav, como faz o próprio Jørgensen, levaria a uma «invenção» de normas que não foram efetivamente desejadas ou promulgadas.

As consequências perversas de se criar normas (considerá-las existentes) através do maquinário da lógica foram apontadas, de forma simples, por Alf Ross, com o seu famoso paradoxo,[32] derivado imediatamente do princípio de consequência deôntica,[33] de acordo com o qual consequências lógicas de obrigações são obrigatórias:

(DC) $O(a \rightarrow b) \rightarrow (Oa \rightarrow Ob)$

Como o esquema $a \rightarrow a \vee b$ é uma tautologia da lógica proposicional clássica, segue o esquema (gerador do paradoxo):

(R) $Oa \rightarrow O(a \vee b)$

Alf Ross então propõe uma interpretação contra-intuitiva para *R* na linguagem ordinária:

(r) «*Se é obrigatório enviar uma carta, então é obrigatório enviá-la ou queimá-la*»

Se sentenças deônticas derivadas forem interpretadas como normas válidas ou obrigações *existentes* «*no mesmo pé*» daquelas efetivamente

---

30 Kelsen (1965) e (1979).

31 Kelsen (1965).

32 Ross (1941).

33 O princípio tem muitos nomes na literatura. «*Princípio de consequência*» é o nome usado por Hilpinen (Hilpinen, 1985).

promulgadas, como propôs Dubislav, então o paradoxo nos atinge com força total. O comando «*Envie a carta ou queime-a*» é uma consequência e *existe* da mesma forma que o comando original «*Envie a carta!*». Mas alguém pode obedecer aquele comando queimando a carta e, assim, tornar impossível a obediência ao comando original!

Alguns acreditam que o paradoxo não chega a incomodar, pois também pode ser reproduzido no sistema de modalidades aléticas «se é necessário enviar a carta então é necessário enviá-la ou queimá-la» o que jamais representou qualquer problema técnico para a lógica modal.[34] Ocorre que compará-lo ao sistema modal alético implica perder o ponto, pois o desafio de Alf Ross questiona justamente a analogia ou mesmo a possibilidade de se admitir que «consequências lógicas» possam ter o status de obrigações efetivas. É crucial notar que o paradoxo de Alf Ross é antes um paradoxo filosófico do que um paradoxo lógico, que toca na espinha dorsal de uma difícil questão sobre a ontologia das normas.

Nos aproximamos de seu ponto com a seguinte hipótese. Suponha que exista para todos com 18 anos de idade uma obrigação de prestar serviço militar ou prestar serviços comunitários. Por alguma razão o exército nacional é extinto e, então, promulga-se nova norma determinando ser obrigatório prestar serviços comunitários aos 18 anos. Essa nova norma faz alguma diferença com relação ao conjunto de nossas obrigações? Se a resposta a esta pergunta for positiva então estamos mais próximos do ceticismo de Alf Ross; se negativa, então a lógica tem algum papel ontológico no universo normativo.

Poucos anos após a publicação do sistema original de Von Wright,[35] Prior objetou sua proposta de formalização de deveres condicionais com os paradoxos de comprometimento (*paradoxes of commitment*).[36]

Von Wright havia sugerido que uma obrigação de fazer *a* na condição *b* deveria ser formalizada como $O(a \rightarrow b)$, *i.e.* por uma implicação material dentro do escopo do operador deôntico.[37] Mas como apontou Prior, dado que os princípios *ex falso sequitur quodlibe* $t{\sim}a \rightarrow (a \rightarrow b)$ e *verum sequitur ex quodlibet* $a \rightarrow (b \rightarrow a)$ são teoremas da lógica proposicional clássica, os seguintes esquemas são derivados de DC, que vale no sistema original de Von Wright:

$(P1)\ O{\sim}a \rightarrow O(a \rightarrow b)$

---

[34] Castañeda (1981).

[35] Von Wright (1951).

[36] Prior (1954).

[37] Von Wright (1951).

(P2) Oa→O(b→a)

De acordo com P1, se alguém descumpre seu dever, então é obrigado a fazer o que bem entender! De acordo com P2, se algo for obrigatório, então será obrigatório sob qualquer condição. Os paradoxos de comprometimento não passam de versões deônticas dos paradoxos de implicação material da lógica clássica e de implicação estrita em lógica modal. Porém, como nota Von Wright, eles parecem ter um efeito bem mais forte quando aplicados ao discurso prescritivo.[38]

Para evitá-los, Prior propôs o esquema *b→Oa* como formalização adequada às normas condicionais. A formalização de Prior ainda possui outra vantagem, pois permite destacamento fático (*factual detachment*), *i.e.* se *b* for o caso, então segue que *a* é obrigatório, o que não é possível na formalização proposta por Von Wright.[39]

Mas a sugestão de Prior traz de novo à tona o dilema de Jørgensen. Se não é claro qual o significado de conectivos veritativo-funcionais quando aplicados a itens representando normas, é ainda mais confuso ligar itens representando entidades de naturezas completamente distintas como um *estado de coisas* e uma *prescrição*. Com base nessa observação, Von Wright condenou tal «*híbrido linguístico*» como um «monstro», sem lugar no discurso com significado.[40] Todavia, a formalização de Prior contou com importantes adeptos, entre eles, Alchourrón.[41]

Ambos os paradoxos, de Ross e de Prior, são deriváveis no que foi convencionado como lógica deôntica standard (SDL),[42] que é uma extensão do sistema original de Von Wright. Isto significa que tanto *R*, *P1 e P2* são teoremas de SDL.

Deve-se observar, contudo, que os paradoxos aqui discutidos não mostram qualquer inconsistência em SDL, *i.e.* em SDL não há qualquer fórmula *a* tal que *a* e *~a* sejam ambas demonstráveis. Os paradoxos simplesmente manifestam um problema de adequação entre o discurso ordinário e sua representação formal em SDL.

O leitor pode se perguntar por que o paradoxo de Chisholm, ou paradoxo de obrigação-contrária-ao-dever, não é mencionado no que chamamos

---

38 Von Wright (1981: 104).

39 A crítica foi formulada por Al-Hibri (1978) contra SDL, dado que em SDL de *b* e *O(b→ a)* não se pode derivar *Oa*, como intuitivamente se espera.

40 Von Wright (1983: 151).

41 Em seus últimos escritos, Alchourrón defendeu o que chamou de «concepção ponte» entre antecedente fático e consequente deôntico (cf. Alchourrón, 1993, 1995 e 1996a).

42 Ver (Hilpinen & Føllesdal, 1971).

de «síndrome de Jørgensen». O paradoxo certamente está relacionado ao problema de formalização de obrigações condicionais e Von Wright acreditava que sua última abordagem seria capaz de superá-lo. Todavia, a solução envolve outros instrumentos além da simples reinterpretação da lógica deôntica em termos de padrões de racionalidade.[43] Assim, sua inclusão poderia enfraquecer o foco da presente seção, que se limita a relacionar a solução de Von Wright para a síndrome de Jørgensen com o método terapêutico de Wittgenstein. Ademais, há fortes razões para acreditar que a solução de Von Wright para o paradoxo de Chisholm é insatisfatória. Para evitar a confusão de argumentos direcionados a objetivos distintos, deixo esse problema para uma seção posterior (cf. Seção 3 deste livro).

É evidente que a tese segundo a qual a abordagem de Von Wright está relacionada com a filosofia do segundo Wittgenstein é absolutamente independente de seu sucesso na resolução de todos ou alguns dos problemas lógicos que se propõe.

3. FILOSOFIA COMO TERAPIA

Von Wright abraça três teses wittgensteinianas: «*primeiro, que problemas filosóficos originam-se de confusões linguísticas; segundo que expor tais confusões faz com que o os problemas desapareçam; terceiro, que a filosofia é uma atividade, não uma doutrina*».[44]

Tais teses são sustentadas tanto no *Tratactus Logico-Philosophicus* (TLP) quanto nas *Investigações Filosóficas* (PI). Em ambas as obras, Wittgenstein preocupa-se com o problema de explicar a «essência» da linguagem: como a linguagem é possível e como interagimos com o mundo através dela.[45] Porém, as noções do que seria uma confusão linguística, como expô-la e o tipo de atividade na qual o filósofo deveria se engajar diferem bastante em cada trabalho, como consequência imediata das concepções distintas de linguagem e significado sustentadas pelo primeiro e pelo segundo Wittgenstein. Examinar sua primeira fase nos ajuda a entender seu método terapêutico posterior, cujo principal paciente foi o próprio autor do *Tratactus.*

No *Tratactus*, a linguagem é possível porque existe um isomorfismo entre suas combinações possíveis de símbolos e as combinações possíveis

---

[43] O mesmo vale para o paradoxo do «conhecedor» de Aqvist, que envolve a interpretação de uma aparente conjunção por meio de um condicional. O paradoxo do gentil assassino e o paradoxo do bom samaritano não são abordados por Von Wright, mas seriam tratados, a partir da mesma estratégia empregada na solução do paradoxo de Aqvist. Todos eles estão fora do escopo desta seção.

[44] Von Wright (2001: 179).

[45] Von (Wright, 1993).

de objetos e relações entre estados de coisas no mundo (que Wittgenstein chama de *forma lógica* da linguagem e do mundo). A forma lógica reflete-se na estrutura da proposição numa linguagem com *notação perspícua*.[46] O cálculo funcional de Frege e a teoria de tipos de Russell são aproximações de tal notação perspícua, embora com equívocos, que Wittgenstein aponta e tenta corrigir em diversas passagens do *Tratactus*.[47]

Toda proposição com significado, incluindo as proposições da linguagem ordinária, satisfazem a forma lógica. Satisfazê-la é uma condição de sentido para qualquer linguagem. A questão que se coloca é: em que medida a linguagem na qual a proposição é expressa torna explícita sua estrutura lógica? A forma obscura com a qual a linguagem ordinária escamoteia sua estrutura lógica abre espaço a questões e confusões filosóficas. Tais questões originam-se do insucesso em se distinguir as relações internas entre proposições, que se *mostram* na sua forma lógica, das relações externas que as proposições mantêm com o mundo e constituem aquilo que pode ser *dito*.

O significado de uma proposição é dado pelas possibilidades de entrelaçamento das coisas no mundo, *i.e.* pela figuração possível que faz deste, e isto é tudo o que uma proposição pode dizer.[48] A proposição é verdadeira se as coisas realmente estão como diz que estão e falsa em caso contrário. Entretanto, proposições não podem dizer o que as coisas ou objetos são, nem como estão relacionadas com símbolos linguísticos (incluindo a proposição), nem qual é sua forma lógica. Isto apenas pode ser mostrado em uma notação perspícua. Qualquer tentativa de dizê-las seria uma transgressão dos limites

---

[46] TLP: 5.45 e 5.46.

[47] Wittgenstein oferece, ao longo do livro, uma série de exemplos de exposição de confusões filosóficas por meio de uma notação perspicaz: problemas ligados ao conceito de identidade desaparecem quando se percebe que dizer de dois objetos que são idênticos é um contrassenso e dizer que algo é idêntico a si mesmo é dizer nada (TLP: 5.5302). O símbolo de identidade é portanto supérfluo. Numa notação perspicaz, objetos idênticos são representados pelo mesmo símbolo, objetos distintos por símbolos distintos (TLP: 5.531). Assim, não se «fala» da «identidade» ou «diferença», elas se mostram nos símbolos empregados; o que o axioma do infinito de Russell tenta dizer sem sucesso, que «existem objetos infinitos», já se mostra numa notação perspicaz com infinitos nomes (TLP: 5.535); a teoria de tipos é um contrassenso, pois tenta dar uma resposta gerada por outro contrassenso, o paradoxo de Russell. Que uma função não possa ser seu próprio argumento, não pode «ser posta em palavras», pois não podemos falar do sentido dos símbolos pelos próprios símbolos (TLP: 3.331-3.332). Em uma notação perspicaz, já se mostra que a função externa e a interna têm que ter sentidos diferentes (TLP: 3.333).

[48] Wittgenstein completa o ponto com a afirmação de que a linguagem é a totalidade de proposições (TLP: 4.001). Numa primeira leitura, parece que Wittgenstein reduz a linguagem a seu uso assertivo. Todavia, a autocrítica de Wittgenstein nas Investigações (PI:24) indica que o estado de coisas figurado pode ser empregado em diferentes formas de discurso, isto é, tanto para fazer asserções, como questões, para comandar etc. (cf. Harlett, 1986 e Hintikka, 1986).

de sentido.[49] Ademais, a linguagem ordinária baseia-se em complicadas convenções implícitas, o que cria ambiguidades, que por sua vez, escondem a necessária determinação de sentido das proposições.[50]

Confusões filosóficas são expostas em uma notação perspícua ou quando uma proposição da linguagem ordinária é completamente analisada em nomes simples e imediatamente se percebe que ou ela é verdadeira ou falsa, e portanto não é problemática, ou que não consiste em qualquer figuração da realidade, e portanto é um contrassenso.

Por exemplo, a teoria das descrições de Russel mostra, pela análise do descritor «o» da linguagem ordinária, que o problema filosófico do sentido das proposições sem referência é, na verdade, um pseudoproblema, pois basta perceber que o descritor, em tais proposições, esconde uma proposição existencial falsa. «O rei da França é careca» é uma proposição com sentido, pois figura um estado de coisas logicamente possível, mas é falso, dado que a afirmação implícita «existe um rei da França» é falsa. Em uma notação perspicaz, que evidencie tais proposições existenciais, o problema filosófico não se coloca.

A filosofia é então concebida como uma atividade de clarificação lógica dos pensamentos. Sua tarefa é ajustar os limites do que pode e do que não pode ser pensado (ou dito) e tornar os pensamentos e proposições mais precisas, substituindo sua expressão por um simbolismo perspicaz, capaz de evitar tais confusões e ambiguidades. Assim, a filosofia se opõe diametralmente à ciência (natural), concebida como a totalidade de proposições verdadeiras, uma vez que não existem proposições filosóficas com significado.

Tal concepção de filosofia como oposta à ciência e voltada para a clarificação de confusões linguísticas é preservada nos escritos posteriores de Wittgenstein. Todavia, o segundo Wittgenstein, conclama-nos para uma completa rotação no «*eixo de referência*» de nossa investigação filosófica para alcançar «clareza *completa*».[51]

O ideal de uma estrutura essencial da linguagem, que revelaria a ordem *a priori* do mundo é severamente atacada e rejeitada como uma ilusão filosófica.[52] Em vez de tentar ver como a linguagem possivelmente se conecta à realidade, somos convidados a compreender as diferentes maneiras possíveis

---

49 Paradoxalmente, as restrições que Wittgenstein impõe às sentenças como condição de sentido, acabam por qualificar todas as proposições do *Tratactus* como contrassenso. Wittgenstein está absolutamente consciente disso e afirma que suas proposições são como escadas que devem ser jogadas fora depois de escaladas (TLP: 6.54).

50 TLP: 3.323-25.

51 PI: 108.

52 PI: 97-8.

pelas quais a linguagem está entrelaçada às nossas ações e interações com o mundo.[53]

As complicadas convenções implícitas da linguagem ordinária que, por esconder a estrutura lógica das proposições, foram apontadas no *Tratactus* como a fonte de ambiguidades e confusões filosóficas são agora tomadas como a verdadeira pedra de toque do fenômeno linguístico.

Compreender o significado de uma palavra implica dominar uma habilidade em usá-la nas situações apropriadas e tal domínio somente pode ser alcançado a partir do comportamento, governado por regras, daqueles que usam a língua. O significado de uma palavra é dado, assim, pelas condições que legitimam seu uso em uma comunidade linguística. Wittgenstein chama de *jogos de linguagem* tais atividades de se descrever, questionar, exigir, expressar sentimentos etc.[54] Os diferentes jogos delineiam as diferentes formas de representação através das quais interagimos uns com os outros e com o mundo. A linguagem não é determinada por uma estrutura última, mas por uma série de jogos de linguagem mais ou menos semelhantes, que compõem o que Wittgenstein chama de *gramática*.

Confusões e ilusões filosóficas têm sua origem na falha em enxergar ou aceitar tais distinções, em perceber o jogo de linguagem no qual a palavra está inserida ou na má compreensão do funcionamento daquele jogo.[55] Wittgenstein identifica duas principais fontes de dificuldades filosóficas, as quais ele compara com sintomas de uma doença:

(i) *tentações*:

Tentações resultam da má compreensão do papel que linguagens ideais preenchem nas nossas formas de representação.

Uma de suas manifestações é a tendência ao dogmatismo, *i.e.* assumir que uma determinada forma de representação é a forma «essencial».[56] Aqui, o alvo principal é seu postulado anterior de que qualquer proposição com significado deve ter a forma proposicional geral: «*as coisas estão assim*».[57]

Outra manifestação relacionada à primeira é a tendência em se ver a realidade por meio das lentes de um modelo ideal de representação.[58] As proposições da lógica, por exemplo, como o princípio de não contradição ou terceiro excluído, fixam referências, nos forçando a pensar em uma direção

---

53 Hintikka (1977).

54 PI: 29.

55 PI: 109.

56 PI: 100.

57 PI: 114-5.

58 PI: 101,103.

pré-determinada e logo acreditamos ser impossível pensar de outra forma. A mente enfeitiçada por tais «imagens» acaba por ver o ideal na realidade.[59] Wittgenstein confessa ter sido vítima dessa tentação, quando, no *Tratactus*, defendeu que a teoria dos tipos, ou algo próximo a ela, mostraria a essência da linguagem e do mundo.

Isto não significa, é claro, que as proposições da lógica devam ser rejeitadas, mas precisamos modificar a forma pela qual olhamos para elas e observar qual papel desempenham em nossos distintos jogos de linguagem. Tudo o que Wittgenstein pede é uma mudança de olhar; o que rejeita é a ideia de que o entendimento da linguagem poderia ser imposto «de fora» por um modelo artificial, apenas porque desejamos ver uma «pureza cristalina». É um equívoco pensar que linguagens ideais e a análise por meio de tais linguagens forneceria o real sentido das palavras, tornando possível realmente entendê-las, pela primeira vez.[60] Os modelos ideais, Wittgenstein admite, podem ser úteis, mas apenas como «*objetos de comparação*», não como espelhos.[61] Tais modelos não «mostram», na verdade «estipulam» regras ideais de uso que podem ou não ser úteis quando comparadas a determinado domínio. Mas não há sentido independente daquele atribuído pela prática de um usuário comum da linguagem.

(ii) *analogias enganosas*:

Problemas filosóficos podem surgir quando uma forma de expressão característica de um domínio é, por analogia ou de forma metafórica, usado em outro jogo. Por exemplo, quando alguém manifesta dor como se estivesse descrevendo um item de sua propriedade «Eu tenho dor» ou «Minha dor». Essa forma de expressão gera confusões, como se «dor» fosse algo interno ao sofredor, cujo sentido nos é inacessível ou apenas acessível por meio de analogias às nossas experiências de dor. Para Wittgenstein tal confusão é a raiz do problema filosófico do solipsismo. «Eu tenho dor de dente», Wittgenstein afirma, não é uma descrição de um evento (interno) mas uma forma refinada de gritar, cujo significado é perfeitamente acessível àqueles que são treinados nessa forma de expressão.[62] O jogo não consiste em descrever eventos, mas em expressar sensações.

Nesse sentido, a mente confusa assemelha-se ao jogador de futebol que vibra assim que sua bola atinge a rede, mas não consegue entender ou não quer aceitar que perdeu o jogo de tênis que acaba de disputar![63]

---

59 PI: 102.

60 PG: 115 apud (Kenny, 1982).

61 PI: 131.

62 Hacker (1999).

63 João Marcos (1999).

Numa palavra, a raiz central de nosso *insucesso em compreender* (sucumbir a tentações e empregar analogias enganosas) é que «não *temos uma visão panorâmica do uso de nossas palavras*».[64] É claro que a ausência de uma visão panorâmica (*Übersicht*) não implica que não dominemos o uso de nossas palavras. O problema é que uma vez questionados sobre como usamos um determinado termo ou empregamos algum conceito, ou qual o seu significado, talvez sejamos incapazes de nos explicar.[65] Wittgenstein cita uma passagem de Santo Agostinho, «Quid *est ergo tempus? Si nemo est quaerat scio; si quaerenti explicare velim, nescio*». A ideia é que aspectos importantes de nossos jogos de linguagem são internalizados e trivialmente dados por certos, mas podemos perdê-los de vista,[66] pois nosso domínio sobre palavras e conceitos é *desarticulado*.

A filosofia é então concebida como uma terapia, ou um conjunto de terapias, contra o enfeitiçamento de nossa compreensão por meio da linguagem.[67] Terapias filosóficas têm tanto uma veia positiva como negativa:

Em sentido positivo, a tarefa da filosofia é fornecer uma apresentação panorâmica (*übersictliche Darstellung*) do uso de nossa linguagem. Embora descritiva, tal descrição não pode ser identificada com o registro de regularidades do uso efetivo da linguagem. O filósofo sopesa e rearranja fatos linguísticos. Sua tarefa é tornar o jogo de linguagem transparente, encontrar ou estipular importantes conexões intermediárias, de forma que o uso efetivo possa ser visto em *uma* (não *na*) ordem linguística.[68] Todavia, nesse rearranjo, o filósofo não pode tocar no uso efetivo.[69] Limita-se a fornecer uma visão panorâmica daquilo que já conhecemos e apenas deve conectar regras óbvias de uso:[70]«*Os problemas são resolvidos, não a partir de novas informações, mas pelo arranjo do que já é há muito tempo conhecido*».[71]

Em sentido negativo, a filosofia apenas é chamada em cena para a resolução de problemas ou dificuldades filosóficas. Não fornece explicações sobre nada e não conclui nada.[72] Evidências empíricas são totalmente irrelevantes para a resolução de problemas filosóficos.[73] Assim como no *Tratactus*, a filosofia não está nem ao lado nem acima da ciência. Opondo-

---

64 PI: 122.
65 PI: 89.
66 PI: 129.
67 PI: 109.
68 PI: 132.
69 PI: 124.
70 PI: 126.
71 PI: 109.
72 PI: 126.
73 PI: 109.

-se a uma das teses centrais do círculo de Viena, entende não ser tarefa da filosofia fornecer fundamento para qualquer conhecimento científico. Como Wittgenstein enfatiza, o panorama (*Übersicht*) de um jogo de linguagem não é um estudo preparatório para uma regulação futura da linguagem.[74]

A filosofia apenas evidencia que alguém está empregando regras de uso conflitantes para uma palavra ou conceito e deixa à escolha da mente confusa como o problema será resolvido. Assim sendo, a ordem linguística alcançada em um domínio apenas serve ao propósito de dissolver algum problema filosófico de tal forma que não nos sintamos mais atormentados pela dificuldade em questão: «*A verdadeira descoberta é aquela que me torna capaz de romper com o filosofar quando eu desejar- a que acalma a filosofia, de forma que não seja mais fustigada por questões que colocam ela própria em questão.*»[75]

Wittgenstein vê essa forma de tratar a filosofia, *i.e.* como um conjunto de problemas, com raízes em confusões linguísticas, como o berço de um novo método. Para o filósofo, é uma ilusão acreditar que exista algum tipo de desordem linguística que, uma vez ordenada resolverá todas as dificuldades. Não existe algo como o problema filosófico, apenas dificuldades a serem resolvidas, ou afastadas: «Não *há um método da filosofia, mas sim métodos, como que diferentes terapias*».[76]

4. A TENTAÇÃO DE VON WRIGHT

As dificuldades filosóficas geradas pela lógica deôntica envolvem tanto analogias enganosas (extensão por analogia das propriedades lógicas do discurso descritivo – modal alético – ao discurso prescritivo – modal deôntico, quanto tentações (crença nas relações descritas a partir de tais analogias como propriedades intrínsecas do discurso prescritivo). Analogias enganosas e tentações estão relacionadas, dado que analogias podem ser estendidas por demasiado e podemos ficar tentados a acreditar que descrevem relações necessárias no campo em que a analogia foi aplicada.

Esse parece ser o caso, como acusa Makinson, dos lógicos deônticos que insistem em preservar a analogia enganosa colocada à mostra pelo dilema de Jørgensen:

> «(...) a maioria dos lógicos deônticos reconhecem que existe uma distinção fundamental a ser feita, e se encontram na posição desconfortável – aliás infundada e próxima à inconsistência – de conceder que normas não

---

[74] PI: 130, 133.
[75] PI: 133.
[76] PI: 133.

possuem valores de verdade, mas esperam que para os fins da lógica elas possam, por alguma razão misteriosa, ser tratadas como se os possuíssem.»[77]

Um exemplo claro nesse sentido é a relação de contradição. A aplicação por analogia da relação de contradição clássica para a lógica de normas e mesmo para a lógica de proposições normativas faz com que nos sintamos surpresos quando nos defrontamos com comandos conflitantes em um ordenamento. Imbuídos do postulado de não-contradição, tentamos conceber o ordenamento como um conjunto isento de conflitos normativos pela reinterpretação das regras conflitantes, mas o fato de que a atividade de interpretação evita ou emprega instrumentos para resolver contradições, não exclui a possibilidade de conflito, antes o pressupõe. «Não é assim! – dizemos, mas é necessário que seja assim!»[78]

Analogias enganosas são ainda mais ameaçadoras quando se leva em conta a tentação de se interpretar teoremas e deduções com base em um determinado sistema de lógica deôntica como se aqueles «refletissem» relações necessárias entre prescrições ou o «sentido» de conceitos fundamentais do discurso prescritivo. Mesmo tentativas de superá-las, como o clássico *Norm and Action* (NA), de Von Wright, sucumbiram ainda à tentação de ver o ideal na realidade, como se verá a seguir.

No final da década de 80, em resposta à tentativa de Jan Berg em classificar suas diferentes abordagens à lógica deôntica, Von Wright destacou NA como singular, no sentido de que emprega técnicas de análise que se afastam da axiomatização de sistemas deônticos. Von Wright considera tal abordagem como «*filosoficamente mais correta para se desenvolver uma lógica de normas*», enquanto axiomatizações seriam mais apropriadas a uma lógica de proposições normativas.[79] No prefácio do volume *Practical Reason*,[80] Von Wright trata sua nova abordagem como continuação do trabalho iniciado em *NA*.

À primeira vista, a afirmação causa surpresa, vez que a conclusão otimista de NA sobre a lógica de normas parece contrastar de forma inconciliável com o ceticismo de NTL.

Todavia, o fio condutor que os liga, e que nos permite identificar onde reside exatamente a ruptura de Von Wright com a crença em relações lógicas entre normas genuínas, é dado por um conjunto de definições comuns a NA

---

77 Makinson, 1999, item 1.
78 PI: 112.
79 Von Wright, 1989a: 865.
80 Von Wright, 1983.

e NTL dos conceitos de *norma*, *vontade racional*, norma negação, consistência e implicação normativa:

(1) Normas: normas (prescrições) são expressões da vontade de uma autoridade normativa (legislador) exigindo ou permitindo algum comportamento do sujeito normativo.[81]

(2) Vontade racional: a vontade do legislador é racional se, e somente se, o conjunto de normas prescritas é *normativamente consistente*.[82]

(3) Consistência normativa: um conjunto de normas *A* é consistente se a conjunção dos conteúdos de todas as obrigações em *A* ou a conjunção do conteúdo de todas as obrigações com cada permissão em *A* não representa uma contradição proposicional. Caso contrário, *A* é inconsistente.[83]

(4) Norma negação: a norma-negação de uma permissão é uma obrigação com conteúdo oposto (negação do estado permitido); e vice-versa, a norma negação de uma obrigação é uma permissão com conteúdo oposto.[84]

(5) Implicação normativa: uma norma é derivada de um conjunto de normas se sua norma-negação adicionada a esse conjunto gera um conjunto normativamente inconsistente.[85]

De acordo com as definições acima, por exemplo, a norma «é obrigatório *a* e *b*» implica normativamente a norma «é obrigatório *a*» dado que a norma negação da última, «é permitido não *a*», contradiz normativamente a primeira, *i.e.*, ambas formariam um conjunto normativamente inconsistente.

A ideia de Von Wright para superar o dilema de Jørgensen em NA consistiu em caracterizar relações «lógicas» entre normas genuínas (discurso prescritivo) por meio de tais definições de inconsistência e implicação normativa. Consistência e implicação normativa seriam então refletidas por uma lógica de proposições normativas (verdadeiras ou falsas). Dessa forma, a analogia enganosa seria evitada ou ao menos sua aplicação estaria justificada. Portanto, NA pode ser visto como o início de uma terapia para a síndrome de Jørgensen. Entretanto, em NA Von Wright falhou em ver (ou estipular) as conexões corretas entre as definições de inconsistência e implicação, que determinam o conceito de vontade racional e as condições de existência de uma norma. A ligação proposta em NA entre tais conceitos foi por demasiado estreita.

---

81 NA, p. 7; NTL, p. 137.

82 NA, p. 151; NTL, p. 139-140.

83 NA, p. 144; NTL, p. 140.

84 NA, p. 140; NTL, p. 134.

85 NA, p. 155; NTL, p. 142.

> «Eu estava ciente do fato que tais noções [consistência e implicação] não eram "puramente lógicas" mas relacionadas com ideias sobre racionalidade (vontade racional). Esta, eu acredito, era uma impressão basicamente correta. Eu não derivei na ocasião o que agora me parecem ser as conclusões apropriadas.»[86]

A tentação de Von Wright, na qual foi acompanhado pelo Kelsen da segunda edição da Teoria Pura do Direito, consistiu em interpretar consistência e fechamento sob a relação de implicação normativa como a base de uma lógica de proposições normativas.[87] Proposições normativas governadas por tais princípios descreveriam um conjunto de normas necessariamente fechado e consistente. Isto é, em tal lógica, é uma contradição afirmar a existência de normas contraditórias em um ordenamento e a afirmação verdadeira da existência de um conjunto de normas implica a verdade da afirmação da existência de todas as (infinitas) normas implicadas.

O pressuposto de «propriedades perfeitas» de um sistema normativo foi então justificado por uma ontologia normativa idealista,[88] onde vontade racional foi tomada como condição para a existência das normas em um ordenamento.[89] Isto é, de acordo com a ontologia normativa de NA, não contradizer qualquer obrigação ou permissão no *conjunto de normas prescrito pelo mesmo legislador* (que Von Wright chama de *corpus*) é condição de existência para qualquer norma nesse *corpus*.

O conceito de *corpus* tem conotação abstrata ou mesmo fictícia. Não significa necessariamente que o conjunto de normas seja concretamente prescrito por uma única e mesma autoridade normativa.[90] Apenas denota a ideia de unidade e coerência da vontade.[91]A concepção de Von Wright é

---

86 NTL, p. 131.

87 Em NA, Von Wright defendeu que a lógica de proposições normativas reflete relações lógicas presentes no reino das próprias normas.

88 Caminho semelhante foi tomado por Hans Kelsen em sua Teoria Pura do Direito (fase clássica). Embora a consistência não fosse uma condição de existência de normas para Kelsen, consistia em pressuposto para o seu conhecimento pela ciência jurídica. É interessante notar, ainda, uma distinção fundamental entre a primeira e a segunda edição da Teoria Pura de Kelsen, que mostra mais um ponto de convergência com Von Wright. Na primeira edição, a contradição é excluída por definição, ao ser tomada como uma categoria que organiza o discurso científico (Kelsen, 1930). Na segunda edição (Kelsen, 1960), a ausência de contradição entre normas decorre da condição de eficácia das normas, o que já o aproxima da noção de executabilidade posteriormente defendida por Von Wright.

89 Em outra oportunidade, Von Wright afirmou que NA foi, sobretudo, um ensaio sobre a ontologia das normas (Von Wright, 1989b).

90 Von Wright (1989a: 877).

91 NA, p. 151.

que somente podemos atribuir um conjunto de normas ao mesmo centro de decisão se sua vontade for racional.[92]

Von Wright tenta justificar essa ligação estreita entre consistência e existência de normas. Segundo seu argumento, a existência de uma norma depende de um relacionamento normativo entre a autoridade e o sujeito normativo, que somente poderá ter lugar se a norma prescrita puder ser recebida pelo último. Uma norma somente pode ser recebida se for possível obedecer o que foi exigido. Tal condição seguiria do princípio «*dever implica poder*» usualmente associado ao nome de Kant.[93]

Porém, considerando o fato que ordens jurídicas podem conter tanto lacunas como contradições normativas, ou pelo menos falar em sua existência não é um contrassenso assumir ou excluir a existência de uma norma apenas com base na lógica tornou-se cada vez mais insatisfatório para Von Wright. Já em NA, Von Wright viu-se forçado a incorporar metáforas tais como «*contradições excluem-se mutuamente de um corpus*» ou mesmo «*consequências lógicas de normas são tão "exigidas" quanto as normas mesmas*».

Posteriormente, em NTL, von Wirght rejeitou a ontologia de NA como «*irrealista*» e passou a adotar a promulgação «crua» como única condição de existência de normas. Entretanto, seguindo o último Kelsen,[94] se normas são simples expressões de atos de vontade concretos, não necessariamente racionais, então a lógica não desempenharia qualquer papel decisivo no discurso normativo ou na definição de sistemas normativos.

Se não há algo como «lógica de normas», ou, como Von Wright diz em NTL, citando Alf Ross, se o discurso normativo é «alógico», então ainda resta explicar porque no discurso ordinário nos sentimos compelidos a admitir relações de implicação tais como «se algo é obrigatório então é permitido» ou de contradição normativa que, se não for impossível, ao menos indica que algo está «errado» na regulação. Negar esse fato linguístico, diz o próprio Von Wright, seria pura teimosia.[95]

---

92 Assim, a crítica dirigida por Alchourrón e Bulygin ao conceito de *corpus* não procede. Não é a unicidade da autoridade normativa que torna possível a consistência, como pensaram os argentinos. Pelo contrário, é a consistência do conjunto de norma (que concretamente poderia ser prescrito por diferentes autoridades normativas) que nos permite chamá-lo *corpus* ou atribuir-lhe unidade de vontade.

93 NA, p. 111.

94 Kelsen (1965), (1979).

95 Von Wright (1991b: 45).

5. A TERAPIA DE VON WRIGHT PARA A SÍNDROME DE JØRGENSEN

Parece necessário, neste ponto, um panorama (*Übersicht*) do uso normativo da linguagem de forma a «resgatar» a lógica deôntica frente à natureza alógica das normas.[96] Em outras palavras, um rearranjo do discurso normativo ordinário seria necessário para acomodar as seguintes exigências:

– *esclarecer o significado das relações de contradição e implicação entre prescrições, fornecendo uma interpretação plausível para teoremas de lógica deôntica;*

– *evitar a aplicação imediata dos conceitos de contradição e implicação próprias do discurso descritivo e verificar qual papel contradições e implicações proposicionais desempenham no discurso prescritivo ordinário;*

aos seguintes fatos:

– *conflitos entre normas podem ocorrer;*

– *uma norma cujo conteúdo é consequência lógica do conteúdo de outras normas válidas no ordenamento pode não ser válida.*

Essa a tarefa a qual Von Wright se propõe em NTL. O conflito desaparecerá, crê o filósofo, se abandonarmos a tentação de interpretar teoremas deônticos como «mostrando» relações normativas necessárias e os vermos apenas como padrões de racionalidade,[97] ou, para usar as palavras de Wittgenstein, como *critérios de julgamento* não como *pré-julgamentos* do discurso normativo.[98]

A terapia consiste em ligar as definições de consistência normativa, negação e implicação a *expectativas usuais sobre a prática de legislação* (de comandar), *não a condições de existência das normas*.

Von Wright circunscreve então o critério de racionalidade para o discurso normativo com atenção ao propósito central da promulgação de normas. Assume-se que um legislador promulga normas como meio para guiar os súditos para um estado ideal vislumbrado. Portanto, quer que suas normas sejam cumpridas. Condição mínima necessária para tanto é que o conjunto de normas promulgadas seja executável, *i.e.* todos os estados de coisas obrigatórios devem ser realizáveis simultaneamente sem se prevenir o aproveitamento de qualquer permissão. Se executabilidade é considerada

---

96 BULYGIN (1992: 387-388).

97 NTL, p. 143.

98 PI: 131.

apenas como um requisito lógico, isto significa que o conjunto de normas *precisa ser* normativamente consistente.

Que o conjunto *precise (ou tenha que) ser* normativamente consistente não significa que o contrário seja uma impossibilidade. A consistência é apenas uma *necessidade prática.* Na nova abordagem, uma contradição normativa não é impossível, apenas inexecutável e sua presença em uma ordem normativa simplesmente indica a irracionalidade do legislador.

Que uma norma seja «consequência» de um conjunto de normas, apenas significa que promulgar sua norma-negação geraria impossibilidade de obediência e isso seria irracional para quem quer ver suas normas obedecidas (o que se pressupõe, em se tratando do legislador). Dessa forma, implicação normativa não nos leva da existência (ou validade) de um conjunto de normas à existência (ou validade) da norma por ele implicada, apenas expressa uma relação entre o que foi exigido (permitido) e o que seria irracional exigir (permitir) além disso. Por «tautologia normativa», que dá sentido aos teoremas da lógica deôntica, não se entende uma verdade necessária, mas simplesmente que demandar o contrário seria irracional. Os princípios (teoremas) da lógica deôntica seriam, portanto, apenas padrões para julgar ordens normativas, meros *objetos de comparação linguística.*

5.1 Dissolvendo os paradoxos de Ross e Prior em fogo brando

Nos termos dessa interpretação, diz Von Wright, o puzzle de Jørgensen «*dissolve-se de maneira natural*».[99] Por exemplo, pela nova leitura, o esquema *D, (Oa→Pb),* característico da lógica deôntica *standard*, não significa que obrigar necessariamente também quer dizer permitir no discurso prescritivo ou, descritivamente interpretado, que uma afirmação verdadeira sobre a existência de uma obrigação implica a verdade da afirmação de que há uma permissão com o mesmo conteúdo. Apenas significa que é irracional exigir algo e ao mesmo tempo proibi-lo, o que está em perfeita sintonia com a forma pelo qual falamos sobre normas.

Dado que o embaraço causado pelos paradoxos de Ross e Prior revela meramente uma inadequação entre teoremas da lógica deôntica e a linguagem ordinária, não seria necessário qualquer desenvolvimento técnico dos sistemas de lógica deôntica. Esses paradoxos seriam melhor atacados, ou dissolvidos, pela simples reinterpretação da implicação normativa, a partir de um conceito que não se comprometa com a existência da norma derivada. Como observa Von Wright, o que o Paradoxo de Alf Ross nos torna conscientes é do «*absurdo em se falar como se ela existisse*».[100]

---

[99] NTL, p. 143.
[100] NTL, p. 144.

Nesse novo contexto, o esquema gerador do paradoxo de Ross, $Oa \rightarrow O(a \vee b)$, significa que se algo é obrigatório, então é irracional permitir o contrário em conjunto com alguma outra coisa.[101] Usando o próprio exemplo de Alf Ross, isto significa que se é obrigatório enviar a carta então é irracional permitir que ela não seja enviada e queimada, o que é razoável e longe de paradoxal.

Os teoremas geradores dos paradoxos de comprometimento são apenas variações do paradoxo de Ross. Os teoremas *(P1)* $O{\sim}a \rightarrow O(a \rightarrow b)$ e *(P2)* $Oa \rightarrow O(b \rightarrow a)$ de SDL significam que se algo é proibido, então é irracional permiti-lo em conjunto com qualquer outra coisa. Novamente, o paradoxo desaparece.

A síndrome de Jørgensen é, assim, inofensiva na nova abordagem e os problemas nela envolvidos simplesmente não se colocam.

6. NA VIZINHANÇA DO SEGUNDO WITTGENSTEIN

Embora agrupados no que chamamos de «síndrome de Jørgensen», o dilema, a ontologia das normas e os paradoxos são problemas independentes, no sentido de que é possível solucionar cada um deles deixando os demais sem resposta. Lógicas deônticas diádicas,[102] temporais[103] ou lógicas deônticas baseadas em uma lógica da ação[104] podem evitar paradoxos, mesmo sem fornecer uma resposta satisfatória ao dilema de Jørgensen. Mesmo soluções possíveis aos paradoxos de Prior e Ross, não são necessariamente interdependentes. A lógica deôntica dinâmica de Meyer, por exemplo, evita os Paradoxos de Prior e Chisholm, mas não o de Ross. Por outro lado, como vimos, o truque de Dubislav pode contornar o dilema de Jørgensen, mas sucumbe aos paradoxos, que, por sua vez, também aparecem em lógicas de proposições normativas, nas quais o dilema não se coloca.

Todavia, como tentamos mostrar, os problemas estão interligados: (i) normas são entidades não teóricas, portanto parece que a elas não se aplica a lógica; (ii) mas seus conteúdos podem ser interpretados como proposições ou estados de coisas; (iii) portanto, consequências ou conflitos normativos refletem consequências proposicionais ou relações de contradição entre o conteúdos das normas; (iv) mas se tal relação de implicação normativa se der entre normas genuínas, *i.e.* se a sentença implicada também representa

---

[101] A norma-negação de $O(a \vee b)$ é $P({\sim}a \wedge {\sim}b)$, cujo conteúdo normativo, tomado em conjunto com o conteúdo normativo de *Oa*, *i.e.* $(({\sim}a \wedge {\sim}b) \wedge a)$ expressa uma contradição proposicional.
[102] Ver (Von Wright, 1964 e 1965) e (Hansson, 1968).
[103] Ver, por exemplo (Van Eck, 1982).
[104] Castañeda (1981).

uma norma válida (ou existente), então nos enredamos nas teias de diversos paradoxos; (v) A tentativa de Prior para evitar os paradoxos de comprometimento, mudando a formalização de normas condicionais proposta por Von Wright, evoca novamente o fantasma de Jørgensen. Reunir os problemas e expor seus pontos de conexão põe à mostra a dificuldade fundamental que levou Von Wright a desenvolver sua «lógica» de implicação normativa. A estratégia de Von Wright, como vimos, consistiu em encontrar conexões adequadas entre as noções de consistência e implicação normativa e reposicionar a ideia de racionalidade legislativa dentro das condições de existência (ou validade) de normas, quebrando a corrente de argumentação no ponto (iv), sem evitar que falássemos com sentido a respeito de relações «lógicas» dentro do discurso normativo ordinário.

No que segue, comparamos a solução de Von Wright com a última filosofia de Wittgenstein em quatro aspectos: (a) seu caráter terapêutico; (b) o lugar da contradição na linguagem ordinária; (c) o caráter «necessário» da lógica de implicação normativa; e (d) independência entre a filosofia e a lógica deôntica.

6.1 O caráter terapêutico da lógica de implicação normativa

A dificuldade filosófica imersa na síndrome de Jorgensen repousa sobre um conflito entre a construção de uma lógica das normas em analogia com a lógica proposicional clássica (ou com sua extensão modal) e as condições de existência das normas.[105] Como mostra Von Wright, uma vez exposto esse conflito e interpretados os teoremas deônticos como meros padrões de racionalidade ligados aos fins da atividade legislativa (não às condições de existência ou validade das normas), a síndrome é inofensiva.

Para Wittgenstein, haveria uma «palavra mágica» que, uma vez tomada em consideração, faria o problema filosófico em questão desaparecer. Tal palavra não seria descoberta mas apenas relembrada. Executabilidade (*satisfiability, doability*) parece desempenhar esse papel na análise de Von Wright.

Com efeito, pensar em uma contradição normativa como uma impossibilidade conflita com qualquer ontologia realista das normas. Todavia permanece a impressão de que há algo de «errado» a seu respeito. O «erro» consiste na inexecutabilidade (não impossibilidade), isto é, no simples fato de que os

[105] O mesmo conflito ocupou Kelsen e teve influência na condução para a sua fase cética ou «irracionalista». De acordo com Weinberger (WEINBERGER, 1981), uma das razões fundamentais para a sua virada foi o rompimento da analogia entre a relação de uma sentença e seu sentido proposicional e uma prescrição e seu sentido como norma objetivamente válida, dado por uma radicalização positivista das condições de existência da norma como intrinsecamente ligada a atos de vontade.

sujeitos normativos não poderão *executar* ou obedecer normas contraditórias e normas usualmente são promulgadas para serem obedecidas. Isso é realmente óbvio e lógicos deônticos podem rebater a ideia de interpretar a lógica deôntica em termos de padrões de racionalidade dizendo que a reinterpretação não tem qualquer importância, ou como Wittgenstein coloca:

> «Se um filósofo chama a atenção de um matemático para uma distinção ou uma expressão enganosa, o matemático sempre diz "Claro, sabemos de tudo isso, isso não é realmente importante". Ele não percebe que quando é atormentado por questões filosóficas, isso se dá porque deu de ombros exatamente para aquelas obscuridades.»[106]

Esse parece ser o caso da solução de Von Wright. Embora óbvia, manter a noção de executabilidade em mente enquanto se faz uma inferência em lógica deôntica é a chave para evitar alguns de seus paradoxos e não adentrar em questões filosóficas espinhosas. Dissolver problemas filosóficos apenas encaixando conceitos e usos bastante conhecidos é característico, como vimos, da apresentação panorâmica da qual falava Wittgenstein.

Porém, a mudança de olhar proporcionada pelo panorama deve preservar o uso ordinário intocado. As definições de Von Wright satisfazem tal requisito?

Consistência normativa em termos de executabilidade parece estar em sintonia com o uso ordinário, ao menos quando falamos de normas categóricas (não condicionais).[107] O mesmo se dá com a definição de norma-negação. No discurso prescritivo ordinário se uma autoridade determina que um estado ou ação não é permitido, normalmente entendemos que tal estado ou ação é proibido. Se a autoridade determina que algo não é proibido, interpretamos que há uma permissão para fazê-lo. O abismo entre ausência de proibição e presença de uma permissão somente aparece no discurso descritivo sobre a existência de normas (cf. Seção 2 deste livro).

O que dizer da definição de implicação normativa? Se admitirmos que uma obrigação (permissão) segue ou é consequência de um conjunto de normas, queremos realmente dizer que sua norma-negação não seria executável? Ao que parece, apenas executabilidade e a noção de norma-negação parecem respeitar o uso comum. Deve-se lembrar, todavia, que o caráter descritivo da *apresentação panorâmica* não se confunde com descrição de regularidades do uso ordinário. Antes, consiste em rearranjo ou ordenação de

---

[106] MS, 219, 10, citado por Anthony Kenny (KENNY, 1982: 20) de manuscritos não publicados da década de trinta, referidos de acordo com os números de Von Wright «The Wittgenstein Papers», *Philosophical Review* 79 (1969: 483-503).

[107] Mais adiante, na Seção 2 do Capítulo II, discutiremos a adequação da definição de consistência para normas condicionais.

tal uso, estipulando ou encontrando conexões intermediárias. O conceito de implicação normativa fornece tal conexão ao ligar o uso ordinário da noção de «consistência normativa» a expectativas usuais sobre os fins da atividade legislativa e parece captar a ideia intuitiva de que uma norma «decorre» de um ordenamento se a disposição contrária for «absurda». Em sua essência, toda a reinterpretação de Von Wright está calcada no esquema clássico do argumento *ad absurdum*.

A solução pode desapontar aqueles que ansiavam por avanços técnicos ou por algo novo e «profundo». O dilema de Jørgensen, visto pelas lentes da noção de executabilidade parece totalmente sem importância e realmente traz a sensação de que nos debatemos sem motivo ou que a solução na verdade não enfrenta o dilema, apenas o rejeita como problemático. Tal reação é natural frente ao método terapêutico. Como o próprio Wittgenstein percebeu, seu método parece destruir tudo o que é grandioso e importante em filosofia. Mas tal impressão, polemiza o filósofo, é fruto de grande engano. Decorre da ilusão, já arraigada, de que a filosofia, de alguma forma, faria novas descobertas ou forneceria algum tipo de nova informação. Como sempre insistiu, isso é tarefa da ciência. Batendo contra um muro de tradições, Wittgenstein enfatiza que a atividade filosófica não se direciona ao *intelecto* mas apenas esclarece regras de uso ou mostra o sem-sentido da persistência em alguns usos incorretos e enganosos (mas tentadores). Seu caráter terapêutico revela--se em seu efeito sobre a *vontade*. Seu intuito é fortalecer nossas mentes contra tentações:

> «Quando um objeto é significativo e importante, o que torna difícil entendê-lo não é a ausência de alguma instrução especial sobre assuntos complexos necessários para sua compreensão, mas o conflito entre a forma correta de compreendê-lo e o que a maioria dos homens querem ver. Isso pode tornar as coisas mais óbvias as mais difíceis de entender. O que deve ser superado não é uma dificuldade do intelecto, mas da vontade.»[108]

Para Wittgenstein, a mudança de olhar provocada pelo abandono de tentações e usos equivocados de expressões por meio de uma apresentação panorâmica implica renúncia não a determinado entendimento, mas a um *sentimento* e esta «*é tão difícil quanto segurar lágrimas*».[109]

6.2 O papel da contradição

Contextualizar o papel da contradição no discurso prescritivo ordinário, como faz Von Wright com sua «lógica de implicação normativa», está em perfeita sintonia com a filosofia da matemática do último Wittgenstein. A

[108] MS 213, 406-7, apud KENNY (1982: 14).
[109] MS 213, 406 apud KENNY (1982: 16).

«impossibilidade da contradição» não pode ser assumida por razões fora do uso da linguagem.[110] Se existe uma razão para evitá-la, então é porque a contradição normalmente não tem lugar ou é inútil em nossos jogos de linguagem.[111] Se este é o caso da maioria dos jogos, nenhuma crença mística em uma lei *a priori* da não-contradição pode ter lugar:

> «...olharemos para ela de modo diferente, se tentarmos meramente descrever como a contradição influencia jogos de linguagem e se olharmos para ela do ponto de vista do legislador matemático.»[112]

Contra a necessidade do princípio de não contradição, Wittgenstein brinca com hipóteses nas quais a contradição seria útil. Por exemplo, exigir uma ação e sua omissão quando o propósito do legislador é criar perplexidade ou garantir punição.[113] O exemplo pode ser levantado como objeção à noção de executabilidade.[114] Exigir o impossível, não parece irracional nesse caso; pelo contrário, seria extremamente eficaz.

Mas para Von Wright essa seria a descrição de outro jogo de linguagem envolvendo prescrições, não o jogo de *guiar a conduta humana* por meio delas. Na atividade legislativa «normal», Von Wright argumenta, esperamos que o legislador queira ver suas normas obedecidas e, portanto, exigir o impossível tem um ar de contrassenso.

6.3 Executabilidade e necessidade lógica

Pode-se perguntar se executabilidade dentro do jogo de *guiar a conduta humana por meio de normas* poderia ter o mesmo papel que Wittgenstein atribui, em sua última fase, às proposições lógicas ou necessárias. Para uma resposta a esta pergunta, vale um pequeno regresso ao *Tratactus*.

Enquanto no *Tratactus* todas as «necessidades» ou «verdades a priori» são reduzidas a necessidades lógicas (tautologias), nos seus últimos escritos, Wittgenstein coloca as proposições lógicas no mesmo pé de proposições tais como «*Branco é mais claro do que o preto*» ou «*O solteiro não é casado*».[115]

---

[110] Cf. (João Marcos, 1999, Cap. 1) para uma tentativa de reconstrução de uma filosofia da contradição no segundo Wittgenstein.

[111] LFM, XXI: 207-209.

[112] RFM, II, 88.

[113] RFM, III, 57.

[114] Von Wright reconhece esse contra argumento (NTL, p. 139).

[115] Como colocam Baker e Hacker (BACKER & HACKER, 1985), essa tese decorre da incapacidade do *Tratactus* em lidar com o problema de exclusão de cores (*colour exclusion problem*). Se todas as proposições necessárias são tautologias, então como se poderia explicar, nos moldes do *Tratactus*, a necessidade aparente da proposição «vermelho não é branco»? Dado que «Isto é vermelho» e «Isto é branco» são proposições elementares independentes, a necessidade de «vermelho não é branco» revela a existência de «necessidades» que o são, não por sua forma

Mas a verdade daquelas, como esclarecido já pelo *Tratactus*, decorre unicamente da combinação de seus símbolos constituintes, enquanto essas são necessariamente verdadeiras pelo significado convencionado para os termos «solteiro» e «casado». Parece haver uma diferença.

Porém, o Wittgenstein tardio atribui a distinção acima a uma má compreensão do fato de que ambos os tipos de «necessidade» decorrem de regras de uso convencionadas. Não apenas o significado de «solteiro», mas também o que se deve contar como tautologia é convencionado. Que $a \vee \sim a$ seja uma tautologia da lógica clássica não nos é imposto por qualquer estrutura necessária da linguagem (ou do mundo), mas se trata sobretudo de uma regra determinando que devemos considerar tautológica tal combinação de símbolos. Wittgestein chega a sugerir que anotemos tautologias em forma de regras, como $\sim\sim a \leftrightarrow a = Taut$. A «necessidade» do princípio de dupla negação não segue do significado de «~», pelo contrário, a regra acima é que define o significado do símbolo.[116]

Wittgenstein chega a afirmar que toda a conversa sobre «necessidades» seria uma simples conversa sobre convenções e o único correlato na linguagem para uma «necessidade» seria uma regra arbitrária.[117]Tais observações parecem implicar, como acreditou Dummet, um convencionalismo cru, onde proposições necessárias não passariam de escolhas arbitrárias ou seriam o resultado de determinado consenso de uso.[118]

Todavia, por acordo ou consenso, Wittgenstein refere-se sobretudo a uma prática arraigada na comunidade linguística, que é refletida em nossa gramática. Proposições necessárias são regras que estruturam nossa forma de representação do mundo. Sendo assim, são o produto da atividade humana através de sua história. São moldadas pela natureza do mundo a nossa volta, condicionadas pela natureza humana, enfocadas e dirigidas por interesses e preocupações humanas, historicamente determinadas.[119] Nosso uso da

---

lógica, mas em razão da experiência, o que contraria a tese assumida inicialmente. Em artigo publicado anteriormente à sua «virada» para a filosofia da linguagem ordinária, Wittgenstein tentou solucionar o problema por meio de uma «mutilação» das tabelas de verdade, onde, por exemplo, a atribuição do valor verdadeiro a cores «independentes» é excluída. Posteriormente, abandonou a tentativa. Backer e Hacker vêm essa dificuldade como um dos fatores determinantes para a virada. É interessante notar, por outro lado, que o método de decisão apresentado por Von Wright em seu sistema original de lógica deôntica (VON WRIGHT 1951), seguiu estratégia semelhante à de Wittgenstein para o problema das cores. Para validar o axioma de permissão $PA \vee P{\sim}A$, Von Wright excluiu da tabela a atribuição de valores falso para todos os componentes da forma normal disjuntiva de uma norma.

[116] RFM 106; ver também (BAKER & HACKER, 1985) para uma discussão do conceito de necessidade lógica e tautologia no segundo Wittgenstein.

[117] PI: 372; RFM I-74.

[118] DUMMET (1956).

[119] BAKER & HACKER (1985: 318).

linguagem, se não nos é imposto «de fora», também não é arbitrário ou acidental, mas se ajusta ao que Wittgenstein chama de nossa forma de vida (*Lebensform*).

Assim, necessidades não podem ser vistas como *consensos de opinião* dentro de nossas práticas mas sim como acordos sobre tais práticas e estabelecidos por tais práticas.[120] Wittgenstein os chama de *consensos de ação.*[121] Contar, inferir, descrever, comandar, pressupõe um acordo sobre regras a respeito do que constitui contar, inferir, descrever, comandar etc. Se alguém conta dez objetos da forma «um, dois, três, muitos» ou infere de qualquer jeito a partir de premissas dadas, simplesmente não chamamos isso de contar ou inferir.[122] Por tais convenções arraigadas, nossas impressões são organizadas e nossos conceitos construídos. Eles determinam a forma pela qual vemos o mundo (e isto causa a impressão enganosa e tentadora de que tais regras nos são impostas pela estrutura do mundo). Para Wittgenstein, a matemática e a lógica não podem ser comparadas à mineralogia mas sim à antropologia, pois não passam de um estudo da história natural do homem.[123]

Tal conceptualização do mundo é alcançada pela exclusão de determinadas combinações de sinais de nossa gramática.[124] A compulsão que sentimos ao tomar tais convenções como necessidades, deriva do fato *linguístico* de que não conseguimos conceber que tipo de experiência corresponderia ao contrário: «*ou de novo: não temos qualquer conceito claro do que seria se fosse de outra forma. E isso é muito importante*».[125]

Não concebemos o que seria um solteiro casado, uma cor branca mais escura que o preto, ou um dia chuvoso sem chuva. A impossibilidade de sua «existência» decorre de sua exclusão de nossa gramática e isso faz o oposto «necessário».

Neste ponto, podemos recolocar a questão. Embora fique claro que na lógica de implicação normativa de Von Wright a noção de executabilidade estabelece o fundamento do jogo de linguagem de «guiar a conduta humana por normas», poderíamos atribuir-lhe status de «proposição necessária», no sentido de Wittgenstein?

Ao que parece, o que nossa gramática exclui é a ideia de que alguém possa omitir e executar uma ação ao mesmo tempo ou fazer com que um estado de coisas contraditório seja o caso. Mas seria exagero afirmar que comandos exigindo tais ações sejam *inconcebíveis*. Embora um conjunto

---

[120] PI: 241.
[121] LFM, p. 183-184.
[122] RFM, I-155.
[123] RFM: I-141; V-26.
[124] PI: 499-500.
[125] RFM, III: 29.

de normas inexecutável possa ser excluído daquilo que é concebido como «*guiar*» a conduta humana, não pode ser excluído do que é concebido como *comandar ou legislar.*

O ar de contrassenso que comandos conflitantes carregam é uma consequência do fato de que a legislação é instituída como um instrumento para guiar a conduta dos indivíduos dentro da comunidade, e não para algum outro fim. Assim conjuntos inexecutáveis são apenas aparentemente excluídos da ação de comandar, tão-somente porque vemos comandos dirigidos a outros fins como estranhos ou até como moralmente repreensíveis.[126]

Todavia, é possível admitir a noção de executabilidade como fundamento «necessário» do jogo consistente em orientar a conduta humana.[127] Em uma comunidade linguística fechada, como a dogmática jurídica, esse pode ser o único jogo praticado. Nesse caso, é possível tomar executabilidade como proposição necessária. Em certo sentido, que será melhor explorado posteriormente (cf. Seção 4 deste livro), executabilidade organiza a forma com a qual a dogmática jurídica sistematiza e conceptualiza ordens normativas, sendo que a interpretação jurídica é levada a cabo com alto grau de idealização, onde alguns padrões racionais e morais são postuladas na figura fictícia do «legislador racional».[128]

6.4 Independência

A insistência de Von Wright na ideia de que a abordagem não axiomática seria «*filosoficamente mais apropriada*» para uma lógica das normas, indica outro paralelo com as ideias de Wittgenstein sobre as relações entre filosofia e lógica.

Na sua filosofia tardia, Wittgenstein via seu trabalho sobre os fundamentos da matemática como um ataque à lógica de Russel, não *de dentro*, mas *de fora*.[129] Como corolário da independência entre filosofia e ciência, acreditava que a filosofia e a matemática eram atividades completamente independentes. Nenhum *insight* filosófico poderia alterar cálculos matemáticos e nenhum resultado matemático poderia resolver qualquer problema

---

[126] Ziembinski (1978, p. 182). Talvez seja interessante trazer para esta discussão outro poderoso oponente da primazia do princípio de não-contradição: o lógico polonês Jan Łukasiwicz. Em (Łukasiwicz, 1910), Łukasiewicz, após interpretar e discutir o princípio aristotélico de não-contradição em seu sentido lógico, ontológico, psicológico e prático-ético, conclui que somente a última formulação poderia ser defendida. O sentido prático ético do princípio diz que «*ninguém em sã consciência pediria A e não-A ao mesmo tempo*».

[127] Cf. João Marcos (1999, Cap. 1) para uma tentativa de reconstrução de uma filosofia da contradição no segundo Wittgenstein.

[128] Ziembinski (1978); Nowak (1969).

[129] RFM, V-16.

filosófico genuíno.[130] Isso, como vimos, fazia parte de profunda crítica à tese de que a filosofia poderia dar fundamento à matemática ou a qualquer ciência. O programa de Frege e Russell de axiomatização de toda a matemática a partir de um conjunto de princípios lógicos era visto pelo segundo Wittgenstein como *matemática*, *i.e.* como outro cálculo matemático. Não haveria nada de *meta* na metamatemática idealizada por Hilbert. Um filósofo, acreditava, deveria falar *sobre* matemática, sem *fazer* matemática.

O que realmente preocupa o filósofo, de acordo com Wittgenstein, é o momento no qual o matemático transgride as fronteiras do discurso formal e passa a interpretar seus objetos matemáticos na realidade.[131] Pois um matemático não é só um inventor (e não descobridor) de seus sistemas, mas também *um inventor de sua aplicação*.[132]

No final de sua peregrinação, Von Wright chegou a conclusão semelhante no que se refere à relação entre filosofia normativa e lógica deôntica. Deve-se ressaltar, porém, que a presença de Wittgenstein no pensamento de Von Wright foi sendo gradualmente por ele percebida na medida em que seus problemas o levaram a temas da vizinhança de seu mestre.[133] A tese de independência, agora especificamente entre a filosofia das normas e a lógica deôntica, foi assumida por Von Wright somente após quarenta anos de esforço árduo no que antes entendia ser a fundamentação filosófica indispensável ao desenvolvimento da lógica deôntica.

> «Ao chamar o desenvolvimento da lógica deôntica de "surpreendente", estou pensando no fato de que o tema floresceu embora se apoie sobre fundações frágeis. Levou algum tempo até que eu mesmo o percebesse. E é minha impressão que os lógicos deônticos, em geral, não têm se incomodado muito com isso. Também me ocorreu que as minhas preocupações – tipicamente preocupações de "um filósofo" – talvez não sejam importantes do pondo de vista do desenvolvimento do tema e suas aplicações.»[134]

A afirmação acima não é um gesto de modéstia, mas sim uma profunda mudança de posição a respeito da necessidade de uma fundamentação filosófica para o desenvolvimento técnico da lógica deôntica. Já que os paradoxos e o dilema de Jørgensen revelam problema de adequação entre discurso ordinário e a construção lógica proposta, Von Wright entende que o sistema standard de lógica deôntica pode ser deixado como está; o que precisamos fazer é mudar a forma como o encaramos.

Contra tal interpretação da última abordagem de Von Wright, pode-se argumentar que ele negou seu sistema original, do qual SDL é uma extensão,

---

[130] PI: 124-125.

[131] João Marcos (1999: 16).

[132] RFM, I-167; I-9.

[133] Von Wright (1989b).

[134] Von Wright (1991a).

depois que tomou conhecimento dos paradoxos de Prior e, definitivamente, após a apresentação do paradoxo de obrigação contrária-ao-dever por Chisholm. Suas tentativas anteriores para solucioná-los consistiram na introdução de lógicas deônticas diádicas, *i.e.* no uso de uma linguagem com operadores deônticos diádicos, *O(a/b)* e *P(a/b)*, onde a primeira sentença do par no escopo do operador representa o estado obrigatório e a segunda a condição na qual a obrigação (permissão) deve (pode) ser executada. Como poderia Von Wright então regredir para SDL?

Em NTL existem duas evidências claras nesse sentido. Primeiro, Von Wright afirma explicitamente que o recurso a operadores diádicos seria desnecessário, dado que «*os problemas lógicos [paradoxos de Prior e Chisholm] ligados à formulação de normas condicionais pode ser tratado de maneira satisfatória sem recurso a uma teoria diádica*».[135] Vimos como, de fato, o paradoxo de Prior desaparece quando representamos normas condicionais como uma implicação material dentro do escopo de um operador deôntico.[136] Em segundo lugar, Von Wright definiu em NTL um sistema de lógica deôntica como um sistema lógico axiomatizado onde todos os seus teoremas são tautologias de acordo com a noção de executabilidade. O sistema que Von Wright apresenta é equivalente a SDL.

Todavia, parece que Von Wright não estava defendendo SDL como *o* sistema correto, cujos teoremas deveriam ser vistos como padrões definitivos para a racionalidade da atividade legislativa, mas apenas o tomou como exemplo para mostrar como nos desvencilharmos das dificuldades filosóficas que sempre perturbaram aqueles que manipulam sistemas lógicos que versem sobre entidades representando normas (e suas relações). Von Wright endossou também extensões de SDL e admitiu alguma flexibilidade quanto à possibilidade de se delinear outros padrões de racionalidade, desde que correspondam ao discurso normativo ordinário. Sistemas lógicos poderão ser interpretados como sistemas de lógica deôntica desde que seus teoremas correspondam a tautologias normativas definidas em termos de padrões de racionalidade tal como na sua lógica de implicação normativa.

7. A LÓGICA DE IMPLICAÇÃO NORMATIVA

A segurança aparente de SDL, dentro da interpretação dada por Von Wright em NTL, seria ainda atormentada pelo dilema de Jørgensen. A extensão da terapia não pôde deixar de afetar a construção de SDL.

Com efeito, o operador de implicação normativa «$\rightarrow$» dá conta satisfatoriamente de teoremas deônticos da forma $\Delta a \rightarrow \Delta b$, onde Δ é qualquer

---

[135] NTL, p. 151.

[136] Na Seção 3, examinaremos com mais cuidado sua solução para o paradoxo de Chisholm.

operador deôntico, possivelmente negado (normativamente), representando obrigação ou permissão (esses são chamados de formulações de normas ou *O-P*-fórmulas) e *a,b* são fórmulas booleanas quaisquer. Mas como deveríamos interpretar, nos quadros de NTL, conjunções e, o que parece mais problemático, disjunções entre normas ou mesmo a negação de uma obrigação?

Tome-se como exemplo o esquema *D* que expressa o princípio de não contradição instanciado por uma *O*-fórmula: $\sim(Oa \wedge \sim Oa)$. O esquema é teorema de SDL, mas seria ele uma tautologia normativa, de acordo com a interpretação oferecida por Von Wright? Uma ambiguidade imediatamente aparece com a interpretação do símbolo «~». No esquema *D*, a negação não pode ter o mesmo sentido fora e dentro dos parênteses. Dentro dos parênteses o símbolo representa uma negação normativa: a expressão $\sim Oa$ representa uma norma-negação, *i.e.* expressa que o estado $\sim a$ é permitido. Fora dos parênteses, o símbolo «~» opera sobre uma conjunção, não sobre uma norma, e significa que tal conjunção não é o caso, *i.e.* que ambos os componentes não podem ser *verdadeiros*. Tratar-se-ia então de uma expressão da linguagem de proposições normativas e não de prescrições? Voltamos à estaca zero!?

O próprio axioma de SDL que determina como teoremas todas as instâncias de tautologias proposicionais substituindo-se as variáveis por formulações de norma não pode receber uma leitura coerente sem trazer novamente à tona o dilema de Jørgensen.

Por essa razão, em elaborações posteriores de sua lógica de implicação normativa, Von Wright excluiu o uso de conectivos booleanos para formar compostos de formulações de norma. Tal uso, «*não tem lugar em uma lógica de normas genuína*»,[137] pois em tal caso os operadores falhariam no teste de se produzir entidades do mesmo caráter lógico de seus elementos componentes. Assim, a disjunção entre formulações de norma parece não poder receber um significado plausível distinto de «*uma das duas normas foi promulgada*» e no discurso ordinário isto é certamente diferente de se obrigar ou permitir um estado de coisas disjuntivo. Isto é, uma disjunção da promulgação de duas normas é um estado de coisas, não uma norma. Von Wright chama de um «acidente semântico» que a norma $O(p \wedge q)$ também possa ser enunciada como *Op e Oq*, mas os símbolos «$\wedge$» e «*e*» devem ser interpretados com significados distintos, um dentro da linguagem prescritiva e o outro dentro do discurso descritivo.

Assim, a relação de implicação normativa opera exclusivamente sobre formulações normativas (*O-P*-fórmulas). A partir de um conjunto de formulações normativas derivam-se somente formulações normativas e a norma-

---

137 VON WRIGHT (1991: 43).

-negação de uma formulação normativa é outra formulação normativa.[138] Os conectivos booleanos podem estar sob o escopo dos operadores modais, mas não operam sobre fórmulas modalizadas.

Portanto, a lógica deôntica standard, para Von Wright, não pode mais servir como lógica de normas genuínas. A única «lógica» disponível seria aquela dada pela definição semântica de implicação normativa, que determina uma relação de dedutibilidade entre conjuntos de normas e normas. Mas podemos atribuir a essa relação o título de lógica?

Aqui alguém poderia dizer, com Wittgenstein, que toda a descrição dos fundamentos de um jogo de linguagem, como a descrição do jogo de guiar a conduta humana em termos de executabilidade, pertence à lógica.[139] Não vejo também qualquer dificuldade em atribuir o título de lógica à relação semântica de consequência entre normas dada pelas definições de consistência e norma-negação de Von Wright, tendo em vista que temos uma estrutura com um conjunto de sentenças e uma relação de consequência semântica.

Von Wright, depois de alguma oscilação entre prefixar[140] ou não prefixar[141] o adjetivo «lógico» às noções de consistência e implicação normativa, vê a resposta a essa questão como algo sem importância.

> «As definições de consistência normativa e implicação apoiam-se nas noções de executabilidade de conteúdos normativos e racionalidade da atividade legislativa. Tais noções não têm lugar na lógica pura, tradicional. Por essa razão, alguém poderia dizer que normas, enfim, não têm lógica, que a lógica deôntica é uma impossibilidade. Mas tendo em vista que as definições dadas fazem com que as noções de consistência e implicação sejam aplicáveis a normas genuínas de uma forma que parece bastante natural e convincente, pode-se dizer também que isso mostra que a lógica, na verdade, tem um alcance mais amplo do que a verdade.»[142]

Uma vez que as raizes do conflito embebido na síndrome de Jørgensen foram expostas e tanto as tentações quanto as analogias enganosas foram desmistificadas, cabe agora ao paciente decidir qual caminho seguir. Com esse epílogo, Von Wright considera sua passagem através da «*selvageria da lógica deôntica*» como encerrada.[143] Mas será que Von Wright nos introduziu e nos conduziu para além da selvagem floresta deôntica? Estamos realmente curados?

---

[138] É claro que a implicação normativa tem um sentido distinto de implicação material em lógica proposicional clássica.

[139] OC: §56.

[140] Von Wright (1991).

[141] Von Wright (1983a).

[142] Von Wrigh (1999a: 24-25).

[143] Von Wright (1983b: ix).

SEÇÃO 2

UMA LACUNA NA LÓGICA DE IMPLICAÇÃO NORMATIVA DE VON WRIGHT[1]

Resumo: O texto discute a última abordagem de Von Wright à lógica deôntica e critica seu tratamento dado às lacunas, arguindo que um padrão de racionalidade de completude deveria ser postulado como condição para a atividade racional de criação de normas.

1. A LACUNA

Conflitos normativos são usualmente encarados por juristas como defeitos em ordens jurídicas. Se um ordenamento contém comandos com conteúdos mutuamente contraditórios, então um estado de coisas ou ação é tanto obrigatório como proibido. Ao atribuir dois *status* deônticos (conflitantes) para um estado ou ação, o legislador cria situação de perplexidade para o sujeito normativo, dado que qualquer curso que este tome a respeito desta ação ou estado será, ao mesmo tempo, «correto» e «errado» aos olhos do legislador. Nesse caso, a ordem jurídica falha em seu propósito (guiar a

[1] Maranhão, J. S. A. «Von Wright's sceptic turn on the logic of norms and the problem of gaps in normative systems». *ARSP. Archiv für Rechts und Sozialphilosophie,* vol. 88, 2002, p. 216-229.

ação humana para concretizar um mundo ideal vislumbrado); é por isso que Von Wright considera o legislador de tal ordenamento como irracional.[2]

Mas situação bastante similar, não suficientemente confrontada pela lógica de implicação normativa de Von Wright, é obtida quando o ordenamento deixa o *status deôntico* (obrigatório, proibido, permitido) de um estado ou ação indefinido, ou seja, quando não pode ser encontrado no ordenamento qualquer norma regulando explicitamente um estado ou ação – nesse caso, os juristas falam de uma «lacuna» no sistema normativo. Então, se há uma lacuna, também haverá uma ação à qual o sujeito normativo não sabe se é melhor executá-la ou omiti-la, de acordo com a vontade do legislador, de forma que o ordenamento falha novamente em seu propósito.

Em «Norms Truth and Logic»-NTL,[3] Von Wright aborda o problema das lacunas adotando a crítica que Alchourrón e Bulygin[4] dirigiram à tese *kelseniana* da completude necessária dos ordenamentos jurídicos.[5] A discussão é centrada na interpretação da regra de proibição «*o que não é proibido é permitido*» (*~O~a↔Pa*), que postula a interdefinibilidade entre obrigação e permissão e sua relação com a presença ou ausência de lacunas em ordens jurídicas.

Na segunda edição da *Teoria Pura do Direito*,[6] Kelsen afirma que o legislador pode deliberadamente deixar algumas ações sem regulação, não imputando qualquer sanção às mesmas. Como sistemas normativos são ordens coercitivas, e condutas obrigatórias são necessariamente as condutas opostas àquelas sancionadas, uma ação à qual nenhuma sanção é imputada é indiferente e, assim, permitida em sentido negativo aos olhos do legislador. Consequentemente, para Kelsen, qualquer afirmação que identifique uma «lacuna» e forneça nova solução seria uma tentativa ideológica de corrigir o sistema normativo, no intuito de modificar a permissão insatisfatória (de acordo com alguma valoração subjetiva), que seria obtida pela «aplicação» da ordem jurídica «*como um todo*», isto é, que seria derivada logicamente por aplicação da regra de proibição, considerada por Kelsen um «princípio lógico».[7] Assim, para o Kelsen da segunda edição da Teoria Pura, simplesmente não há lacunas em sistemas normativos.

---

2 Ver Maranhão (2009), traduzido como «A terapia de Von Wright para a síndrome de Jørgensen», neste volume, Seção 1.
3 Von Wright (1983).
4 Alchourrón & Bulygin (1971: 177-179 e 184-188).
5 Alchourrón & Bulygin (1971: 172-179).
6 Kelsen (1960).
7 Kelsen (1960: 251-252).

Von Wright – após oscilar entre: (a) assumir a interdefinição entre obrigação e permissão, que leva à conclusão de que não há lacunas em sistemas normativos, e ser incomodado pelo *fato* de que existem ordens jurídicas incompletas;[8] e (b) rejeitar o caráter «necessário» da interdefinição entre obrigação e permissão (tomando obrigação e permissão como conceitos primitivos)[9] e ser incomodado pelo fato de que, em algum sentido, «não proibido» *significa* «permitido» – chegou, em NTL, à conclusão que a disputa relativa à regra de proibição e a existência de lacunas «*pode ser dirimida de uma vez por todas pela estrita observação da distinção entre discurso descritivo e prescritivo*».[10]

Por discurso prescritivo, Von Wright entende um conjunto de atos linguísticos por meio do qual alguém exige (permite) algo de (a) outrem. Por discurso descritivo, Von Wright entende um conjunto de atos linguísticos por meio do qual alguém transmite informação sobre fatos, dentre os quais, o fato de que prescrições com este ou aquele conteúdo existem.

De acordo com Von Wright, na linguagem *prescritiva*, «não proibido» significa «permitido», e *vice versa*, o que não mostra nada além do fato de que existem duas formas distintas de prescrever a mesma coisa. Dizer que existe mais de uma forma de prescrever que algo é permitido claramente não toca no problema das lacunas.

Na verdade, quando apontamos uma lacuna ou verificamos que uma ordem jurídica é completa, estamos falando *sobre* (descrevendo) a existência (ou não existência) de normas em um ordenamento, portanto estamos afirmando proposições normativas (acerca do ordenamento).

Porém, na linguagem *descritiva* não há qualquer razão para acreditarmos que seja logicamente necessário que a ausência de norma proibitiva (*i.e.* ausência de um ato linguístico proibindo algo) leve à existência de norma permissiva (*i.e.* existência de um outro ato linguístico permitindo-o). Assim, a aceitação da regra de proibição repousa na aceitação de uma metanorma (norma que tem por objeto outras normas) segundo a qual «*toda ação que não for proibida deve ser considerada permitida*». A ausência de proibição pode levar à existência de uma permissão, não com base na lógica, mas sim com base na existência de uma metanorma.

A solução, primeiramente proposta por Alchourrón e Bulygin em *Normative Systems*,[11] revela a independência entre a tese da interdefinibili-

---

8 Von Wright (1968: 82-91).

9 Von Wright (1963: 86-92).

10 Von Wright (1983a: 136).

11 Alchourrón & Bulygin (1971).

dade entre proibição e permissão, que é óbvia na linguagem prescritiva, e a tese da completude necessária das ordens jurídicas, que pertence ao discurso descritivo sobre a existência de normas.

Todavia, tal solução não nos diz nada sobre a existência de lacunas no que concerne à racionalidade do legislador. A lógica de implicação normativa de Von Wright não fornece nem uma semântica para uma lógica de normas, nem uma semântica para uma lógica de proposições normativas, antes consiste em reinterpretação da lógica deôntica em termos de padrões de racionalidade, fornecendo, no máximo, uma semântica de necessidades práticas (regras técnicas) a respeito de como comandar racionalmente. Assim, a solução apresentada não está nos quadros da nova abordagem de Von Wright a partir de NTL.

Isso fica claro quando se observa que, na lógica de implicação normativa, o significado da regra de proibição, *i.e.* da fórmula $\sim O\sim p \leftrightarrow Pp$, seria: se determinado ordenamento contém norma segundo a qual algo não é proibido, então não pode racionalmente também conter norma proibindo o mesmo comportamento; e se o ordenamento contém norma segundo a qual algo é permitido então não pode racionalmente também conter norma proibindo a mesma conduta. Esta interpretação da regra de proibição evidentemente não toca no problema das lacunas e não liga a presença ou ausência de lacunas à racionalidade do legislador.

Conforme a semântica de NTL, se assumirmos executabilidade (possibilidade de cumprir todas as obrigações em conjunto com o aproveitamento de cada uma das permissões) como critério para julgar o comportamento criador de normas, um ordenamento inconsistente é tido como resultado de uma vontade irracional e isto é uma razão para revisá-lo no intuito de restaurar a racionalidade. Entretanto, embora uma lacuna seja usualmente considerada por juristas como um defeito do ordenamento, se executabilidade for o único critério de julgamento, a presença (ou ausência) de lacunas seria uma propriedade irrelevante no que se refere à racionalidade do legislador.

É fácil ver a razão para tanto. De acordo com o padrão de executabilidade não prescrever estados ou ações contraditórias constitui um «meio» (necessidade prática) para atingir a desejada possibilidade de obediência de todo o conjunto de normas do ordenamento (aliás, legislar reduz as chances de cumprimento). Nesse sentido, a legislação irracional pressupõe uma ação positiva da autoridade normativa, que deve ser evitada ou corrigida. Mas o que acontece quando o legislador não prescreve qualquer obrigação ou permissão para um estado ou ação? Ele não exigiu estados ou ações contraditórias, então a necessidade prática é «vacuamente» preenchida e essa omissão não pode ser considerada irracional.

2. PREENCHENDO A LACUNA

No intuito de preencher essa «lacuna» deixada pelo padrão de executabilidade, seria interessante adicionar outro padrão de racionalidade à análise do direito, correspondendo à crença geral de que lacunas são defeitos de ordens jurídicas, que criam o mesmo problema gerado pelas contradições, qual seja: insuficiência para guiar a ação humana. Esse novo critério, que podemos chamar de «critério de completude», tornaria a presença (ou ausência) de lacunas uma característica relevante para qualificar a racionalidade de ordenamentos. Assim, um ordenamento lacunoso seria considerado o resultado de uma vontade irracional e deveria ser revisado ou «preenchido», como acontece usualmente na atividade de interpretação jurídica.

A ideia de um novo padrão de racionalidade para julgar sistemas normativos pode ser objetada com base no argumento de que sua introdução seria uma exigência muito grave para o legislador. Requerer que o legislador delibere sobre todas as ações e circunstâncias possíveis e decida se cada ação, em cada circunstância imaginável, deve ser permitida, obrigatória ou proibida, parece, de alguma forma, colocar a autoridade normativa sob exigência muito pesada para ser racional.

A objeção é forte.[12] De fato, se a autoridade normativa vislumbrar um mundo ideal e prescrever ações para persegui-lo, muito provavelmente existirá uma série de ações que serão completamente irrelevantes para atingir esse objetivo. Mas a objeção não é grave o suficiente para frustrar a ideia de um padrão de completude. Pelo contrário, ela apenas mostra que a ligação entre a presença de lacunas e a legislação irracional deve ser restrita a ações ou estados *relevantes* em circunstâncias *relevantes*. Portanto, tudo o que precisamos é um conceito adequado de relevância referente a ações e condições de aplicação das normas jurídicas.

Alchourrón e Bulygin desenvolveram um conceito de relevância, ligado ao conceito de *lacuna normativa*,[13] bastante interessante e satisfatório para nossos propósitos.

Existe uma *lacuna normativa* se uma ação ou estado é regulado, *i.e.* um conjunto de normas refere-se explicitamente a esse estado ou ação, mas seu *status deôntico* é indefinido em algum caso logicamente possível ao qual este conjunto se aplica. Os casos logicamente possíveis aos quais estas normas se aplicam são determinados pela presença ou ausência das propriedades (condições de aplicação) explicitamente mencionados na formulação das normas desse conjunto.

---

12 Trata-se de objeção feita por G.H. Von Wright em discussão particular.

13 ALCHOURRÓN & BULYGIN (1971).

Apenas para ilustrar esta definição com um exemplo simples, suponha um conjunto contendo apenas uma norma, segundo a qual «*é proibido fumar nesta sala se a janela estiver fechada*». A propriedade relevante é «*a janela estar fechada*», que cria dois casos possíveis de aplicação desse conjunto, *i.e.* o caso no qual a propriedade está presente (*a janela está fechada*) e o caso no qual a propriedade está ausente (*a janela não está fechada*). O status deôntico da ação «*fumar*» está definido apenas no primeiro caso. No segundo caso, há uma *lacuna normativa*.

O conceito de *lacuna normativa*, deve-se notar, é completamente diferente do sentido intuitivo de *lacuna* mencionado na seção anterior (que passaremos a chamar, seguindo Alchourrón e Bulygin, de *lacuna semântica*). No sentido intuitivo, há uma *lacuna semântica* quando não há regulação referindo-se explicitamente a um estado ou ação, enquanto uma *lacuna normativa* aparece quando há uma regulação referindo-se ao estado ou ação, mas essa regulação é defeituosa (incompleta) por não cobrir todos os casos possíveis de aplicação.

A noção de relevância pode então ser definida em estreita relação com a vontade expressa do legislador. Uma ação (ou estado) é relevante se o legislador a considerou como tal ao prescrever um conjunto de normas a ela se referindo.

Antes de definir relevância com relação a propriedades e casos de aplicação, é importante ter em mente o conceito de caso complementar. Dois casos são complementares com relação a uma propriedade *p* se e somente se diferem tão-somente em que *p* está presente em um deles e ausente no outro, sendo iguais quanto a todas as demais propriedades.

Uma propriedade é relevante com relação a uma ação regulada[14] se for mencionada na formulação da norma e existir pelo menos um caso cujo complementar com respeito a essa propriedade não possui a mesma solução.[15] Casos relevantes, por sua vez, são aqueles gerados pela combinação da (presença/ausência) de propriedades relevantes.

Note a sutileza da definição de relevância. Diante de uma lacuna, poderia ficar indefinido se uma propriedade em questão seria relevante ou não até que a lacuna fosse preenchida (com uma solução diferente ou igual ao caso complementar).[16] Ocorre que a definição não se refere positivamente

---

[14] A definição original de Alchourrón & Bulygin é relativa a um universo de ações e um sistema normativo determinado. A referência ao sistema normativo está implícita aqui e para simplificar referi-me a uma única ação.

[15] ALCHOURRÓN & BULYGIN (1971: 152).

[16] Uma objeção semelhante foi levantada por Ricardo Caracciolo (CARACCIOLO, 1994) ao conceito de relevância de Alchourrón e Bulygin em *Normative Systems*.

a duas soluções diferentes para casos complementares, mas simplesmente a uma solução atribuída a um caso, que não é atribuída ao outro, o que obviamente contempla a hipótese na qual a um dos casos não é atribuída qualquer solução normativa, isto é, a hipótese de uma lacuna normativa. No exemplo acima, a propriedade «estar fechada a janela» é relevante porque a regulação proíbe o fumo quando está presente e não o proíbe (na verdade, nada diz) no caso complementar quando a propriedade está ausente.[17]

Com esses esclarecimentos, se empregarmos os conceitos de relevância e de lacuna normativa como definidos acima, o apelo a um padrão de completude pode ser assim reformulado: se o legislador decide regular uma ação, cuja realização ou não realização seja, por definição, relevante para o mundo ideal que vislumbrou e se a realização desta ação for, pela sua vontade expressa, condicionada à presença ou ausência de determinadas propriedades na situação na qual a ação é praticada, parece então razoável exigir, em nome da racionalidade, que o legislador delibere e decida o status deôntico dessa ação em todo caso possível determinado pelas propriedades apontadas na norma como relevantes. Caso essa condição seja preenchida, os sujeitos normativos sempre saberão (em todos os casos relevantes) se e em que condições uma *ação regulada* deve ser realizada ou omitida.

Contra tal exigência de completude, pode ainda ser arguido que, como representam problemas de ordem prática, lacunas deveriam ser dirimidas por metanormas ou algum esquema retórico de argumentação jurídica. Antes de atacar essa objeção, deve-se lembrar que contradições são problemas tão práticos quanto lacunas. Adaptando o exemplo usado por Alchourrón e Bulygin em *Normative Systems*, é fácil perceber que ambas as soluções podem ser problemáticas ou insatisfatórias.

Suponha que João possui bem sem título de propriedade e o vende a Pedro. Mais tarde, o proprietário legítimo exige de Pedro exigindo seu bem.

Suponha que existe apenas uma norma regulando a situação:

N1. «O comprador não é obrigado a restituir o bem se a aquisição foi de boa fé e por título oneroso.»

Duas propriedades são relevantes: *boa fé* e *onerosidade*. As letras *g* e *p* representarão, respectivamente, proposições descrevendo estados de coisas onde o comprador *agiu com boa fé* e *pagou* pelo bem.

A letra *k* representará a proposição descrevendo o estado de coisas no qual o comprador *fica com o bem*. Os símbolos «~» e «∧» serão usados,

---

[17] Uma defesa da definição de relevância nas mesmas linhas foi feita por Jorge Luiz Rodriguez (RODRIGUEZ, 2002). Agradeço a Rodriguez por advertir que a discussão desse problema já estava presente na literatura.

respectivamente como abreviações para «*não*» e «*e*». Os símbolos O e P representarão, respectivamente, obrigação e permissão como é usual (O~ representará proibição). Então a norma N1 pode ser assim abreviada:

N1'. No caso em que *g∧p*, então *Pk.*

Facilmente se observa que a regulação proposta é insuficiente e da margem ao surgimento de lacunas.

Casos	N1'
1. g∧p	Pk
2. g∧~p	_
3. ~g∧p	_
4. ~g∧~p	-

Diante de tal regulação, o comprador não saberia que curso de ação seria o correto nos casos 2 a 4 e provavelmente, nesses casos, procuraria por ajuda profissional. Seu advogado, sem dúvida, estaria ansioso por aplicar, como metanorma, a regra de proibição «*tudo que não está proibido está permitido*». Isto porque, considerando que nos casos 1 a 4 não há proibição de ficar com o bem (obrigação de restituir), a regra de proibição determina que, em todos esses casos, é permitido ficar com o bem.

Casos	N1'	Regra de proibição
1. g∧p	Pk	Pk
2. g∧~p	_	Pk
3. ~g∧p	_	Pk
4. ~g∧~p	–	Pk

Ninguém, além do comprador e seu advogado, aceitaria essa solução como razoável. O próprio Von Wright tinha consciência de que a regra de proibição poderia ser inadequada em determinados contextos, nos quais a ausência de proibição é suprida por uma metanorma que exige ao sujeito normativo «pedir autorização» como, por exemplo, na relação entre pais e filhos.[18] Outros exemplos são imediatos. No direito público rege o princípio *somente é permitido fazer aquilo que a lei expressamente autoriza.*[19] O Direito Civil, regulando conflitos privados, também apresenta contextos inadequados para a aplicação da regra de proibição, como no exemplo discutido acima.

---

[18] Von Wright (1991b: 49).

[19] Meirelles (1996: 82).

Aplicar os argumentos retóricos *a contrario* ou *per analogiam* levaria imediatamente a soluções contraditórias para o problema e não existe qualquer critério objetivo para indicar se devemos aplicar um ou outro. De acordo com o argumento *a contrario*, se uma norma indica uma solução normativa para uma circunstância, quando esta circunstância não está presente, a solução oposta deve ser aplicada. De acordo com o argumento *per analogiam*, se um caso compartilha uma propriedade relevante com um caso regulado, então ambos devem possuir a mesma solução normativa (em ambos, a ação ou estado devem ter o mesmo status deôntico).

Casos	N1'	***a contrario*** **sobre *g***	***a contrario*** **sobre *p***	***a contrario*** **sobre *g*∧*p***	***analogiam*** **sobre *g***	***analogiam*** **sobre *p***
1. g∧p	Pk	-	-	-	Pk	Pk
2. g∧~p		-	O~k	O~k	Pk	-
3. ~g∧p		O~k	-	O~k	-	Pk
4. ~g∧~p		*O~k*	*O~k*	*O~k*	-	-

Portanto, é de interesse um novo padrão de racionalidade dirigido às lacunas. Abaixo, será delineado um argumento prático que pode ser usado para derivar um padrão de completude.

É desejável que todas as situações consideradas relevantes sejam completamente reguladas (tecnicamente: em todos os casos gerados pelas combinações possíveis das propriedades relevantes, a ação ou estado deve ter seu status deôntico determinado)

Em regulação normativa onde n propriedades são escolhidas como relevantes, existem 2^n *casos possíveis.*

O legislador precisa definir o status deôntico da ação ou estado em todos os 2^n *casos possíveis que surgem das n propriedades relevantes.*

Note-se que esse padrão de racionalidade não deve ser confundido com o que Alchourrón e Bulygin denominam «casuísmo»,[20] isto é, um tipo de regulação onde há uma norma atribuindo uma solução normativa para cada caso possível. Economia de normas também é considerada «racional» na atividade legislativa. Para evitar o casuísmo deve-se notar que uma única norma pode atribuir soluções normativas a mais de um caso possível quando define o *status* deôntico da ação em todos os casos possíveis nos quais a conjunção de um número *m* de propriedades ($p_1 \wedge ... \wedge p_m$) está presente, assumindo-se que existe um número *n* de propriedades relevantes e $m<n$.

[20] ALCHOURRÓN &BULYGIN (1971: 125-126).

É possível também regular uma ação ou estado em mais de um caso possível com uma única norma por meio do uso de outros conectivos proposicionais além da conjunção. Por exemplo, usando disjunção a norma «se *b* ou *c* é o caso, então *a* é obrigatório» é equivalente a (como se pode verificar substituindo-se o antecedente pela sua forma normal distributiva) «no caso em que *b* e *c*, então *a* é obrigatório e no caso em que *b* e ~*c*, então *a* é obrigatório e no caso em que ~*b* e *c*, então *a* é obrigatório». Vale dizer, uma norma que defina o status deôntico de uma ação ou estado usando uma disjunção de um número *m* de propriedades relevantes no antecedente está, na verdade, definindo o status deôntico da ação em 2^m-1 casos possíveis, *i.e.*, deixa indefinido apenas o caso em que todas as propriedades relevantes estão ausentes.

3. DISCUSSÃO[21]

Von Wright apontou que, mesmo na sua formulação mais restrita, o padrão de completude parece muito forte para ser aceito *em nome da racionalidade*. Se compararmos o padrão de completude com o padrão de executabilidade, algumas diferenças podem por em questão sua adequação. No caso de executabilidade, fica bem claro que se obtém uma contradição, pois ainda que normas contraditórias possam existir, seus conteúdos não poderão ser concretizados. Portanto, a noção de executabilidade ligada a considerações de racionalidade precisa ser introduzida. Assumindo que o legislador quer que suas normas sejam satisfeitas (e seria estranho se ele não o quisesse) é irracional prescrever normas cujo conteúdo seja uma contradição lógica ou uma ação ou estado de coisas «irrealizável» (*undoable*). Por conteúdo normativo *irrealizável*, Von Wright entende uma ação ou estado que não pode ser realizado ou produzido em função de uma impossibilidade humana ou física.

O padrão de completude não é paralelo ao de executabilidade/realizabilidade, pois não possui esse forte apelo à impossibilidade de satisfazer as regras. Seria o legislador considerado irracional se não tivesse definido o status deôntico de uma ação em todos os casos de aplicação relevantes? É claro que a regulação seria considerada tecnicamente insatisfatória, mas isto, parece, não está estritamente ligado a um problema de racionalidade como está no caso em que as normas, por razões lógicas, não podem ser obedecidas. O padrão de completude parece possuir mais o caráter de uma metanorma do que o padrão sobre contradições.

---

[21] Ocorrida em março de 1999 com G.H. Von Wright, em Helsinki, após termos sustentado nossa crítica a respeito de seu tratamento do problema das lacunas em NTL.

O ponto do argumento de Von Wright é que as condições de racionalidade podem receber estipulações alternativas, mas a formulação de executabilidade ou realizabilidade ocupa uma posição quase que central ou privilegiada na definição da noção do que é racional ao comandar.

Contra essa posição, deve-se notar que o princípio de completude encontra seu apelo à racionalidade no princípio de Leibniz *nihil est sin ratione*. De acordo com Alchourrón e Bulygin, uma versão normativa deste princípio afirmaria que o ideal racional de completude pressupõe que cada caso possível seja previamente solucionável, no sentido em que é possível indicar, dentro do sistema normativo uma solução para o mesmo. A ideia de que existam casos possíveis nos quais não haja fundamento para escolher um outro curso de ação é tão ou mais insuportável para a razão quanto a ideia de que existam fenômenos inexplicáveis.[22] Assim, tanto completude como consistência devem ser postulados no julgamento racional de sistemas normativos.

Ademais, não está claro porque o princípio de completude deveria ser visto como uma metanorma enquanto executabilidade deve ser vista como um princípio lógico governando a legislação racional. Se assumirmos o caráter normativo de regras e princípios lógicos, a distinção fica mitigada.

A necessidade de contar com alternativas contextualmente completas também é tomada como princípio de racionalidade em lógica combinatória de preferências. Considere o seguinte exemplo de alternativas para se passar a noite:

(1) Jantar fora (p) e ir ao teatro (q)

(2) Jantar fora (p) e não ir ao teatro (~q)

(3) Não jantar fora (~p)

Este seria um conjunto estranho de alternativas, apesar de serem todas elas mutuamente excludentes, do ponto de vista lógico. Na verdade, a escolha por não jantar fora torna a especificação sobre ir ao teatro absolutamente irrelevante. Assim não se pode comparar as propriedades relevantes das alternativas de uma maneira uniforme, o que prejudica a racionalidade da escolha. Em lógica de preferências, diz-se que a deliberação deve ser exaustiva e a uniformidade (ou completude contextual) das alternativas é um pré-requisito para tanto.[23] (O mesmo vale para as escolhas presentes na deliberação do legislador sobre a correção ou não da ação diante da presença ou ausência de propriedades que considera relevantes.)

---

[22] Alchourrón & Bulygin (1971: 232).

[23] Ver, por exemplo, (Hansson, 2001, Cap. 6).

Uma questão interessante, também colocada por Von Wright,[24] consiste em saber se o padrão de *realizabilidade (doability)*, em vez de *executabilidade (satisfiability)*, poderia afetar o problema das lacunas discutido acima.

Sob um aspecto a resposta é negativa. Realizabilidade, assim como executabilidade, também está relacionada a uma ação positiva da autoridade normativa ou a alguma regulação que a autoridade promulgou para um caso e que, por limitações humanas ou físicas, não pode ser obedecida. Se o legislador não exigiu ou permitiu nada em um caso possível, então não exigiu uma ação ou estado irrealizável e o padrão de realizabilidade é, assim, vacuamente satisfeito.

Sob outro aspecto, porém, nota-se que o emprego do padrão de realizabilidade pode afetar o problema das lacunas da seguinte forma:

O legislador pode regular uma situação ao prescrever uma ação para o caso $p \wedge q$ e deixar alguns dos casos $p \wedge \sim q$, $\sim p \wedge q$, $\sim p \wedge \sim q$ indefinidos. Mas esta indefinição para algum dos três casos restantes pode decorrer de uma intenção deliberada e plausível na hipótese em que o caso for impossível ou a ação seja (física ou humanamente) inexecutável naquele caso. Então, prescrever algo para o caso apontado seria irracional.

Por exemplo, imagine a norma «*é obrigatório entregar a passagem ao fiscal de bordo quando o passageiro entrar no trem*». Neste caso, seria estranho complementar a norma com os dizeres «*... e a todas as pessoas que não entrarem no trem, é proibido (obrigatório, ou permitido) entregar a passagem ao fiscal de bordo*», pois nesse último caso a ação regulada é humanamente impossível ou, no mínimo, absurda. Novamente, fazendo analogia com a lógica de preferências se p denota que «*vou a uma festa*» e q que «*uso gravata*», o conjunto de alternativas pode ser reduzido a $p \wedge q$, $p \wedge \sim q$ e $\sim p$, na medida em que estipulo ser q relevante com respeito a p, mas não com respeito a $\sim p$ (*i.e.* não coloco em questão se uso ou não a gravata se não for à festa)

Ou seja, realizabilidade pode afetar o problema das lacunas por meio da restrição material do número de casos possíveis que surgem das propriedades relevantes. Essa restrição poderia ainda ir além para eliminar não só casos humana ou fisicamente impossíveis mas também casos desarrazoados ou implausíveis, de acordo com algum critério.

---

[24] Comunicação pessoal.

Mas o fato de que realizabilidade possa restringir o número de casos possíveis não muda o fato de que esse padrão de racionalidade, assim como o padrão de executabilidade, é incapaz de apontar lacunas, em casos relevantes estipulados pelo próprio legislador, como resultado de uma vontade irracional.

SEÇÃO 3

CONDICIONALIDADE E A LÓGICA DE IMPLICAÇÃO NORMATIVA DE VON WRIGHT[1]

Resumo: Von Wright legou-nos tanto a lógica deôntica quanto sérias dúvidas filosóficas sobre sua viabilidade como lógica de normas genuínas. Em sua última abordagem, propôs que normas condicionais poderiam ser representadas tal como no sistema *standard* (uma implicação material dentro do escopo do operador deôntico) sem cair nos conhecidos paradoxos, em especial no paradoxo de obrigações em contrariedade ao dever, desde que fosse alterada a interpretação dos teoremas e derivações da lógica deôntica. Neste texto, a tese de Von Wright é criticada mostrando-se a inadequação de sua reinterpretação do sistema *standard* para lidar com normas condicionais. Em seguida, é proposta uma interpretação alternativa das noções de consistência e implicação normativa que resulta em nova lógica (Lógica de Implicação Técnica Relevante – LITR) capaz de contornar a inadequação apontada. Por fim, testamos LITR perante as condições de adequação de Carmo e Jones (2002) para propostas de solução ao paradoxo de Chisholm.

1 Maranhão, J. S. A. «Condicionalidade e a lógica de implicação normativa de Von Wright». *Revista Brasileira de Filosofia*, vol. 233, 2009, p. 192-220.

1. O CETICISMO DE VON WRIGHT E SUA LÓGICA DE IMPLICAÇÃO NORMATIVA

Von Wright é apontado como o pai da lógica deôntica.[2] De fato, não só ressuscitou o tema, como também, nas décadas seguintes, fez importantes contribuições técnicas para o seu desenvolvimento, dentre as quais, a lógica da ação como fragmento da lógica dêontica e a proposição de sistemas deônticos diádicos. Mas poucas vezes se viu um pai tão incentivador e ao mesmo tempo tão angustiado com sua cria. Von Wright sempre esteve preocupado com a fundamentação filosófica das lógicas normativas e viveu perturbado com a ideia de que essas lógicas sequer seriam possíveis como representações adequadas do discurso normativo.

Em uma série de artigos,[3] Von Wright adotou abordagem cética com relação à lógica de normas, que chamaremos de «lógica de implicação

---

2 Na verdade, o tratamento formal das propriedades lógicas das normas, com o emprego da lógica moderna, não começou com Von Wright, podendo ser identificado já no início do século XX, com as obras de Ernst Mally (Mally, 1926 – uma apresentação concisa do sistema de Mally pode ser encontrada na introdução à lógica deôntica de Hilpinen & Follesdal 1971), cujo sistema infelizmente colapsa (dando já uma dimensão da dificuldade em se formalizar princípios aparentemente intuitivos do discurso normativo) e, posteriormente, Dubislav, Jørgensen e Alf Ross, que trataram as normas como imperativos ou exclamações. Jørgensen e Alf Ross lançaram um desafio à própria possibilidade de uma lógica de normas, desafio este que, enfrentado de forma insatisfatória por Dubislav, foi depois resgatado por Makinson (Makinson 1999).
O surgimento da lógica deôntica pode, ainda, ser apontado já no século XIV, nas obras de Roger Rosetus, Robert Holcot e William Ockham, que anteciparam as ideias de interdefinibilidade entre *obligatum*, *licitum* e *ilicitum*, as analogias entre modalidades *deônticas* e *aléticas*, a interpretação deôntica de leis e regras de inferência de lógica modal, bem como adentraram na discussão e apresentação de soluções a problemas bastante próximos aos paradoxos da lógica deôntica moderna. Hilpinen destaca, ainda, que a inspiração moderna para o ressurgimento da lógica deôntica pode ser identificada em Leibniz, que chamou as modalidades deônticas de *Iuris modalia* (modalidades jurídicas) e observou que os princípios básicos da lógica modal aristotélica valem para a as *Iuris modalia* assim como para outras modalidades (cf. Hilpinen 1993; ver também Kalinowski e Gardies, 1974).
O fato, porém, é que o debate moderno em torno da aplicação da lógica a conceitos normativos recebeu seu grande impulso com Von Wright, em 1951, após uma súbita inspiração leibniziana numa despretensiosa caminhada às margens do rio Cam, que lhe indicou analogias entre as noções de necessidade e obrigatoriedade (Von Wright, 1999b). O sistema axiomático proposto parecia bastante intuitivo e a maioria dos sistemas posteriores tomou-o por base, seja para enriquecê-lo, com novos elementos na linguagem e novos axiomas, seja para criticar e derrogar alguns de seus postulados. A lógica deôntica monádica chamada hoje de «padrão» (*standard deontic logic*) consiste em sistema bastante próximo ao sistema original de Von Wright (cf. Follesdal & Hilpinen, 1971). A única diferença está na adição do princípio de que toda tautologia é obrigatória, rejeitado por Von Wright por razões intuitivas, mas incluído no sistema standard por razões técnicas (torna o sistema uma lógica modal normal).

3 Von Wright (1983); (1985); (1991); (1996); (1997); (1999a); (1999b).

normativa». Tal abordagem é consistente com a tese de que não há uma lógica de normas genuínas. Como defendemos em outra oportunidade,[4] esse ceticismo não é propriamente um decreto contra a lógica de normas, mas um esforço de reinterpretação do seu significado ou do que essa ou essas lógicas representariam. Trata-se de uma «terapia» no sentido do segundo Wittgenstein para resgatar a lógica deôntica diante de problemas filosóficos que perturbaram aqueles que dela se ocuparam, como o dilema de Jørgensen,[5] os paradoxos de Ross,[6] Prior[7] e Chisholm.[8]

Von Wright propõe que, em vez de interpretar os teoremas deônticos como reflexos de relações necessárias entre normas ou da estrutura do discurso prescritivo, deveríamos tomá-los como meros padrões de racionalidade do que seria uma atividade de legislação racional. Se tal mudança de perspectiva for adotada, Von Wright defende que a maioria dos problemas filosóficos ligados à possibilidade de uma lógica das normas simplesmente não se colocam. Essa abordagem, ademais, marca um afastamento de Von Wright do construtivismo lógico que caracterizou boa parte de seus trabalhos sobre o tema.

A reinterpretação consiste basicamente em redefinir a relação de consequência normativa (entre conjunto de normas e uma norma) por meio das noções de consistência e norma-negação, em correspondência com o discurso prescritivo ordinário. Uma norma é consequência (implicada normativamente) de um conjunto de normas se a sua norma negação ou se o oposto do que for por ela exigido for normativamente inconsistente com aquele conjunto. Isso não significa que a norma derivada seja necessariamente existente ou válida, tal como o conjunto de normas originais. Apenas quer dizer que seria irracional legislar de outra maneira (o que não impede que o legislador concreto efetivamente o faça). Aliviando dessa forma a carga ontológica dos teoremas da lógica deôntica e da relação de consequência normativa, Von Wright acreditava ter curado os lógicos deônticos de suas angústias frente ao caráter não teórico das normas.

Todavia, embora Von Wright tenha conseguido dar sentido a essas relações de contradição e consequência entre normas, dificuldades em interpretar conectivos proposicionais entre formulações de norma, que, a seu ver, apenas fariam sentido em uma interpretação descritiva, levaram-no a excluir tais construções do conjunto de fórmulas bem formadas. Para Von Wright,

---

4 MARANHÃO (2009 – Seção 1 deste volume, à p. 21).

5 JØRGENSEN (1937-1938).

6 ROSS (1941).

7 PRIOR (1954).

8 CHISHOLM (1963).

sistemas que pretendam representar uma lógica de normas genuínas (em termos de padrões de racionalidade) deveriam satisfazer tal restrição.[9]

Assim, as definições de consistência e implicação normativa oferecem uma relação semântica de consequência somente entre *formulações de norma*. Ao lado dessa restrição, uma velha tese, presente no seu sistema original,[10] foi resgatada: obrigações condicionais deveriam ser representadas por uma implicação material no escopo de um operador deôntico.

Tal representação da condicionalidade normativa é importante dentro de sua abordagem cética. Isso porque a única relação de implicação com significado é aquela de implicação normativa (entre normas), portanto, a implicação material não pode estar fora do escopo de um operador deôntico. Claro que este ainda não é um argumento para a sua proposta, mas uma simples restrição à construção da linguagem na qual o discurso normativo é formulado. Como justificativa para empregá-la, Von Wright aduz o argumento de que os problemas lógicos ligados à formulação de normas condicionais podem ser superados sem recurso a uma teoria diádica.

Os problemas lógicos referidos são justamente os paradoxos de Ross, Prior e Chisholm. Embora os paradoxos de Ross e Prior sejam facilmente dissolvidos,[11] o paradoxo de Chisholm está envolto em mais dificuldades.[12] Sua solução, dentro dos quadros da lógica de implicação normativa envolve alguns recursos adicionais à simples reinterpretação da lógica deôntica. Como se verá, a lógica de implicação normativa falha em superar requisitos de adequação para uma solução do paradoxo de Chisholm. Mais grave, há uma inadequação entre a definição de consistência de Von Wright e a representação de conflitos entre normas condicionais.

O problema se agrava quando verificamos que a adaptação de seu teste de consistência normativa para captar conflitos de obrigações para uma mesma condição necessariamente desnatura a implicação material, minando sua proposta de formalização. Propomos, então, uma adaptação no conceito de consistência que gera uma nova lógica, chamada aqui de «lógica de implicação técnica relevante» (LITR), capaz de superar a inadequação apontada para a lógica de implicação normativa de Von Wright. Por fim, testamos o paradoxo de Chisholm em LITR.

---

9 Von Wright (1991); (1996).

10 Von Wright (1951).

11 Ver Maranhão (2009), Seção 1 deste livro.

12 Hansen (2001).

2. FORMALIZANDO A LÓGICA DE IMPLICAÇÃO NORMATIVA DE VON WRIGHT

Von Wright não chegou a formalizar suas propostas de definições de consistência e implicação normativa para reinterpretação do sistema *standard*. Porém, para enfrentar o problema apontado com o detalhe e aprofundamento necessários, recorreremos a uma formulação mais precisa da semântica da lógica de implicação normativa (LIN), proposta por Von Wright.

A linguagem *L* de LIN contém um conjunto enumerável de letras proposicionais *p, q, r...*, os conectivos proposicionais «$\sim,\wedge,\vee,\rightarrow$», respectivamente, para negação, conjunção, disjunção, implicação material (equivalência, «$\leftrightarrow$», é definida da forma usual, «$\bot$» é uma constante de falsidade e «*taut*» uma constante de verdade) e operadores «*O*» e «*P*», respectivamente, para *obrigação* e *permissão*. Os conceitos básicos de teoria de conjuntos tais como pertinência, subconjunto, união ($\in,\subseteq,\cup$) serão usados em nível metalinguístico. O símbolo «$\vdash$» representa a relação de consequência proposicional clássica, também na metalinguagem (ao longo da discussão definiremos outras relações de consequência). O conjunto das fórmulas é construído em dois passos. Primeiro, o conjunto *FC* de conteúdos normativos é dado pelo conjunto de todas as fórmulas proposicionais clássicas. O conjunto *FN* de formulações de norma é dado pelas seguintes cláusulas:

(i) Se *a* é um conteúdo normativo (*i.e.* $a \in FC$) então *Oa* e *Pa* são formulações de norma (*i.e.* $Oa, Pa \in FN$)

(ii) FN é o menor conjunto satisfazendo (i).[13]

De um conjunto *N* de formulações de norma podemos obter o conjunto dos conteúdos normativos correspondentes, definido como $NC=\{a:Oa \in N$ ou $Pa \in N\}$.

De acordo com a semântica descrita por Von Wright, a condição mínima necessária para a racionalidade do legislador é que suas normas sejam executáveis, isto é, todos os estados de coisa obrigatórios podem ser realizados sem se prevenir o uso de qualquer permissão. Isto nos leva à seguinte definição formal de consistência normativa:

Definição de consistência normativa deôntica. Seja *N* um conjunto de formulações de norma. Então, *N* é *d*-inconsistente (notação: $inc_d(N)$) se, e

[13] Pela definição de *FN* ficam excluídos do conjunto de formulações de norma quaisquer fórmulas complexas combinando fórmulas modais por meio de conectivos proposicionais, bem como reiteração de operadores modais, *i.e.* fórmulas *OOa, OPb, POa* etc. não são fórmulas bem formadas.

somente se, existe um conjunto $M=\{Oa_1,Oa_2 \dots,Oa_n\}\subseteq N$ ou $M=\{Oa_1,Oa_2,\dots, Oa_n,Pb\}\subseteq N$ tal que $M\vdash\bot$.Caso contrário, N é d-consistente.

Conjuntos consistentes, no sentido acima definido, podem ser também chamados de executáveis. Note que a noção de consistência, nesse sentido de executabilidade, é distinta da simples noção de consistência entre conteúdos normativos. Veja que o conjunto *R= {Obrigatório não fumar (O~a), Permitido não abrir a janela (P~b), Permitido abrir a janela (Pb)}*, que traz a faculdade de abrir a janela aliada à proibição de fumar é consistente pela definição, mas seria inconsistente se fosse levado em consideração apenas a consistência entre o conteúdo das normas, sem distinguir entre obrigações e permissões.

O teste de consistência dá um tratamento distinto a obrigações e permissões, a exemplo da semântica de Kripke para o sistema *standard* de lógica deôntica. Verifica-se, simplesmente, se cada uma das permissões não conflitará com o conjunto total de obrigações assumidas (assim como o conteúdo de uma permissão está em apenas um mundo ideal acessível ao passo que o conteúdo de uma obrigação está em todos os mundos ideais).

O conceito de racionalidade do legislador pode ser modificado para incluir restrições mais fortes, tal como a exigência de que os conteúdos normativos sejam não só consistentes (executáveis), mas descrevam estados de coisas cuja realização seja física ou humanamente possível. Se o conjunto de normas satisfizer essa exigência adicional, chamamos o conjunto de normas de *realizável*. Todo o conjunto de normas realizável é também executável, mas obviamente o contrário não vale. Se realizabilidade (e não a simples executabilidade) for o padrão de racionalidade assumido, então normas exigindo estados de coisas logicamente necessários ou normas condicionais cujas condições de aplicação sejam física ou humanamente impossíveis são marcas de irracionalidade do legislador, sendo chamadas de normas «espúrias».

A regulação «*oposta*» a uma certa regra é trazida pelo conceito de norma-negação, que podemos formalizar com uma função *neg* no conjunto de formulações de norma F_N, tal que:

(i) $neg(Oa)=P{\sim}a$

(ii) $neg(Pa)=O{\sim}a$

Implicação normativa é então obtida a partir das definições de norma-negação e consistência normativa.

Definição de implicação normativa dêontica ($\vdash_d$). Seja N um conjunto de formulações de norma e α uma formulação de norma. Então, $N\vdash_d\alpha$, se, e somente se, $inc_d(N\cup\{neg(\alpha)\})$.

A formulação de norma *a* é uma tautologia normativa se $\emptyset\vdash_d a$. Para simplificar a notação de um conjunto de premissas normativas unitário, omitiremos os parênteses e escreveremos, por exemplo, $\alpha\vdash_d\beta$, onde α e β são formulações de norma (daqui em diante letras latinas denotam conteúdos normativos e letras gregas formulações normativas).

Quando se trata de enfrentar o paradoxo de Chisholm,[14] é comum separar famílias de lógicas que satisfazem destacamento fático $(a,(Oa\rightarrow b)\vdash_{Cn}Ob)$ daquelas que admitem destacamento deôntico $(Oa,(Oa\rightarrow b)\vdash_{Cn}Ob)$. LIN admite apenas destacamento deôntico.

3. ÀS VOLTAS COM O PARADOXO DE CHISHOLM

O esquema gerador do paradoxo de Alf Ross em SDL, $Oa\rightarrow O(a\vee b)$, corresponde à relação de consequência $Oa\vdash_d O(a\vee b)$, válida em LIN. A relação de consequência deôntica, aqui, apenas significa que $\{Oa\}\cup\{P(\sim a\wedge\sim b)\}$é *d-inconsistente*, *i.e.*, se algo for obrigatório então seria irracional permitir o contrário em conjunto com alguma outra coisa. Os teoremas de SDL que geram os paradoxos de Prior são apenas variações do paradoxo de Ross, e, assim, dissolvem-se com facilidade em LIN.

Mas LIN foi pensada por Von Wright também com o objetivo de superar o paradoxo de Chisholm.[15] Sua (dis)solução, dentro dos quadros de LIN, porém, depende de alguns estratagemas adicionais introduzidas por Von Wright. Apresentemos o paradoxo.

3.1 O paradoxo

Chisholm (Chisholm, 1963) chamou a atenção para a difícil tarefa de se formalizar obrigações aplicáveis em condições *contrárias-ao-dever*, isto é, condições que são elas mesmas violações de outro dever. Em ordenamentos jurídicos, tais normas são bastante comuns, dado que o legislador deve ter em mente que os destinatários podem e provavelmente irão desobedecer alguns de seus comandos. Por exemplo, pelas leis civis brasileiras, é proibido causar danos a terceiros, mas se o dano for causado, então o responsável é obrigado a ressarcir os prejuízos. Assim, a capacidade de lidar com obrigações contrárias ao dever é importante para qualquer sistema de lógica deôntica.

A seguir, será empregada a formulação do paradoxo feita por Lennart Åqvist.[16] Considere o seguinte conjunto de proposições:

---

[14] Lower & Belzer (1983).

[15] A solução para o paradoxo de Chisholm dentro dos quadros da lógica de implicação normativa é apresentada por Von Wright de modo informal, em Von Wright (1983: 157-159).

[16] Åqvist (1987).

(i) É proibido a John engravidar Suzy Mae.

(ii) É obrigatório que se John não engravidar Suzy Mae então não case com ela.

(iii) Se John engravidar Suzy Mae, então é obrigatório que se case com ela.

(iv) John engravidou Suzy Mae.

Intuitivamente, esperamos derivar das premissas acima a obrigação de John de se casar com Suzy Mae, sem entrar em qualquer tipo de contradição. Obrigações condicionais expressas em (ii) e (iii) são de tipos diferentes, dado que a última é uma obrigação em condição contrária ao dever. Portanto, para capturar essa diferença e permitir destacamento fático com a violação descrita em (iv), uma formulação das premissas em SDL seria a seguinte:

1. $O{\sim}p$

2. $O({\sim}p \rightarrow {\sim}q)$

3. $p \rightarrow Oq$

4. p

Por *modus ponens* de 3 e 4 deriva-se Oq como esperado. O problema é que de 1 e 2 deriva-se também $O{\sim}q$ em SDL, ou seja uma contradição normativa, o que não encontra contraparte no discurso ordinário. Alguém poderia então criticar a distinção feita na formalização da obrigação *regular* e da obrigação em condição *contrária ao dever*. Porém, se seguirmos a proposta de formalização de normas condicionais de Von Wright e substituirmos 3 por

3'. $O(p \rightarrow q)$

então a regulação 1-4 passa a ser redundante, dado que 3' segue de 1. Novamente, há desacordo com a linguagem ordinária, dado que os três comandos parecem igualmente relevantes para se caracterizar os deveres de John.

Por outro lado, se seguirmos a sugestão de Prior e formalizarmos a obrigação condicional como $p \rightarrow Oq$, substituindo 2 por

2'. ${\sim}p \rightarrow O{\sim}q$

há novamente redundância na formulação das premissas, pois 2' segue de 4.

Eis o paradoxo.

3.2 A solução de Von Wright

Von Wright acreditava que poderia domá-lo por meio de suas definições intuitivas que usamos para construir LIN, bastando formalizar as premissas (i)-(iv) por 123'4. O argumento de redundância seria inofensivo, pois o fato de que a norma 1 implica 3', *i.e.* $O{\sim}p \vdash_d O(p \to q)$, não significa que a norma derivada «exista», ou seja, que da proibição de engravidar Suzy Mae decorra logicamente a existência da obrigação de John casar-se com ela se engravidá-la, apenas que proibir John de engravidar Suzy Mae e, ao mesmo tempo, permitir-lhe engravidá-la e não se casar seria irracional, *i.e.*, $inc_d(\{O{\sim}p\} \cup \{P(p \wedge {\sim}q)\})$.

A única dificuldade restante é o esperado destacamento fático a partir da premissa 4. Vale dizer, embora se espere inferir que John deve se casar com Suzy Mae, a partir de (iii) e (iv), Oq não segue de 3' e 4 em LIN.

Para enfrentar essa dificuldade, Von Wright argumenta que o problema de destacamento fático em uma lógica normativa deve ser entendido do ponto de vista do sujeito normativo, cuja linguagem de necessidades práticas é distinta do discurso prescritivo.

Uma necessidade prática ou dever técnico (*technical ought*, representado por O_t) é aquilo que se requer para a satisfação de determinado fim, isto é, algo que *precisa (tem que)* ser (feito) para que se alcance determinado objetivo. Já o dever deôntico (*deontic ought*, representado por O_d) é uma prescrição pela autoridade normativa dirigida ao sujeito normativo, *i.e.*, aquilo que é exigido *por alguém* e que, portanto, *deve ser* (feito). Necessidades práticas, ao contrário de prescrições, são verdadeiras ou falsas, respectivamente, se o que precisa ser (feito) é ou não um meio para se atingir o fim ou resultado pretendido.

O paralelo das permissões na linguagem de necessidades práticas é ambíguo. Em sentido fraco, uma permissão técnica é uma possibilidade prática, entendida como a ausência de necessidade prática de se fazer o contrário, *i.e.* aquilo que pode ser feito sem prejuízo à satisfação do fim pretendido. Em sentido forte, um estado de coisas (resultante de ação) é tecnicamente permitido se é condição suficiente para a satisfação do fim pretendido. Neste texto faremos uso apenas da permissão técnica em sentido fraco.

Voltando para a perspectiva dos sujeitos normativos, o fim pretendido a ser considerado é a satisfação (obediência) ao ordenamento. Como o sujeito normativo *precisa* obedecer as normas, se o antecedente *a* de uma obrigação condicional $O_d(a \to c)$ for o caso, então o sujeito normativo extrai desse *dever deôntico* condicional o *dever técnico* de fazer o consequente, *i.e.* $O_t c$.

De volta ao paradoxo, isto significa que se 4 for o caso, então, como se deriva por modos ponens Odq, que é equivalente a Od(taut->q), temos a seguinte regra técnica:

5. $O_t q$

Em linguagem ordinária, se for o caso que «John engravida Suzy Mae», então

(v) «John tem que se casar com Suzy Mae» (se quer satisfazer as normas (i-iv))

Com esse recurso, Von Wright entende estar superado o paradoxo. Porém, há um problema levantado por Hansen. A partir de 1, 2 e destacamento deôntico deriva-se:

6. $O_d{\sim}q$

É certo que a conjunção de *q* e *~q*, «casar-se e não se casar com Suzy Mae» expressa uma contradição proposicional, mas 5 e 6 ainda não exprimem uma contradição normativa, dado que os operadores modais são de tipos distintos (um é deôntico, o outro é técnico).

Todavia, na abordagem de Von Wright, nada impede que de um dever deôntico «extraia-se» um dever técnico com o mesmo conteúdo. Dado que $O_d{\sim}q$ é o mesmo que (equivalente a) $O_d(taut \rightarrow {\sim}q)$, podemos extrair a seguinte necessidade prática:

7. $O_t{\sim}q$

Temos, portanto, duas necessidades práticas inconsistentes e isso certamente conflita com nossas intuições, pois não esperamos derivar de (i)-(iv) que «John tem que se casar e não se casar com Suzy Mae». O problema é que do ponto de vista do sujeito normativo, para cumprir suas obrigações, ele teria de realizar tanto o conteúdo de suas *obrigações ideais*, quanto sua *obrigação atual* na hipótese de ter engravidado Suzy Mae.

Se tomarmos *realizabilidade* (*doability*) como padrão de racionalidade (no sentido de que o conteúdo das obrigações deve ser humana ou fisicamente possível), pode-se, usando um argumento do próprio Jorg Hansen, quebrar a última corrente de argumentação e evitar o problema. Primeiro, porque, se 4 for o caso, então a norma 1 é espúria, pois seria irracional exigir a John que volte no tempo e evite a gravidez de Suzy Mae.[17] Portanto, nessa

---

[17] HANSEN (1999).

condição, apenas a norma 2 valeria e dela isoladamente não seria possível derivar 6. Em segundo lugar, porque se 4 fosse o caso, então o antecedente da obrigação condicional 2 não seria o caso e, portanto, não surge a necessidade prática de cumprir o que foi demandado por tal norma, *i.e.* não se casar com Suzy Mae. Usando, então, a noção de realizabilidade como padrão de racionalidade e os mecanismos acima destacados parece possível contornar essa formulação do paradoxo de Chisholm em LIN. Mas para concluirmos algo sobre o paradoxo de contrariedade ao dever, é importante examinar as condições de sucesso da formalização.

3.3 Condições de adequação

Em uma análise detalhada das diferentes soluções propostas para o paradoxo de Chisholm, Carmo e Jones[18] apontam oito requisitos de adequação para uma formalização de obrigações em contrariedade ao dever:

(i) consistência;

(ii) independência lógica das premissas;

(iii) aplicabilidade a exemplos que independam da diferenciação temporal ou de natureza de ação entre antecedente e consequente;

(iv) mesma estrutura de formalização para as obrigações condicionais normais e aquelas em contrariedade ao dever;

(v) capacidade de derivar obrigações ideais (destacamento deôntico);

(vi) capacidade de derivar obrigações atuais (destacamento fático);

(vii) capacidade de representar o fato de que houve uma violação a uma obrigação;

(viii) capacidade de evitar a «estranheza pragmática» (*pragmatic oddity*).

Alguns dos requisitos merecem comentários adicionais.

O requisito (iii) decorre da crítica que Prakken e Sergot[19] fazem às soluções para o paradoxo baseadas em lógicas temporais ou em lógicas da ação, a partir do seguinte exemplo de obrigação em contrariedade ao dever atemporal e sem referência a ação:

1. Cães são proibidos;

---

[18] Carmo & Jones (2002).

[19] Prakken & Sergot (1996).

2. Se há cão deve haver aviso;
3. Se não há cão, deve não haver aviso;
4. Há cão.

O requisito (iv) opõe-se à solução proposta por Prakken e Sergot,[20] na qual usam formulação diversa para as obrigações em contrariedade ao dever. Carmo e Jones[21] apontam para a dificuldade em se trabalhar com essa formalização, na medida em que a introdução à base de dados de novas normas em contrariedade ao dever pode exigir uma reformulação da representação das normas condicionais.

O requisito (vii) liga-se ao desafio em expressar a situação de violação ao mesmo tempo em que se admite destacamento fático e deôntico, sem gerar, a partir do exemplo, um conflito de obrigações. O caminho proposto é separar obrigações atuais de obrigações ideais (o que acaba por gerar uma combinação de modalidades, uma para derivações atuais, outra para derivações ideais, combinando na prática duas lógicas ou criando uma lógica multi-modal). A combinação tem que cuidar também para não violar o requisito (iii).

A referência do requisito (viii) é a crítica de Prakken e Sergot à solução de Jones e Pörn[22] para o paradoxo de Chisholm. Jones e Pörn separam mundos ideais de mundos atuais que estariam potencialmente em mundos sub-ideais. Em sua formalização, deriva-se da condição de contrariedade ao dever em todas as versões ideais do mundo atual que «Deve haver aviso [da existência do cão]» (de 2 e 4) e também que «Deve não haver cão», o que seria bem estranho (no exemplo de Suzy Mae, tanto a obrigação de não engravidá-la quanto a obrigação de casar-se com ela). Normalmente, uma diferenciação temporal da vigência das obrigações poderia dar conta do caso, mas o exemplo apresenta uma regulação na qual a diferenciação não cabe.

A solução de Von Wright, complementada pelo argumento de Hansen, satisfaz os requisitos (i), (ii), (iv), (v) e (vi). Os dois últimos requisitos aparentemente são superados, com o recurso à derivação de deveres técnicos, que apontam quais são as *necessidades práticas* atuais, em oposição às inferências dos deveres ideais.

Porém o argumento de Hansen, ao usar a noção de realizabilidade e identificar a primeira norma como espúria para impedir a derivação que gera a redundância, faz uma espécie de distinção temporal, embora não expressa formalmente. Assim, o argumento não satisfaz o requisito (iii). Também os

---

20 Prakken & Sergot (1997).
21 Carmo & Jones (2002).
22 Jones & Pörn (1985).

requisitos (vii) e (viii) não são bem trabalhados. Embora seja obtida a necessidade prática adequada a partir da condição atual (Suzy Mae está grávida/há cão), continua a subsistir a necessidade prática de não engravidar Suzy Mae ou de não haver cão, de forma que as necessidades práticas não tratam só das condições atuais, mas também das condições ideais sem apontar que essas foram violadas no mundo atual. Por conta disso, é possível derivar tanto a necessidade prática de não engravidar Suzy Mae, a partir de (1), quanto a necessidade prática de se casar com ela (de 4 e 3') com a extração de necessidade prática correspondente a 3', o que então cria a «estranheza pragmática» e viola (viii) na perspectiva das regras técnicas. Usando o exemplo de Prakken e Sergot, teríamos aqui tanto a necessidade prática de não haver cão, quanto a necessidade prática de colocar um aviso sobre sua existência.

3.4 O problema da inconsistência racional

Há ainda outra objeção mais séria e geral ao tratamento dado por Von Wright à lógica deôntica, que acaba por afetar sua solução ao paradoxo de Chisholm.

A obrigação condicional 3' é implicada normativamente por 1. Mas se isso é verdade, também é verdade, usando as mesmas observações de Prior, que 1 implica normativamente:

$$3''.\ O_d(p \rightarrow \sim q)$$

Vale dizer, deriva-se que é obrigatório que John não se case com Suzy Mae caso a engravide! É claro que se pode argumentar, junto com Von Wright, que isto não significa que 3' ou 3'' «exista» e não há qualquer problema com os aparentes paradoxos de comprometimento (*paradoxes of commitment*) que insistem em bater à nossa porta.

Porém, suponha um legislador, Rex, que aspire à racionalidade e, para tanto, empregue com extremo cuidado e rigor o padrão de racionalidade proposto por Von Wright, pretendendo promulgar somente normas executáveis. Segundo esse padrão, não há qualquer objeção em se promulgar, além da norma 1, a norma 3'', nem mesmo há qualquer objeção em se promulgar conjuntamente 3' e 3''. Ambas as normas seriam executáveis, segundo o critério empregado na definição de inconsistência deôntica.

Então suponha que Rex promulgue a norma (i) e as normas (iii)' e (iii)'' como obrigações em condição contrária ao dever.

(i) É proibido a John engravidar Suzy Mae

(ii') É obrigatório que, se John engravidar Suzy Mae, então se case com ela.

(iii') É obrigatório que, se John engravidar Suzy Mae, então não se case com ela.

Usando a formalização proposta por Von Wright, obtemos a seguinte regulação emitida por *Rex*:

1. $O_d{\sim}p$

3'. $O_d(p \rightarrow q)$

3''. $O_d(p \rightarrow {\sim}q)$

Suponha então que John engravida Suzy Mae:

4. p

Agora, de 3' e 3'' são «extraídas» duas necessidades práticas conflitantes:

5'. $O_t q$

5''. $O_t{\sim}q$

E aqui aparece o problema. A ideia fundamental da abordagem cética de Von Wright é que o legislador racional jamais poderia colocar os sujeitos normativos em uma situação na qual qualquer curso de ação que percorra seria ao mesmo tempo «certo» e «errado», pois falharia em guiar a conduta de seus súditos. Mas isso é exatamente o que acontece quando John *tem de* executar as necessidades práticas 5' e 5''. Então, a regulação 1, 3', 3'' deveria indicar uma irracionalidade na vontade de *Rex* (ao menos se 4 for o caso), o que infelizmente não se dá. *Rex* continua racional se aceitarmos o padrão de executabilidade tal como proposto por Von Wright. Vamos chamar essa nova dificuldade de *problema da inconsistência racional.*

4. CONSISTÊNCIA CONDICIONAL

O problema da inconsistência racional é mais geral do que o paradoxo de Chisholm, dado que aparece na presença apenas de 3', 3'' e 4, sem necessidade de recurso a uma regulação em condição contrária ao dever. Mas é crítica para Von Wright, pois não permite uma representação satisfatória de obrigações contrárias ao dever e, mais do que isso, mostra que o critério de racionalidade adotado falha em seu propósito, pois é possível formular uma regulação da qual se extraem necessidades práticas contraditórias, que ainda assim seria merecedora do selo de racionalidade.

Desse modo, Von Wright enfrenta um dilema: ou abandona o estratagema de «extração» de necessidades práticas a partir de deveres deônticos (deixando de satisfazer também o requisito (vi)); ou abandona o padrão de executabilidade tal como definido.

Há aqui um conflito entre a proposta de formalização de obrigações condicionais (com o uso da implicação material no escopo do operador deôntico) e a definição de consistência de Von Wright, que não tem qualquer cláusula referente a condições de aplicação de obrigações ou permissões.

Com efeito, a definição de consistência diz que a conjunção dos conteúdos normativos de um conjunto de obrigações não pode representar uma contradição proposicional sem que se comprometa a racionalidade do legislador. Mas como a obrigação condicional é formalizada por meio de implicação material, $O_d(a\rightarrow b)$, o conteúdo de tal obrigação é dado pelo estado de coisas $a\rightarrow b$ e não fica explicitado que a seja uma condição para a obrigação $O_d b$. Como na lógica proposicional clássica o estado de coisas $a\rightarrow b$ não contradiz o estado $a\rightarrow\sim b$, então o conjunto $N=\{O_d\ (a\rightarrow b), O_d\ (a\rightarrow\sim b)\}$ é resultado de legislação racional, pelo critério de consistência de Von Wright.

O problema está no fato de que a negação aplicada ao conteúdo da obrigação (permissão) condicional não distingue «condição de aplicação» do «escopo» da obrigação. Se o escopo da obrigação for uma implicação material e pretender-se dizer que apenas o consequente é obrigatório há um preço a pagar com relação a extensionalidade da linguagem, *i.e.* com relação à possibilidade de substituição de equivalentes.

Por exemplo, sabemos que $a\rightarrow\sim b$ é equivalente a $\sim(a\wedge b)$. Se na primeira fórmula o escopo da obrigação for $\sim b$, dado sua estrutura condicional, o mesmo não será o caso na segunda, que, apesar de ter o mesmo significado proposicional, não tem estrutura condicional. Assim, se alterarmos a definição de consistência ou a noção de norma-negação de forma a aplicá-la somente ao consequente como escopo da obrigação deôntica, então $N=\{O_d(a\rightarrow b), O_d(a\rightarrow\sim b)\}$ seria inconsistente, mas não $N=\{O_d(a\rightarrow b),\ O_d(\sim(a\wedge b))\}$. Isso significa que a formulação linguística da norma passaria a ter relevância para a noção de conflito normativo e, consequentemente, para a noção de implicação entre normas (dado que essa última é definida a partir daquela).

Na sua formulação original do sistema de lógica deôntica diádica, Von Wright admitiu uma forma de interdefinibilidade entre permissão e obrigação condicionais, introduzindo o operador P de permissão por meio da definição $P(a/b)=\sim O(\sim a/b)$, isto é «a é permitido na condição b» significa o mesmo que «*a* não é proibido na condição *b*». A proposta de Von Wright foi criticada por Alchourrón como equivocada, por não levar em consideração que a negação de um condicional «usualmente» não é um condicional.[23]

Na verdade, parece haver uma ambiguidade no discurso prescritivo no que se refere à negação de uma obrigação condicional. Em sentido fraco, prescrever que «não é obrigatório fazer *a* caso faça *b*», significa que é permitido *omitir a* se *b* for o caso. Em sentido forte, significa que é permitido tanto *fazer b* quanto *omitir a*. O mesmo vale para a negação de uma permissão condicional. Ao pensarmos na norma-negação como uma «regulação oposta», a diferença se reflete na distinção entre a regulação simplesmente oposta *à norma condicional* e a regulação *oposta para uma determinada condição*.

A definição de norma negação que temos à disposição, por enquanto, apenas capta o sentido forte, defendido por Alchourrón. Esta parece adequada se a condição *b* for tomada como uma ação, isto é, algo que o sujeito normativo deve fazer e, ao fazer, deve então executar também a ação prevista no consequente. Todavia, em uma obrigação condicional onde a condição não depende de qualquer ação humana, a versão forte parece até mesmo absurda. Por exemplo, considere a norma «se chover, então use seu guarda chuva». Seria estranho nesse caso considerar como «regulação oposta» a norma «é permitido fazer chover e não usar o guarda-chuva». Portanto, parece que na adaptação pretendida das noções de norma-negação, consistência e implicação normativa, o sentido fraco de «regulação oposta» seria mais adequado. O problema é que não dá para estabelecer a distinção a partir do uso de implicação material na linguagem, na medida em que esse conectivo pode ser reduzido aos demais.

Von Wright, porém, insiste na implicação clássica e, como vimos, para superar Chisholm, faz uso do recurso de extração de regras técnicas a partir de deveres deônticos. Vamos explorar um pouco mais esse caminho.

5. CONSISTÊNCIA TÉCNICA

Segundo o pressuposto subjacente à lógica de implicação normativa de Von Wright, o legislador racional deve sempre ter em mente que, para as ações e condições por ele consideradas relevantes para as suas diretivas, os sujeitos normativos não podem cair em situação de perplexidade na qual não sabem se omitem ou executam a ação em questão (seja porque o legislador simplesmente não forneceu qualquer diretiva para o caso em que

---

23 ALCHOURRÓN (1993).

se encontram, seja porque para aquele caso o legislador forneceu diretivas contraditórias).

Sob a ótica do sujeito normativo, isso significa que não pode haver nenhum caso considerado relevante no qual não se sabe que curso de ação *precisa ser* tomado para que se satisfaça a vontade do legislador. Assim, a ideia principal por detrás da nossa reconstrução da lógica de implicação normativa de Von Wright consiste em definir consistência normativa, norma-negação e a relação de consequência normativa *do ponto de vista dos sujeitos normativos*, isto é, *com referência às necessidades práticas que são geradas no mundo atual para aqueles que desejam cumprir a ordem normativa.*

Antes de iniciarmos tal reconstrução, um problema apontado por Jorg Hansen a respeito das necessidades práticas «extraídas» das obrigações precisa ser superado (vamos distinguir na notação os deveres deônticos O_d dos deveres técnicos O_t).

5.1 Kindergarten

Jorg Hansen argumenta que, do ponto de vista dos sujeitos normativos, uma obrigação da forma $O_d(a \rightarrow b)$ pode ser obedecida evitando-se que o estado *a* seja o caso. Em outras palavras, a obrigação gera não só uma necessidade prática de se fazer *b* se *a* for o caso, *i.e.* extrai-se não só $a \rightarrow O_t b$, mas também uma necessidade prática de fazer com que $\sim a$ seja o caso, *i.e.* extrai-se também $O_t \sim a$. Isto não chega a ser problemático *per se*, mas abre as portas para uma série de exemplos contra-intuitivos. Assim, no exemplo do *Kindergarten* de Hansen, temos que da obrigação do diretor de uma escola pública em garantir uma vaga para cada criança nascida na comunidade, pode-se extrair a necessidade prática de se distribuir anticoncepcionais!

Von Wright certamente permite essa interpretação quando concede que de $O_d a$ pode-se extrair a necessidade prática $taut \rightarrow O_t a$ e, consequentemente, $O_t a$. Portanto, também é possível extrair de $O_d(a \rightarrow b)$, a necessidade prática $O_t(a \rightarrow b)$. Então, fazer com que $\sim a$ seja o caso é um meio para se satisfazer a necessidade prática extraída. Mas, ao mesmo tempo, Von Wright reconhece que algo similar ao exemplo do *Kindergarten* não seria «*uma reação apropriada ao comando*».[24]

Mas é possível reformular o «processo de extração» de deveres técnicos a partir de deveres deônticos para evitar o problema.

---

[24] HANSEN (2001).

Primeiramente, definimos a linguagem *LT* de regras técnicas, que é a mesma de *LN* substituindo-se os operadores deônticos O_d e P_d por operadores técnicos O_t e P_t. Recordamos que *FC* é o conjunto de fórmulas proposicionais. Dado que regras técnicas são verdadeiras ou falsas, o dilema de Jørgensen não se aplica aqui e não há restrições ao uso de conectivos proposicionais ligando sentenças modais representando regras técnicas. O conjunto *FT* é definido a seguir:

(i) se $a \in FC$ *então* $a \in FT$

(ii) se $a \in FC$ *então* $O_t a, P_t a \in FT$

(iii) se $a, b \in FT$ *então* $(a * b), \sim a, \sim b \in FT, * \in \{\rightarrow, \wedge, \vee\}$

(iv) FT é o menor conjunto satisfazendo (i)-(iii).

O processo de extração é definido pela função *e* que nos leva do conjunto de fórmulas deônticas para o conjunto de fórmulas técnicas, ou seja, considere Δ uma modalidade qualquer (deôntica ou prática) e uma função *e que nos leva de FN* a *FT*, tal que:

(i) se $\Delta_d a$ é da forma $\Delta_d(a_1 \rightarrow (a_2 \rightarrow \ldots \rightarrow (a_{n-1} \rightarrow a_n) \ldots))$, para $n>1$, então $e(\Delta_d\, a) = a_1 \wedge a_2 \wedge \ldots \wedge a_{n-1} \rightarrow \Delta_t\, a_n$.

(ii) caso contrário $e(\Delta_d\, a) = \Delta_t a$

O processo de extração dado pela função *e* exclui a estranha forma de obedecer a obrigação de garantir vagas às crianças no *Kindergarten*, dado que a necessidade prática de abrir vagas apenas se aplica se o antecedente, nascimento de uma criança, for o caso. Assim, por exemplo, em $e(O_d(p \rightarrow q)) = p \rightarrow O_t q$, temos que *p* é uma circunstância ou condição de aplicação, fora do escopo do dever técnico. A única necessidade prática é fazer *q*, se *p* for o caso.

5.2 Lógica de implicação técnica (LIT)

A partir do processo de extração dado pela função *e*, de um conjunto de normas condicionais *N*, podemos obter o conjunto de regras técnicas correspondentes $e(N) = \{e(\alpha) : \alpha \in N\}$. Podemos também separar o «corpo» de condições e a «cabeça» de consequências de N_T.

$N_b = \{a : a \rightarrow O_t b$ ou $a \rightarrow P_t b \in e(N)\}$

$N_h = \{b : a \rightarrow O_t b$ ou $a \rightarrow P_t b \in e(N)\}$

Agora, podemos redefinir as noções de contradição e implicação no reino das normas, mas com referência às necessidades práticas que delas são extraídas. A definição a seguir diz que um conjunto de normas é consistente (executável) se gera necessidades (possibilidades) práticas consistentes em cada caso logicamente possível.

Definição de inconsistência técnica (inc_t). Seja $N \subseteq FN$. Então, N é t-inconsistente se e somente se existe $M=\{Oa_1,\ldots,Oa_n\} \subseteq N$ ou $M=\{Oa_1,\ldots,Oa_n, Pb\} \subseteq N$ e $M_h \vdash \bot$. Caso contrário N é t-consistente.

O problema da inconsistência racional é removido com a definição de inconsistência técnica. Basta verificar que do conjunto $N=\{O_d(a \rightarrow b),O_d(a \rightarrow \sim b)\}$ temos que $e(N)=\{a \rightarrow O_t b, a \rightarrow O_t \sim b\}$. Assim, na condição $a \in N_b$ tem-se $N_h=\{b,\sim b\} \vdash \bot$.

Procedemos então à definição da relação de implicação entre normas. Dado que estamos usando possibilidade técnica em sentido fraco, *i.e.* no sentido de inexistência de uma necessidade prática com o conteúdo oposto ao especificado, tem-se que possibilidade e dever técnico são noções interdefiníveis:

$$P_t a = def \sim O_t \sim a$$

Por negação de um dever técnico condicionado podemos entender que a condição é o caso, mas que a necessidade prática para esse caso não está presente. Esse seria o sentido forte, segundo o qual a negação do dever técnico condicionado é uma conjunção entre um estado de coisas e uma regra técnica. Mas também podemos nos referir, em sentido fraco, simplesmente à existência de outra regra técnica condicionada que liga uma necessidade (possibilidade) prática incompatível para o mesmo caso. Isto é, ao negar que seja necessário fazer algo em um caso determinado, podemos querer dizer que, *naquele caso* não temos que fazer o ato em questão. A fim de capturar esse sentido fraco de negação de uma regra técnica, introduzimos o conceito de negação técnica, que difere da negação clássica apenas quando aplicada sobre uma implicação na qual o consequente é uma regra técnica ou negação de uma regra técnica:

$$tneg((a \rightarrow O_t b))=(a \rightarrow \sim O_t b)$$

$$tneg((a \rightarrow P_t b))=(a \rightarrow \sim P_t b)$$

Agora definimos implicação técnica seguindo o expediente de Von Wright:

Definição de implicação técnica ($\vdash_t$): Considere $N \subseteq FN$ e $\alpha \in FN$. Então $N \vdash_t \alpha$ se e somente se $inc_t(e(N) \cup \{tneg(e(\alpha))\})$.

Assumindo-se que o sujeito normativo *tem que* obedecer ao ordenamento, sob sua ótica, a noção de consequência técnica significa, intuitivamente, que ele não poderia fazer o oposto do que a norma consequente exige (ou permite) sem desobedecer alguma norma do ordenamento. Chamamos a semântica dada pela relação $\vdash_t$ de lógica de implicação técnica (LIT).

5.3 Problemas de LIT

A relação de consequência $\vdash_t$ acaba por validar alguns teoremas demasiadamente fortes e presentes no sistema diádico de Rescher (Rescher, 1958, 1962). Primeiro, a regra de «enfraquecimento do antecedente» (*weakening the antecedent*) é válida:

(WA) $O_d(b \rightarrow a) \vdash_t O_d(b \vee c \rightarrow a)$

Como consequência, também vale que:

$O_d(b \rightarrow a) \vdash_t O_d(taut \rightarrow a)$

Esse é o análogo para o axioma de Rescher $P(a/taut) \rightarrow P(a/b)$, cuja versão usando o operador de obrigação, a partir da regra de interdefinibilidade (também aceita por Rescher), seria $O(a/b) \rightarrow O(a/taut)$. O postulado diz que se algo é obrigatório em uma determinada condição, então é obrigatório categoricamente, *i.e.* seja qual for a condição. Esse princípio foi severamente criticado por Bengt Hansson[25] e Hector-Neri Castañeda,[26] pois torna totalmente irrelevante a circunstância específica para a qual foi dirigida a obrigação.

As críticas de Hansson para a versão irrestrita do sistema de Rescher aplicam-se inteiramente à lógica de implicação técnica.

> «Os teoremas acima demonstram que o sistema de Rescher é extremamente forte. Na sua versão irrestrita, todas as bases são iguais, portanto as circunstâncias nunca modificam as obrigações, o que contraria a própria motivação da lógica deôntica diádica» (Hansson, 1971:136-137).

De fato, ao estabelecer uma cláusula na definição de consistência para condições de aplicação das normas, trabalhamos com o pressuposto de que

---

25 Hansson (1968).

26 Castañeda (1959).

diferentes contextos são relevantes para a aplicabilidade das obrigações e permissões.

Mas note que, como LIT opera com quaisquer relações logicamente possíveis, vale também a regra de fortalecimento do antecedente (*strenghtening the antecedent*):

(SA) $O_d(a \to c) \vdash_t O_d(a \wedge b \to c)$

Ocorre que, aliando a regra de enfraquecimento do antecedente ao fortalecimento do antecedente das obrigações, podemos sair de qualquer fórmula no antecedente para tautologias e voltar para qualquer outra fórmula no antecedente sem alterar o conteúdo de nossas obrigações. Isto é, vale a seguinte inferência:

(ID) $O_d(a \to c) \vdash_t O_d(b \to c)$

Tal resultado joga uma pá de cal na própria noção de condicionalidade das obrigações, pois diz que as nossas obrigações não mudam quando em condições distintas. Com isso, a cláusula condicional da definição de consistência praticamente se anula na relação de consequência normativa. Essa propriedade é motivo suficiente para refinarmos a definição de consistência normativa.

5.4 Lógica de implicação técnica relevante (LITR)

Uma definição de consistência normativa com atenção às condições de aplicação de um sistema normativo pode ser encontrada em (Alchourrón & Bulygin, 1971). Jaap Hage investigou o problema da consistência especificamente em contextos jurídicos.[27] Ambos os trabalhos concordam em que um conjunto de normas é inconsistente se existe um caso possível para o qual obrigações (ou uma obrigação e uma permissão) conflitantes sejam atribuídas. Todavia, diferem sobre o que seja um *caso possível*.

Para Hage, um caso possível é qualquer caso logicamente possível, isto é, qualquer estado de coisas, não contraditório, que satisfaça todas as condições de aplicação mencionadas no conjunto de normas.[28] Essa noção,

---

[27] Hage (2000).

[28] Aqui, apenas estamos empregando a definição preliminar de Hage de consistência normativa. Mais adiante, no mesmo artigo, Hage aponta limitações nessa definição e inclui novas cláusulas para tratar do fato de que determinadas regras conflitantes podem ter sua aplicabilidade bloqueada por outras que funcionem como exceções Hage (2000).

como vimos traduz a intuição por trás do sistema diádico de Rescher, porém acarreta resultados contra-intuitivos.

Já para Alchourrón e Bulygin, um caso possível é um caso *relevante*, *i.e.* qualquer combinação possível das propriedades (e suas negações) mencionadas no conjunto de normas.

Assim, para evitar os problemas apontados acima em LIT, é possível introduzir uma pequena alteração na definição de implicação, na linha do conceito de caso possível de Alchourrón e Bulygin. A ideia consiste em definir a relação de consequência limitando o teste de consistência à condição explicitamente formulada *na norma derivada*. Vale dizer, a pergunta sobre se a norma «a é obrigatório na condição b» é derivada do ordenamento limita-se a saber se, *naquela condição relevante b*, realizar a conduta oposta *~a* implicaria descumprir alguma norma do ordenamento. Mais precisamente:

Definição de implicação técnica relevante $\vdash_{tr}$. Seja Δ uma modalidade deôntica (obrigação ou permissão), $N \subseteq FN$ e $a,b,c \in FC$. Então $N \vdash_{tr} \Delta_d(b \rightarrow a)$ se, e somente se, existe $M \subseteq N$ tal que $b \vdash c$ para todo $c \in M_b$ e $inc_t(e(M) \cup \{tneg(e(\Delta_d(b \rightarrow a)))\})$

Chamemos a semântica dada pela relação $\vdash_{tr}$ de lógica de implicação técnica relevante LITR. Em LITR, vale a regra de fortalecimento do antecedente, mas não vale a regra de enfraquecimento do antecedente, como se pode facilmente verificar. Portanto, não vale a regra de inferência ID que mina a própria noção de condicionalidade. Em LITR vale apenas uma versão restrita e razoável desse postulado, que estabelece a extensionalidade das condições de aplicação das normas, isto é, para condições logicamente equivalentes valem as mesmas obrigações, uma regra de inferência já conhecida dos sistemas diádicos:

Se $a \leftrightarrow b$ então $O_d(a \rightarrow c) \vdash_{tr} O_d(b \rightarrow c)$ e $O_d(b \rightarrow c) \vdash_{tr} O_d(a \rightarrow c)$

Por outro lado, como é evidente, LIT é uma extensão de LITR, sendo que ambas baseiam-se na mesma definição de consistência técnica, de forma que o problema da inconsistência racional também não surge em LITR. Vejamos como essa lógica se comporta frente a Chisholm. Vamos usar o exemplo atemporal de Prakken e Sergot:

1. Cães são proibidos	*1.* $O_d{\sim}c$
2. Se houver cão deve haver aviso	*2.* $O_d(c \rightarrow a)$
3. Se não houver cão, deve não haver aviso	*3.* $O_d({\sim}c \rightarrow {\sim}a)$
4. Há cão.	*4.* c

Em LITR, *não* vale a inferência $O{\sim}c \vdash_{tr} O(c \to a)$, que trazia o problema de redundância. Pela função *e* temos que de 4 e *e(2)* segue-se o dever técnico $O_t a$ que pode ser interpretado como uma necessidade prática atual. Por outro lado, *não* vale a inferência $O{\sim}c, O({\sim}c \to {\sim}a) \vdash_{tr} O{\sim}a$, de forma que não se deriva $O_t{\sim}a$ e fica prejudicada a objeção que Hansen fez ao argumento original de Von Wright para resolver Chisholm apenas em LIN. Sendo assim, não precisamos recorrer à noção de norma espúria que, no argumento de Hansen, acabava por embutir a ideia de temporalidade.

Porém, em LITR não há destacamento deôntico, não há uma separação entre necessidades práticas atuais e obrigações ideais e segue o problema da estranheza pragmática, pois temos $O_t a$ e $e(O_d{\sim}c)=O_t{\sim}c$, *i.e.* a necessidade prática de não ter cachorros e ter a placa de aviso. Falham, assim, os requisitos (iv), (vii) e (viii).

Mas não é difícil superar essas limitações em LITR. Bastaria enriquecê-la de modo a diferenciar inferências a partir de normas e inferências a partir de conjuntos de formulações de normas e conjuntos de sentenças proposicionais, representando fatos, que podem ser então separados em fatos ideais e fatos atuais. O destacamento deôntico poderia ser obtido a partir dos fatos ideais identificados a partir dos antecedentes do conjunto das normas condicionais. Já o destacamento dos deveres técnicos ficaria restrito às proposições descrevendo fatos atuais. Com isso, obrigações em contrariedade ao dever apareceriam apenas em destacamento fático e não ideal, ao passo que a estranheza pragmática seria evitada pois estaria bem demarcada a dimensão de deveres ideais dos deveres técnicos. Tal desdobramento não será feito nos limites deste artigo.

LITR constitui uma base promissora por definir uma relação de implicação entre normas adequada ao discurso normativo, sem sucumbir ao problema chamado aqui de inconsistência racional e lidando bem com o dilema de Jørgensen, dado que as consequências normativas não são propriamente normas (verdadeiras ou válidas) mas apenas representam o que se espera de uma legislação racional.

6. CONSIDERAÇÕES FINAIS

A discussão acima mostrou que o tratamento dado por Von Wright em sua lógica de implicação normativa é inadequado para lidar com o paradoxo de Chisholm. Embora sua interpretação, contando com o estratagema de extração de obrigações técnicas a partir de obrigações deônticas, contorne interpretações contra-intuitivas de obrigações válidas em situações de contrariedade ao dever, tem dois problemas:

(i) A solução apoia-se em uma definição de consistência entre normas que assume como racionais regras que imponham necessidades práticas opostas aos sujeitos normativos para uma mesma condição, de forma que se essa condição for a situação de descumprimento de outro dever, o sujeito normativo terá que fazer e deixar de fazer a mesma ação para cumprir o ordenamento. Assim, o ordenamento não tem como ser cumprido, mas mesmo assim tal conjunto de regras reputa-se resultado de uma legislação racional;

(ii) O mecanismo de extração de regras técnicas a partir de regras deônticas é falho ao permitir que se e extraia o dever técnico de não realizar o antecedente de uma norma condicional;

(iii) A solução de Von Wright ao paradoxo de Chisholm, ao recorrer ao conceito de realizabilidade (doability), na linha da reconstrução de Hanson, acaba por fazer uma referência indireta à temporalidade de forma que não resolve versões atemporais do paradoxo.

Viu-se aqui como superar esses problemas e construir uma solução mais direta ao paradoxo de Chisholm que não dependa de um argumento temporal por meio de LITR. Fica pendente o enriquecimento de LITR de forma que se possam estabelecer distinções de inferências em situações atuais e ideais para dar conta do destacamento deôntico da «estranheza pragmática» e das distinções entre obrigações atuais e ideais.

Restam, por fim duas questões importantes.

A primeira diz respeito à tese de Von Wright de que a terapia para os lógicos deônticos poderia ser feita a partir de uma simples reinterpretação da lógica deôntica monádica, com a representação formal de normas condicionais dada por uma implicação material no escopo do operador deôntico.

Infelizmente, essa tese não pode encontrar respaldo em LITR.

A grande maioria das técnicas de superação do paradoxo de Chisholm e outros paradoxos ligados à representação de normas condicionais fazem uma distinção na linguagem entre condição de aplicação da norma e escopo do operador deôntico. Isso pode ser feito por um operador de ação que limita o escopo do operador a ações, que são fórmulas de forma distinta do antecedente, indexação temporal das fórmulas, uma lógica deôntica com base em relações de preferência etc. Esses mecanismos têm por efeito substituir a relação de implicação material por outra relação de implicação, valendo alguma forma de *detachment* ou *modus ponens*, deôntico ou fático.

Pode-se fazer isso enriquecendo-se a linguagem da lógica deôntica correspondente. O efeito, em geral, é que se estabelece um abismo entre antecedente e consequente do condicional deôntico, o que é bem expresso pelo fato de que, usualmente, nessas lógicas (temporal, de ação, diádica) não vale a contrapositiva do condicional deôntico. Observe que a contrapositiva vale em LIN, *i.e.*, vale:

(DC) $O_d(a \rightarrow b) \vdash_d O_d(\sim b \rightarrow \sim a)$

Aqui, em vez de introduzirmos a distinção dentro da linguagem de obrigações deônticas, usamos a função interpretativa *e* que faz esse trabalho, nos levando para a linguagem de regras técnicas onde o escopo da obrigação fica especificado.

Ou seja, na linguagem de regras técnicas, podemos esclarecer a distinção entre *regra técnica condicionada* e *regra técnica condicional.* Vale dizer, as fórmulas $p \rightarrow O_t q$ e $O_t(p \rightarrow q)$ têm significados distintos. A primeira, uma regra técnica *condicionada*, significa que «se o estado *p* for o caso, então o sujeito tem que fazer *q*» enquanto o segundo, uma regra técnica *condicional*, diz que «o sujeito tem que fazer com que se *p*, então *q*».

Ao fazê-lo, porém, a implicação no escopo do operador deôntico deixa de ser implicação material, pois uma vez modalizada, sua redução a outros conectivos proposicionais alterará a tradução pela função *e* para a linguagem de regras técnicas, alterando as consequências normativas correspondentes. Não vale contrapositiva deôntica (DC) e não vale a substituição de equivalentes no escopo do operador modal deôntico, o que inclusive, para alguns, a desqualificaria como uma lógica modal normal ou minimal (veja a discussão do tema em Marcos, 2005 e também sob a perspectiva de propriedades estruturais abstratas a propriedade de auto-extensionalidade em Wójcicki, 1988).

Na verdade, pela função *e*, uma fórmula da forma condicional com uma implicação material não pode ser escopo de uma obrigação ou permissão técnica. Em outras palavras, pela função *e*, não é possível obter regras técnicas *condicionais*, apenas regras técnicas *condicionadas* e essa é a chave para a verificação de consistência capaz de lidar com o problema de inconsistência irracional.

Pode-se inclusive pensar em mudar o símbolo de implicação material para outro condicional, por exemplo, representar a norma condicional em uma linguagem modal diádica, eliminar a função de extração *e* e reformular a definição de LITR introduzindo o teste condicional na definição de consistência. Dessa forma simplifica-se a verificação da validade da implicação normativa e ganha-se em capacidade expressiva, pelo menos na possibilidade de expressar condicionais materiais no escopo do operador deôntico (o ganho, porém, não parece relevante se normas condicionais já estão acomodadas no operador diádico).

Fica comprometida, portanto, a afirmação de Von Wright de que se pode dar cabo dos paradoxos ligados à obrigações condicionais sem recurso a uma lógica ou linguagem diádica. Parece que a implicação material é mesmo incompatível com a condicionalidade normativa.

A segunda questão diz respeito à regra de fortalecimento do antecedente. Essa regra é polêmica e já o é dentro da discussão sobre a adequação da regra estrutural de monotonicidade para o raciocínio normativo. A regra SA determina uma lógica deôntica monotônica. Porém, mais intrigante é o fato de que, nas primeiras formulações de lógicas deônticas diádicas, principalmente por Von G. H. Wright (Von Wright, 1964, 1965) e B. Hansson (Hansson, 1971), travou-se uma discussão bastante interessante sobre a compatibilidade entre a regra de fortalecimento do antecedente e o postulado de consistência de obrigações para uma mesma condição.

Em LITR vale (SA) e obrigações inconsistentes para uma mesma condição determinam a irracionalidade do legislador. Mas se, de uma lado, B. Hansson abandonou a monotonicidade (SA), por outro, Von Wright abandonou o postulado de consistência. Será possível continuar a admitir ambos os princípios em LITR?

Essa discussão também fica para outra oportunidade.[29]

---

[29] Uma resposta a essa pergunta pode ser encontrada em Maranhão, 2004.

SEÇÃO 4

O DISCURSO DA DOGMÁTICA JURÍDICA[1]

«*A Dogmática não representa uma prisão para o espírito mas, ao contrário, um aumento de liberdade no trato com textos e experiências vinculantes.*» (Tercio Sampaio Ferraz Junior)

1. INTRODUÇÃO: FERRAZ JUNIOR E A PRAGMÁTICA DO PODER POR MEIO DO DISCURSO DOGMÁTICO

A caracterização da dogmática jurídica talvez seja um dos problemas mais complexos da filosofia do direito. Embora todos a ela se refiram como uma instituição quase palpável, inclusive com D maiúsculo, como nome próprio, há uma dificuldade não só em dizer o que ela é, mas também qual é a sua atividade, como se fundamenta, qual seu papel. Qualquer tentativa de resposta a cada uma dessas perguntas corre o risco de rapidamente se transformar em «ela deve ser», «ela deve fazer», ela «deve fundar suas proposições em» (ainda que em nome da ciência), «ela deve resultar em», cada uma a serviço de determinada concepção de direito ou, antes, de justiça.

Falamos da Dogmática Jurídica como uma instituição, o conjunto de ensinamentos ou os centros de produção de «conhecimento» (as faculdades

---

1 Maranhão, J. «O discurso da dogmática jurídica» in: Rodriguez, J. R., Da Silva e Costa, C. E. e Barbosa, S. R. (Orgs.) *Nas fronteiras do formalismo*. São Paulo: Saraiva, 2010. p. 75-102.

de direito) ou, ainda, a um conjunto indeterminado de «sábios juristas», mas também como forma de pensar, de conhecer e raciocinar a partir de dogmas, normas jurídicas. Vemos assim na Dogmática Jurídica uma instituição e um saber, ou uma instituição que pensa e raciocina de determinada forma, ou uma forma de saber institucionalizado do direito, mas um saber com desdobramentos práticos ou voltado para a prática.

A obra *Função Social da Dogmática Jurídica*[2] (FSDJ) do Prof. Tercio Sampaio Ferraz Junior traz, não uma resposta, mas uma visão abrangente interligando cada uma dessas perguntas sobre esta instituição ou forma de pensar. E no melhor de seu estilo: denso, conciso e com vários *insights* que custam algumas leituras e alguns anos para se revelar integralmente.

Ao investigar a função da Dogmática na comunidade em FSDJ, o Prof. Tercio parte de uma genealogia da instituição, separa três tipos centrais e inter-relacionados de atividade (analítica, hermenêutica e decisão), examina a forma de fundamentação de suas proposições, questionando seu status como ciência. Esse questionamento não tem por objetivo uma reconstrução dessa fundamentação, o que diverge do *mainstream* de sua época, como esclarece:

> «O tipo de indagação que desejamos fazer a respeito da Dogmática Jurídica refere-se não propriamente a uma investigação dos fundamentos epistemológicos da dogmática jurídica, no sentido de uma teoria do conhecimento pura e simplesmente, mas vai mais além, procurando também descobrir-lhe sua função social.» (p. 15)

Ao mudar o foco de obras propostas a salvar ou reformular a «metodologia jurídica» consagrada pelo positivismo, em seu esforço de conferir status científico ao conhecimento jurídico, o Prof. Tercio buscava propiciar uma espécie de terapia, no sentido de Wittgenstein, em um momento no qual se falava de «crise» da dogmática jurídica.

Diante da perplexidade em que se encontravam, na época, as construções dogmáticas privatistas (teoria dos atos jurídicos, obrigações etc.) frente à publicização das relações jurídicas, com um Estado cada vez mais hipertrofiado, ou ainda com um vácuo de dogmas no âmbito do direito internacional sobre o qual a dogmática tinha problemas em se firmar, o Prof. Tercio delineou uma sociologia do conhecimento dogmático, expondo seu papel de controle na sociedade. Em vez de enfrentar o problema de fundamentação de uma ciência jurídica em crise, dissolve-o ao mostrar que ciência não há, mas uma «tecnologia» de controle social que, ao intermediar norma e realidade,

---

2 Ferraz Junior (1978).

exige «*uma reformulação constante de seus conceitos*» justamente para que preserve sua função de controle, ou o seu poder.

Em sua visão, a dogmática exerce um astuto poder paralelo, através do qual uniformiza os sistemas e soluções normativas possíveis resultantes da identificação da norma e de sua adequação à realidade. No exercício desse para-poder, a dogmática afasta possíveis justificações para ações como meramente «subjetivas», relevando outras como «objetivas» e imediatamente decorrentes da vontade do legislador. Assim, a dogmática reduz a indeterminação e disciplina o caos inerente ao ordenamento, reconstruindo-o como um «sistema normativo», por meio de valorações próprias, mas como se estas decorressem de um esforço «científico» de identificação do seu sentido «real». Cumpre, assim, sua função de «domesticar» o sentido das normas, criando condições para a decidibilidade dos conflitos.

Essa maneira dissimulada de atuação, que joga cuidadosamente com suas atualizações para permanecer sempre potência, abre uma perspectiva paradoxal da dogmática com relação ao formalismo e o Estado de Direito. A dogmática, já dizia o Prof. Tercio em FSDJ, constrói-se sob uma linguagem de autoridade pedagógica, que se impõe e define o juridicamente possível. Nessa medida, a dogmática confere um significado efetivo à ideologia do «Estado de Direito», como algo unificado e racional (FSDJ, p. 175). Por outro lado, a dogmática volta-se sobre as seleções do legislador e retoma escolhas que num primeiro momento foram afastadas, mas que ficaram latentes. Sem negar seus pontos de partida, a dogmática é suficientemente livre e libertadora para questioná-los e abrir novas possibilidades de decisão, não explícitas pelo legislador. Ou seja, a dogmática tem autoridade para dizer o que o legislador empírico não disse, prever o que ele não previu e ainda assim preservar a ideologia de um governo exclusivamente da lei (FSDJ, p. 98). A dogmática, por assim dizer, liberta dentro daquilo que vincula.

Assim, uma contribuição central de FSDJ é expor, contra o que se poderia pensar, que a dogmática não é *formalista*, não está constrangida à lei, pois liberta, abre novas possibilidades de decisão, mas é *formalizante*, pois mantém essa abertura sob controle, definindo contornos.

Mas se a perspectiva de FSDJ pendeu mais para a sociologia do conhecimento e de suas relações de poder na sociedade, a investigação posterior, que já aparece dez anos após em Introdução ao Estudo do Direito[3] (IED), mostra o Prof. Tercio (então não só professor, mas também advogado), bem mais preocupado, se não com a fundamentação epistemológica, pelo menos com a compreensão do *discurso* dogmático. Como funciona o discurso dogmático?

---

[3] Ferraz Junior (1988).

Quais são os elementos que permitem a perpetuação do controle e da relação de poder? E isso, mesmo quando a dogmática parece criar abstrações que se distanciam da realidade.

Tais questões que aparecem já em FSDJ (p. 175) têm a sua investigação apenas esboçada no capítulo «dogmática e discurso persuasivo» em que o Prof. Tercio aponta para um discurso dissimuladamente informativo, que oculta e neutraliza valorações. Mas a função de adequação da norma à realidade, de que parte FSDJ, cada vez mais passa a ser identificada com o exercício de um poder. Nessa perspectiva pragmática, a *adequação* adquire o sentido de *exercício bem sucedido do controle*: adequar a norma à realidade nada mais é do que criar condições para a decisão com um mínimo de perturbação social. A questão relevante passa a ser então: *como são criadas essas condições de sucesso para o discurso persuasivo da dogmática?* Assim em IED, o Prof. Tercio já começa a explorar os mecanismos de que se vale a dogmática em seu discurso.

Como me arrisquei aqui a apontar um passo particular para o pragmatismo, que ocorre de FSDJ para IED, não posso fugir a traçar uma evolução, ainda que muito breve, do pensamento do Prof. Tercio (deixando de lado o neokantismo inicial, com o estudo de Emil Lask), já que imediatamente pode vir a objeção de que o livro «Direito Retórica e Comunicação» (DRC), anterior à FSDJ, já continha a pragmática comunicacional.

Sem dúvida, a obra fundamental que estabelece os marcos de sua originalidade para o pensamento jurídico é, sem dúvida, «Direito, Retórica e Comunicação» (DRC). Lá, o professor lança as bases para a compreensão do direito a partir da pragmática da comunicação.

Em seguida vem «Teoria da Norma» (TN), em que o professor rediscute as teorias da validade e abre um novo caminho para sua fundamentação epistemológica. A novidade de TN está, primeiro, na forma original de conciliar o conflito ou disputa entre volição e cognição na identificação da normatividade (força vinculante das normas jurídicas), quebrando a análise em locução e força ilocucional (relato e cometimento) da comunicação normativa. A norma não é mais encarada como proposição (*Rechtssatz*) mas como comunicação, o que abre novas perspectivas. Em particular, a própria noção de sistema normativo é revista, libertando-se das amarras do postulado de unidade (norma fundamental em Kelsen, a regra de reconhecimento de Hart, a diretriz ideológica de Alf Ross). O Prof. Tercio concebe um «sistema aberto», com diferentes cadeias de fundamentação, sujeito à constante perturbação, impulsionada pela problematização de conflitos, uma inspiração retirada de Viehweg.

Já o livro FSDJ volta-se para a sociologia da dogmática jurídica. Quebra-se a pretensão de cientificidade e fundamentação epistemológica do discurso jurídico e aparecem, então, dois novos temas de interesse para compreender essa «*ars retorica*» além da teoria da validade (que o professor identifica com a função analítica): a teoria dogmática da interpretação, que na sua época era tratada com desdém pela teoria do direito, e a teoria da decisão jurídica. Algum esboço da primeira já é encontrado em FSDJ e a segunda apenas conta com a constatação de um vazio na literatura.

Mas é somente em IED que aparece o primeiro desenvolvimento de uma teoria da hermenêutica dogmática e de uma teoria da argumentação dogmática. E, pela primeira vez, os elementos da pragmática comunicacional, que são a pedra de toque do pensamento de Ferraz Junior são aplicados a esses dois temas. Acredito que, ao desenvolver, sob a perspectiva pragmática, o tema da interpretação e da decisão, qualquer resquício de crença na fundamentação epistemológica ou na adequação efetiva da norma às exigências sociais pela dogmática, é eliminado. Em IED o Prof. Tercio dá verdadeiro sentido à dogmática como tecnologia: técnica, decisão, dominação.

A dogmática passa a ser percebida e desdobrada ali como um discurso que se articula de forma independente e, ademais, com uma tecnologia reformadora do ordenamento. Essa, a meu ver, é a principal contribuição do livro IED (é uma pena que, naquela obra, o professor estivesse preocupado em abordar os temas tradicionais de um livro de introdução ao estudo do direito).

O Prof. Tercio compartilhava com Vernengo[4] a convicção de que o objeto de sistematização pela dogmática é o seu próprio discurso teórico acerca do ordenamento, não propriamente o ordenamento. Esse, aliás, é uma tese neokantiana de Kelsen, quando afirma que a ciência do direito «*constitui seu próprio objeto*». Vernengo via a ciência do direito, porém, limitada a uma «paráfrase reformuladora» do ordenamento. Já o Prof. Tercio, livre da pretensão e do grilhão da cientificidade, concebe o discurso dogmático como uma terceira língua, entre as prescrições e a linguagem da realidade, incumbida de realizar a tradução entre estas. Mas a tradução dogmática não se limita, como sugere Vernengo, à simples reformulação da lei. É, antes, para o professor, uma «paráfrase reformadora» que, ao adequar seu discurso a critérios internos de consistência e completude, mas também a critérios extremos de moralidade, justiça e efetividade, tudo em nome de um fictício «legislador racional», cria um discurso mais persuasivo, mais apto propiciar a decisão dos conflitos com maior grau de legitimidade.

---

4 VERNENGO (1986: 235).

Ao examinar a construção dessa «paráfrase» o professor traz uma série de novas ideias e instrumentos de análise na tentativa, não de justificar epistemicamente, mas de explicar como a dogmática obtém sucesso na persuasão. Entre eles, está o jogo entre «códigos fortes» e «códigos fracos», que são capazes de fechar ou abrir as possibilidades de interpretação. Esse conceito merece ainda maior atenção e acredito que ainda possa ser aproveitado para explorar discussões recentes, como o debate acerca do formalismo e intencionalismo na teoria do direito e da interpretação.

Acredito que, para tirar todo o proveito desse instrumental, seja importante fixar alguns trilhos. Neste artigo vou explorar a ideia da dogmática como uma terceira língua, entre prescrições e descrições, em sua atividade de interpretação e sistematização. A terceira língua é formulada aqui, não como um discurso de proposições normativas kelsenianas, tal como sugerido pelo Prof. Tercio, mas como um discurso de regras técnicas, que compartilha estruturas lógicas com a linguagem prescritiva e com a linguagem descritiva. A partir desse instrumental, indicamos modelos de decisão entre o formalismo e o particularismo, que podem ser vistos como o campo onde se desenvolve o jogo entre códigos fortes e fracos pela dogmática jurídica.

O artigo se organiza dessa forma. Na seção 2, discutimos a inter-relação entre sistematização e interpretação de normas (dogmática analítica vs dogmática hermenêutica na terminologia de FSDJ), buscando opor uma dogmática científica *reformuladora* a uma dogmática «tecnológica» *reformadora* do ordenamento, no intuito de considerar a adequação da proposta do Prof. Tercio em usar as *Rechtssätze* de Kelsen como linguagem da dogmática hermenêutica. Na seção 3 propomos e analisamos a adequação da linguagem de regras técnicas para a linguagem hermenêutica. Terminamos com a seção 4 que abre o caminho para futuras investigações no debate entre formalismo e intencionalismo, com o uso do instrumental desenvolvido neste trabalho.

2. INTERPRETAÇÃO E SISTEMATIZAÇÃO DE NORMAS

2.1 Dogmática reformuladora

Uma tentativa notável de conferir fundamento epistemológico para a atividade dogmática, ou pelo menos para a parte suscetível de fundamentação, foi desenvolvida por Alchourrón e Bulygin, em *Normative Systems*.[5] Os autores se esforçaram em separar os aspectos descritivos do conhecimento dogmático, em particular da sistematização de normas jurídicas, detalhando sua estrutura lógica, daqueles que expressariam valorações subjetivas (identificação do conteúdo das normas e alterações ao sistema normativo).

---

[5] ALCHOURRÓN & BULYGIN (1971).

Pressupondo-se superada a etapa de atribuição de sentido ao conteúdo das normas, a sistematização de normas jurídicas pela dogmática consiste, para Alchourrón e Bulygin, tanto na derivação das consequências lógicas de um conjunto de normas básicas, representadas por fórmulas em determinada linguagem, quanto na *reformulação* desta base, a fim de obter um sistema normativo equivalente, porém com formulação mais econômica.

Dado um conjunto de proposições *A*, um sistema normativo inclui todas as sua consequências *Cn(A)*. A reformulação desse sistema *Cn(A)* pela ciência do direito não pode implicar criação ou exclusão de proposições normativas, sendo que a nova base reformulada *B* tem que ser tal que, $A \neq B$, mas $Cn(A)=Cn(B)$.

Um exemplo de reconstrução científica, meramente *descritiva* e *reformuladora*, do ordenamento, é dado pela teoria dos direitos subjetivos, na forma explicitada por Alf Ross.[6] Simbolizemos a proposição normativa segundo a qual o caso *b* recebe a consequência normativa *a* por $b \rightarrow a$, onde *b* e *a* são fórmulas proposicionais e os símbolos $\wedge$, $\vee$, $\rightarrow$ tem o sentido de conjunção, disjunção e implicação. Suponha o seguinte sistema com nove enunciados normativos que expressam as condições de aquisição e as consequências do direito de propriedade $P=\{b_1 \rightarrow a_1, b_1 \rightarrow a_2, b_1 \rightarrow a_3, b_2 \rightarrow a_1, b_2 \rightarrow a_2, b_2 \rightarrow a_3, b_3 \rightarrow a_1, b_3 \rightarrow a_2, b_3 \rightarrow a_3\}$. A sistematização dogmática procederia, por exemplo, à seguinte reformulação do sistema normativo com apenas um enunciado normativo que se traduz no conceito de direito subjetivo de propriedade: $P'=\{b_1 \vee b_2 \vee b_3 \rightarrow a_1 \wedge a_2 \wedge a_3\}$. Tem-se que que $P \neq P'$, mas $Cn(P)=Cn(P')$.

A derivação das consequências lógicas do sistema normativo permite a explicitação das soluções normativas para determinado universo de ações consideradas relevantes pelo legislador em determinado universo de casos possíveis, que resultam das combinações possíveis das propriedades (condições ou situações) também consideradas relevantes pelo legislador. A reformulação, assim, teria por fim tornar o ordenamento mais simplificado e com estrutura mais fácil de ser compreendida e manipulada pelos operadores do direito.

2.2 Descrição *vs.* criação

Não obstante o reconhecimento do trabalho de Alchourrón e Bulygin pelo esclarecimento de diversos pontos relativos à atividade de sistematização, a definição precisa do conceito de lacuna e de conflito normativo, que permitiram o esclarecimento de problemas polêmicos da filosofia do direito,

6 Ross (1958: 164-166).

a obra foi criticada sob o argumento de que a concepção adotada empobrece por demasiado a atividade dogmática e expõe uma perspectiva não realista, que descaracteriza o trabalho criativo do intérprete.[7]

Nesta linha, por exemplo, Aarnio e Niiniluoto criticam a perspectiva que chamam de «logicista» ou «formalista» apresentada em *Normative Systems*.[8] Para Aarnio seria difícil conceber um sistema básico identificado S_b que seria, então, reformulado para um sistema S_1 sem conceder que essa reformulação provocaria uma redefinição de significados e, portanto, uma alteração na própria identificação do sistema original S_b.[9]

Por outro lado, além de reformular a base original, o jurista preenche lacunas, elimina contradições, ajusta o sistema a exigências de justiça. Vale dizer, a sistematização e identificação de normas estão inter-relacionadas, sendo que o desenrolar de uma atividade altera o desfecho da outra, *i.e.* a sistematização pode mudar a atribuição de sentido proposto para determinada formulação de norma e determinada atribuição de sentido pode mudar a sistematização resultante.

Assim, para Aarnio, a atividade sistematizadora envolve sempre um elemento criativo, de forma que não se tem, como resultado da sistematização, que $Cn(S_b)=Cn(S_1)$. Nesse sentido, a atividade sistematizadora não se limita à reformulação, mas procede a uma reconstrução do ordenamento que implica a introdução de soluções normativas novas.

As críticas de Aarnio foram tomadas por Bulygin, em primeiro lugar, como uma confusão entre identificação e sistematização de normas e, em segundo lugar, como dirigida a problemas que não se propuseram a estudar em *Normative Systems*. Os argentinos não têm qualquer problema em aceitar que a dogmática jurídica efetivamente introduz alterações no sistema original, somente buscaram isolar a atividade criativa na função de identificação de normas, que foi abstraída.[10]

> «Jamais foi nossa intenção negar que a dogmática jurídica também realiza atividades criativas, mas nosso interesse estava focado nos aspectos puramente cognitivos da dogmática jurídica. Juristas, é claro, fecham todos os tipos de lacunas e removem inconsistências, mas essa atividade é diferente da mera sistematização tal como caracterizada em NS.»[11]

---

7 Aarnio (1977).

8 Aarnio e Niiniluoto (1981).

9 Aarnio (1977, em particular Cap. III, 4); e Aarnio (1986: 161-170).

10 Bulygin (1986: 209).

11 Bulygin (1986: 209).

Na verdade, Alchourrón e Bulygin já se protegeram contra críticas à sua atitude espartana, de reduzir a complexidade do fenômeno estudado, quando ressaltaram, logo na introdução de *Normative Systems*, que:

> «Seria um erro interpretar nossa caracterização do processo de sistematização (e nossa afirmação de que esta é a tarefa central da ciência jurídica) como uma tentativa de descrever o que os juristas efetivamente fazem; trata-se antes de uma reconstrução de alguns ideais da ciência jurídica (...) Um modelo abstrato não pode reproduzir toda a realidade, mas não há nenhum aspecto da realidade que não possa ser reproduzido em algum modelo.»[12]

Assim, reconhece-se que a dogmática realiza interpretações extensivas de normas, a fim de abranger ações análogas ou casos não explicitamente previstos, preenche lacunas, elimina do sistema reconstruído aquelas normas que conflitam com outra norma presente no sistema, segundo algum critério de preferência (tal como ordem hierárquica, especificidade ou ordem temporal), ou ainda, retira do sistema aquelas normas cujo conteúdo foi explicitamente rechaçado por uma norma de derrogação. A intenção de Alchourrón e Bulygin em *Normative System* foi simplesmente deixar claro que essas atividades implicam *modificações* do sistema original pelas mãos da dogmática jurídica, que estão além do objetivo de modelar uma atividade idealizada, estritamente cognitiva, de descrição e apresentação sistemática do ordenamento.

2.3 Integração e refinamento do sistema pela dogmática

É conhecido que a introdução de nova norma no ordenamento pode gerar conflitos com normas presentes no sistema original (é comum a disposição final de leis conter a determinação de que «*derrogam-se todas as disposições em contrário*»). Nesse caso, cumpre ao intérprete identificar as normas conflitantes, o que dependerá da atribuição de sentido conferida tanto à nova formulação de norma quanto às formulações originais. Superada essa etapa de identificação do sentido e de conflitos normativos, o desafio do intérprete é introduzir a nova norma alterando o mínimo possível o sistema original (ou seja, derrogar somente aquilo que for necessário para acomodar a nova regra).

Chamarei de *integração* do sistema normativo aquelas alterações direcionadas à correção de defeitos do sistema normativo, como a expansão (interpretação expansiva ou analógica) para cobrir lacunas, a derrogação explícita e a derrogação implícita, para eliminar conflitos normativos.

---

[12] ALCHOURRÓN & BULYGIN (1971: 31).

Essa tarefa de integração, do ponto de vista sintático, não é tão simples quanto pode parecer, principalmente na operação de derrogação, pois a solução normativa conflitante a ser eliminada pode ser derivada a partir de diferentes conjuntos de normas. Assim, surge o problema de se determinar qual conjunto de normas será alterado para que se elimine a norma conflitante, problema chamado por Alchourrón e Makinson de *indeterminação de sistemas normativos.*[13]

Como consequência dessa indeterminação, o sistema resultante não pode ser identificado de forma estritamente dedutiva, havendo a necessidade de um elemento extra-lógico de escolha entre diversos candidatos a «*sistema revisado*». Na verdade, a determinação em textos legais de que «*são revogadas todas as disposições em contrário*» não cria *um* novo sistema mas *um conjunto* de sistemas alternativos, à escolha do intérprete (mesmo que os significados das normas já estejam fixados). Portanto, a indeterminação do sistema normativo, cujo conteúdo deve ser explicitado pela dogmática jurídica, não é somente de *ordem semântica* (existência de diversos sentidos possíveis para cada formulação de norma), mas também de *ordem sintática.*

Além do problema de indeterminação, outro resultado importante do trabalho de Alchourrón e Makinson é a prova de que a imposição de uma ordem de preferência entre o conjunto de normas (que guiará a escolha entre os possíveis conjuntos de sentenças candidatos a sistema revisado) ou a alteração da ordem preferência (que pode corresponder, por exemplo, a uma ordem hierárquica) equivale à operação de revisão (derrogação). Fixos os significados das normas, a dinâmica de alteração abre, portanto, um leque de sistemas normativos alternativos que podem resultar de operações de derrogação, dependendo o sistema resultante da estrutura de preferência, entre normas ou conjuntos de normas, estipulada pelo intérprete.

Outra dificuldade, que expõe de forma ainda mais aguda a atividade criativa do intérprete dogmático é a representação das modificações para a adequação do sistema a ideais de justiça ou aos fins perseguidos pelo legislador.

Faz parte do senso comum a ideia de que o legislador dita regras tendo em vista fazer com que seus comandados atinjam determinados objetivos, ou seja, suas normas incentivam aquelas ações consideradas um meio para atingi-los e restringem aquelas ações que possam trazer resultados considerados «indesejáveis». Na base dessa ideia está a expectativa ou mesmo a exigência, de que o legislador não dite normas arbitrárias, sem qualquer propósito. Essa exigência é incorporada pela dogmática jurídica como regra

---

[13] ALCHOURRÓN & MAKINSON (1982); (1981).

ou princípio interpretativo, de coerência entre meios e fins,[14] segundo a qual o sentido atribuído à norma ou a uma regulação (conjunto de normas) não deve ser tal que contrarie os objetivos ou propósitos do legislador.

A identificação dessa razão *da lei* ou *do legislador* também envolve um processo criativo do intérprete, de indução do propósito a partir do conhecimento atual dos resultados possíveis das ações prescritas e dos valores aceitos no momento da interpretação (vontade objetiva ou *mens legis*) ou mesmo a partir de evidências empíricas ou históricas acerca da vontade efetiva do legislador à época da promulgação da norma e do conhecimento acerca dos efeitos das ações prescritas e dos valores aceitos naquela época (vontade subjetiva ou *mens legislatoris*).[15] Não há propriamente um método para a identificação desse propósito, mas diferentes técnicas, com maior ou menor grau de persuasão,[16] que podem dar maior ou menor ênfase à investigação objetiva ou subjetiva. O que nos interessa aqui, não é se ou como pode ser identificado esse propósito, mas o fato que, em nome de uma dita «vontade do legislador» o intérprete dogmático introduz modificações ao sistema normativo para adequá-lo a determinadas exigências de justiça, que seriam «descobertas» ou simplesmente arbitradas pelo próprio intérprete.

O conflito entre norma e propósito normativo pode ser examinado a partir do problema de identificação das condições relevantes para a aplicação de normas jurídicas. Nessa perspectiva, a questão reduz-se a definir se o legislador especificou ou não (na norma) as condições efetivamente relevantes para a aplicação da norma posta (segundo seus propósitos). De acordo com H.L.A. Hart, essa questão constitui a verdadeira pedra de toque de todo o raciocínio jurídico:

> «No caso das regras jurídicas, os critérios de relevância e similitude dependem de diversos fatores complexos que atravessam o sistema jurídico e das finalidades ou intenção que possam ser atribuídos à regra. Caracterizá-los seria caracterizar tudo o que é específico ou peculiar no raciocínio jurídico.»[17]

Uma tentativa de resolver esse problema seria definir como relevantes apenas aquelas condições ou propriedades que foram explicitamente mencionadas em uma norma do ordenamento e que são decisivas para a aplicação de uma solução normativa. De acordo com Alchourrón e Bulygin,[18] uma descrição do conjunto de propriedades que satisfazem a condição acima

---

14 Ziembinski (1978).

15 Ziembinski (1985: 143); Ferraz Junior (1988: 267).

16 Ferraz Junior (1988, item 5.1.3).

17 Hart (1961: 127).

18 Alchourrón & Bulygin (1981: 154).

seria uma descrição do que eles chamam de *tese de relevância* do sistema normativo.

Porém, a possibilidade de conflito entre norma e propósito mostra que determinadas circunstâncias (aquelas nas quais o exercício da ação regulada frustra os objetivos da regulação) são, em algum sentido, *relevantes*, ainda que não previstas explicitamente pelo legislador. Para Alchourrón e Bulygin, tais circunstâncias fariam parte de uma descrição do que eles chamam de *hipótese de relevância* do sistema normativo, que sempre expressa um juízo acerca da sua adequação axiológica, sendo parte de discurso prescritivo, não descritivo da dogmática. Caso uma condição que deveria ser relevante, de acordo com a *hipótese de relevância*, não se encontre na *tese de relevância* (descritiva) do sistema normativo, os argentinos apontam a presença do que chamam de uma *lacuna axiológica.*

Assim, deve-se distinguir uma lacuna axiológica, que consiste em juízo de inadequação da solução normativa proposta para o caso em questão, tendo em vista a desconsideração de determinada propriedade ou circunstância (que deveria ser) relevante, de uma lacuna normativa, presente quando o legislador não fornece qualquer solução normativa para um caso relevante (de acordo com a tese de relevância).[19] Fica claro, portanto, que a lacuna axiológica é antes um problema de conflito de soluções normativas de diferentes fontes.

São exatamente esses casos de lacunas axiológicas que constituem os chamados casos difíceis (*hard cases*). Casos difíceis não são aqueles em que a regra aplicável é ambígua ou aparentemente não existe regra explicitamente aplicável, mas aqueles para os quais o ordenamento fornece uma solução bastante clara, embora inadequada de acordo com alguma valoração e o intérprete terá, então, que exercitar uma argumentação *contra legem.*

Jorge Rodriguez[20] argumenta que a *hipótese de relevância* e *lacunas axiológicas* dela decorrentes não deveriam ser imediatamente identificadas com o discurso prescritivo (axiológico), como fazem Alchourrón e Bulygin, pois poderiam ser compreendidas e analisadas como fornecendo informação sobre um segundo sistema normativo que constituiria, na verdade, reconstrução pelo intérprete, do ordenamento tal como «desejado» pelo *legislador racional.*

---

[19] A distinção entre lacuna autêntica (*echte*), *i.e.* a situação de ausência de uma solução a partir do conjunto de normas vigentes e lacuna inautêntica (*unechte*), *i.e.* presença de uma solução normativa considerada falsa ou insatisfatória foi introduzida por Zitelman (1903: 27 e ss.).

[20] Rodriguez (2000).

Essa abordagem descritiva dá expressão a argumento bastante conhecido empregado na *praxis* jurídica quando se defende a existência de uma lacuna axiológica, de acordo com o qual, o legislador teria providenciado solução normativa distinta para o caso em questão se soubesse da nova propriedade, à época imprevisível. Assim, a nova solução normativa, destinada a «preencher» a lacuna axiológica (na verdade substituir a solução original), poderia ser encarada como uma descrição, em nome do *legislador racional* (por meio dessa figura, afirma Rodriguez, o intérprete expressa suas próprias valorações de forma escamoteada), de um sistema normativo qualificado, reconstruído pelo próprio intérprete jurídico.

Uma qualificação das condições de aplicação de soluções normativas previstas em determinada interpretação do ordenamento vigente será chamada aqui de *refinamento de teoria interpretativa do ordenamento*, ou simplesmente de *refinamento*.[21] Operações de refinamento têm por base uma determinada teoria interpretativa do ordenamento, que explicita ou atribui à regulação, não só o sentido aos textos normativos (quais ações e em quais condições são obrigatórias, proibidas, permitidas) como o objetivo da regulação que o legislador teria em mente ao ditar essas normas. Também entram em jogo nesta teoria proposições que esclareçam quais as consequências prováveis das ações reguladas na condição ou condições em questão. Esses dois últimos elementos introduzidos pelo intérprete, inicialmente estranhos à «*letra da lei*» (propósito do legislador e proposição acerca dos efeitos das ações reguladas), gerarão ou não conflitos entre norma e propósito, que, por sua vez, motivarão ou não, pelo intérprete a introdução de novos condicionamentos, não previstos explicitamente, à aplicação da norma.

2.4 Dogmática reformadora

O sistema reconstruído, em caso de integração ou refinamento, é bastante distinto e, aliás, conflitante com o original, o que traz à tona as críticas de Aarnio ao ideal de uma ciência meramente descritiva, ou mesmo a possibilidade de identificação e restrição da análise a fatores «puramente descritivos» da atividade dogmática.[22]

Afinal, a «descrição» do conteúdo das normas do ordenamento não é «autêntica», pois o interprete dogmático, nesse processo de explicitação, estipula ou faz escolhas entre possíveis sentidos para uma formulação de norma (dentro de um conjunto de formulações), faz escolhas entre relações

---

21 Maranhão (2004).

22 É de se notar que na abertura de seu livro «*On Legal Reasoning*» (Aarnio, 1977: 1), Aarnio cita uma passagem significativa de Alex Matson: «Eu não estou satisfeito com uma solução que é lógica e coerente apenas porque exclui tudo que não pode ser explicado».

de preferência entre as normas com sentido fixo, que guiarão escolhas entre diferentes conjuntos de normas candidatos a resultado de uma derrogação, faz escolhas acerca de qual o propósito do legislador capaz de justificar a promulgação da norma (pode haver mais de um) e faz escolhas também acerca de quais são as circunstâncias relevantes para qualificar a norma de forma a evitar o conflito (escolhido) entre norma e propósito.

Aarnio, portanto, parece ter razão ao avançar que as proposições da dogmática não correspondem a qualquer entidade, mas são criadas pelo próprio intérprete como espécies de recomendações, sendo mais adequada para uma teoria do conhecimento dogmático-normativo uma noção de verdade como coerência e não de verdade como correspondência.[23]

Assim, por expressarem valorações do próprio intérprete e preencherem uma função de orientação da conduta, as proposições da dogmática se aproximam do discurso prescritivo (para o qual não se aplicam condições de verdade), mas com ele não se identificam, como querem Alchourrón e Bulygin, na medida em que tais valorações não constituem e não podem constituir exigências de comportamento nesse ou naquele sentido.

Essas proposições se apresentam como se fossem a descrição da vontade e do propósito de um fictício «legislador racional», o que as aproximam do discurso descritivo, como quer Rodriguez. Mas descritivo de qual objeto se a figura do legislador racional não passa de instrumento retórico que permite ao intérprete expressar suas próprias valorações, de forma escamoteada? Nenhuma das duas categorias, descritiva ou prescritiva, abrange de forma adequada a função exercida pela linguagem da dogmática jurídica.

Em IED, o Prof. Tercio percebe a dificuldade. Rejeita tanto a tradução de uma língua para outra como um processo intermediado pela realidade, quanto um processo intermediado pelo pensamento. A transposição entre a linguagem da norma e a linguagem da realidade (também uma articulação de símbolos) só é possível por uma terceira língua, a linguagem da hermenêutica dogmática.

Também a noção de verdade da interpretação adquire contormo pragmático. Transmuda-se em uso competente da língua, uma determinada articulação bem sucedida de símbolos que goza de confiança como «boa tradução». Nesse sentido, a «paráfrase» das prescrições pela linguagem hermenêutica constrói um substituto mais organizado e coerente, mais conveniente para o controle de significações (a coerência pode trazer confiança, mas não é o único critério). Enfim, interpretação verdadeira é aquela que funciona, que se legitima. Para tanto, nota o professor, o intérprete não substitui o texto legal

---

23 Aarnio (1986).

por outro, mas o mantém e, ao mesmo tempo, reforça-o, com acréscimo a sua função motivadora.[24]

A linguagem hermenêutica (LH), diz o Prof. Tercio, deve conter em sua estrutura suas próprias regras básicas e, como regras secundárias, as regras básicas da linguagem normativa (LN) e da linguagem da realidade (LR). As regras básicas de LN e LR seriam, respectivamente o «dever ser» (é proibido, é obrigatório) e o «ser» (é possível, é necessário). Parece, portanto, que a regra básica tem a ver com o *funtor modal* que caracteriza a força ilocucional do conteúdo proposicional.

Sugere então que a linguagem intermediária da dogmática deveria ser a das proposições normativas de Kelsen, as conhecidas e enigmáticas «*Rechtssätze*». O professor não enfrenta a polêmica em torno dessa categoria de discurso criada por Kelsen. Aponta que, para entender a peculiaridade dessa língua deve-se olhar para o pressuposto do legislador racional. A descrição seria da «vontade» de uma figura construída pela cognição. O dever-ser descritivo de Kelsen seria, assim, para o Prof. Tercio, «um dever-ser ideal que não assume nem uma competência jurídica, nem se confunde com a vontade real».

Não dá para evitar a insatisfação com a resposta, que apega-se a uma noção igualmente insatisfatória e obscura. Ao tentar especificar o *funtor modal* de LH, nos diz o que ele *não é*. Não assume uma competência, portanto não é prescrição, mas também não se confunde com a vontade real, portanto não é uma descrição do ato ilocucional e do conteúdo do ato de vontade do legislador. Certo, mas o que efetivamente *é* esse discurso?

3. A LINGUAGEM HERMENÊUTICA COMO LINGUAGEM DE REGRAS TÉCNICAS

3.1 Repensando as *Rechtssätze*

Os esforços de Hart na tentativa de entender o sentido das enigmáticas (proposições normativas) de Kelsen, que são descrições de normas expressas por «sentenças de dever», trouxeram para a literatura exemplo interessante: «Suponha que um comandante alemão em um campo de prisioneiros de guerra grite aos seus prisioneiros ingleses ou americanos a ordem "*Stehen Sie auf!*" O intérprete, no seu dever, grita "*Stand up*!".»[25]

De acordo com Hart, dizer que o intérprete nesse exemplo está apenas «mencionando» (não usando) as palavras empregadas pelo comandante,

---

[24] Ferraz Junior (1988: 282).

[25] Hart (1983k: 293).

como se estivesse apenas dizendo «*Stehen Sie auf*» significa «*Stand up*» seria uma representação incorreta da situação. O intérprete certamente não está dando uma ordem, haja vista que não possui autoridade, mas seu ato de fala (*speech act*) possui alguma força ilocucional que é mitigada na hipótese de simples *menção*.[26] O problema aqui, como ressalta Hart, está na explicação da força normativa das proposições da dogmática jurídica[27] e sua discussão pode fornecer pistas importantes para uma definição de sua função discursiva (sem qualquer pretensão ser fiel ao que Kelsen tinha em mente com suas «proposições normativas», tarefa que está fora do escopo deste trabalho).

Numa tentativa de oferecer uma solução para o problema, Hart propõe que o discurso do intérprete seria uma forma de *representação* do comando, *i.e.* o intérprete reproduz o comando de forma suficiente para deixar claro ao prisioneiro que a locução do comandante era uma ordem. Assim, a força normativa do discurso do intérprete dogmático estaria apoiado em sua habilidade ou sucesso em «representar» o comando presente nas normas jurídicas.

A hipótese de «menção» e a hipótese de «representação» atacam dois aspectos distintos, mas interdependentes do ato de fala do oficial alemão. A primeira diz respeito ao seu conteúdo; a segunda liga-se à sua força ilocucionária. Para Hart, o intérprete deveria representar de alguma forma essa força, pois sua compreensão é relevante para entender o comando *como comando*. Não há dúvida de que ambos elementos (conteúdo proposicional e força ilocucionária) são interconexos, no sentido de que entender o conteúdo do comando ajuda a entender o que o oficial quer fazer com aquelas palavras e *vice versa*. Para esclarecer a forma de discurso do intérprete, sua força ilocucionária, precisamos tratar ambos os elementos do discurso *do oficial*, conteúdo e atitude, como parte do conteúdo do ato de fala *do intérprete*.

Representemos o ato de fala por $F(P)$, onde F é sua força ilocucional e P o conteúdo proposicional deste ato. Por $f(p)$, então, entendemos a emissão particular de um ato (*act of utterance*), onde p é a formulação de P e f indica o contexto particular de formulação desse ato.[28] Suponha que na situação na qual o oficial fala *Stehen Sie auf!* há uma completa falta de compreensão, seja quanto ao conteúdo proposicional, seja quanto à atitude do oficial. O *explananda* então é dado pela formulação do ato de fala do oficial, representado por $(f_c(p))$. O ato de fala do intérprete, por sua vez, será da forma $F_i(F_c(P))$, onde F_i é a força ilocucionária do intérprete e seu conteúdo é o «sentido» que o intérprete atribui ao ato particular de fala do oficial $f_c(p)$.

---

26 Hart (1983k: 293).

27 Hart (1983i: 18).

28 Aqui estamos empregando conceitos e método de análise desenvolvidos por Searle e Vanderveken (Searle & Vanderveken, 1985: 2-26).

O ato de fala do intérprete $F_i(F_c(P))$ pode ser decomposto em duas partes, com respeito aos dois elementos presentes seu conteúdo, e examinado como $F_i(F_c)$ e $F_i(P)$, como se o intérprete ao dizer *Stand up!* estivesse falando «*Ele está dando uma ordem que deve ser obedecida*» e «*Stehen Sie auf! significa que você deve se levantar*».

O comando, para ser um comando, deve produzir alguma atitude (sujeição) no receptor (efeito perlocucionário). Assim, o intérprete, ao explicitar F_c por meio de sua «representação» fornece condições de sucesso para o ato ilocucionário do oficial. A difícil questão é saber se $F_i(F_c)$ pode ser uma mera descrição de fatos que compõem o contexto normativo ou se o intérprete ao emitir $F_i(F_c)$ também está fornecendo razões para obediência, *i.e.* se compõe o *contexto normativo.*

O sentido de F_i em $F_i(P)$, por sua vez parece se aproximar da hipótese de menção, porém, supondo que o contexto normativo está claro para o prisioneiro, *i.e.* o efeito perlocucionário foi produzido, $F_i(P)$ parece ganhar uma outra conotação dentro de $F_i(F_c(P))$. Dentro do contexto normativo, dizer o que *Stehen Sie auf* significa é exatamente explicitar o que o prisioneiro *precisa fazer* para obedecer ao ato já interpretado como comando.

Trata-se portanto de uma necessidade prática. Uma necessidade prática ou dever técnico (representado por O_t) é aquilo que se requer para a satisfação de determinado fim, isto é, algo que precisa (tem que) ser (feito) para que se alcance determinado objetivo. Já o dever deôntico (representado por O_d) é uma prescrição pela autoridade normativa dirigida ao sujeito normativo, *i.e.*, aquilo que é exigido por alguém e que, portanto, deve ser (feito).[29] Necessidades práticas, ao contrário de prescrições, são verdadeiras ou falsas, respectivamente, se o que precisa ser (feito) é ou não um meio para se atingir o fim ou resultado pretendido.

O paralelo das permissões na linguagem de necessidades práticas é bastante ambíguo. Em sentido fraco, uma permissão técnica é uma possibilidade prática, entendida como a ausência de necessidade prática de se fazer o contrário, *i.e.* aquilo que pode ser feito sem prejuízo à satisfação do fim pretendido. Em sentido forte, um estado de coisas (resultante de ação) é tecnicamente permitido se é condição suficiente para a satisfação do fim pretendido.[30] Neste texto faremos uso apenas da permissão técnica em sentido fraco. O termo *regra técnica* será empregado para referir-se tanto a deveres quanto a permissões técnicas.

---

[29] Von Wright (1963, em especial o Cap. 1).

[30] Von Wright (1971: 161).

Voltando para a perspectiva dos sujeitos normativos, o fim pretendido a ser considerado é a satisfação (obediência) ao ordenamento. Assim, o intérprete do oficial, e estendendo o exemplo de Hart para a discussão a que se propõe, a dogmática jurídica, em sua função de explicitação do conteúdo do ordenamento, estaria, na verdade, asseverando *necessidades práticas* (obrigações e permissões técnicas), cujo objetivo é a satisfação do conjunto de normas jurídicas vigentes.

Informalmente, pode-se dizer que, ao interpretar a ordem jurídica, a dogmática ou os operadores do direito, estão dizendo o que temos que fazer para satisfazer o ordenamento e o que podemos fazer ou omitir sem desrespeitá-lo, pressupondo-se que o objetivo central é o cumprimento da vontade do legislador.

Bobbio,[31] ao constatar a interferência, pelo jurista, no material jurídico, quando identifica ou explica o direito, propôs que a dogmática faria «recomendações» ou «conselhos» sobre como agir, a partir do ordenamento. Bobbio vê, aqui, no mínimo, uma função da ciência do direito em *guiar a conduta*, mas não por prescrições. Acredita ser isso possível na medida em que se supere a dicotomia prescrições/descrições como um tudo ou nada para abordar o fenômeno jurídico (ou se descreve o conteúdo da norma ou se pretende prescrever condutas, o que seria tarefa apenas das autoridades). O conselho seria também uma forma de pressão normativa, embora sem império. A abordagem de Bobbio, porém, tem o inconveniente de atribuir à ciência jurídica também uma atitude valorativa, inclusive moral e política, apenas não dotada de autoridade institucionalizada.

A proposta aqui defendida não só assume que são possíveis outras formas de pressão normativa, como, do ponto de vista pragmático e dos efeitos perlocucionários dos atos de fala,[32] a descrição de que um comando é vinculante, aliada a uma descrição de seu conteúdo, necessária e imediatamente implica ser o ato de fala *a descrição daquilo que se precisa fazer para cumprir o comando*. Como as regras técnicas possuem um fator descritivo (as relações entre a ação e seus efeitos, em particular o efeito de cumprir uma norma válida), então assumem valores de verdade, o que é uma vantagem importante com relação aos «conselhos» como proposta de interpretação das *Rechtsätze*, uma vez que resguardam a possibilidade de conceituação neutra da ciência do direito, ainda que tais proposições dependam de valorações (a principal delas, a valoração sobre a própria validade das normas jurídicas que se pretende obedecer).

---

[31] Bobbio (1967).

[32] Ver Austin (1976) e Maranhão (2004).

Tentativa anterior de compreender as proposições sobre o direito como regras técnicas foi feita por Aarnio,[33] separando duas perspectivas, uma secundária, na qual essas seriam proposições aos sujeitos normativos sobre as condições necessárias para se obter a proteção do direito, outra primária, na qual essas estatuiriam aos juízes condições necessárias sobre como interpretar as normas para se alcançar determinados efeitos sociais. A primeira perspectiva é descartada com base em argumentos semelhantes aos dirigidos por Hart à teoria preditiva da validade de Alf Ross. A segunda é tomada como insuficiente para dar conta da complexidade das razões empregadas pelos juízes e dos fins sociais perseguidos pela prática jurídica. Em seu lugar, Aarnio volta à proposta de Bobbio em tomar proposições da ciência do direito como recomendações e, nesse momento, revela-se o efetivo motivo de sua insatisfação com as regras técnicas. Aarnio, assim como o Bobbio funcionalista, acredita ser tarefa não só da dogmática, mas também da teoria do direito, uma tomada de posição sobre os objetivos morais e políticos a se alcançar na identificação do direito.

Deve ficar claro que não proponho como discurso da dogmática o discurso de regras técnicas em sua dimensão empírica, no sentido do que precisa ser feito para elevar a probabilidade de obtenção de proteção pelo direito, nas quais possíveis estratégias de cumprimento/descumprimento podem ser pensadas, mas como simples decorrência lógica da combinação de propriedades do discurso que, ao mesmo tempo, descreve uma norma como vinculante e explicita seu conteúdo.

Já a versão primária de Aarnio inclui elemento adicional, o objetivo social que se busca alcançar com a interpretação proposta para uma norma particular, o que é desnecessário. Trata-se de descrever o que se precisa fazer com o objetivo de cumprir o ordenamento, não determinado efeito social em determinada perspectiva deste. Para os casos determinados, isso não significa qualquer tomada de posição. Para os casos de vagueza, lacuna, conflito normativo ou mesmo incoerência com determinada moralidade política subjacente á legislação, o intérprete dogmático genuíno, ao arguir por uma, dentre outras interpretações concorrentes, pode fazer uma atribuição de sentido pautada por determinada escolha de propósito para a regra, mas, nesse seu discurso, tal objetivo aparece como o «real» propósito do legislador, porque é o melhor (ou pelo menos se apresenta e se justifica como o melhor), e não como um propósito que seria melhor escolher, dentre outros.

Assim, o discurso da ciência do direito tem como função prática *guiar a conduta* pressupondo-se o cumprimento do ordenamento. As normas são tomadas, ainda que *contrafaticamente*, como produtos de atos racionais e as

---

33 Aarnio (1977: 304-312).

proposições da ciência do direito apresentam-se como regras técnicas acerca do que fazer de acordo com o direito vigente.

3.2 A tradução entre modalidades I: da prescrição à regra técnica

Vejamos a estrutura lógica da linguagem de regras técnicas com relação à linguagem prescritiva e à descritiva.

Primeiro, a relação entre lógica de prescrições e lógica de descrições de normas. Essas lógicas não são isomorfas, como mostrou Alchourrón «*Logic of norms and Logic of Normative Propositions*». Tome-se, por exemplo, a interdefinição entre proibição e permissões. No discurso prescritivo, é razoável admitir essa regra como um postulado, pois a prescrição «Não é proibido!» tem o mesmo sentido que prescrever «É permitido!». Todavia, no discurso descritivo, asseverar a inexistência de uma proibição, certamente não é o mesmo que asseverar a existência de um ato de vontade no sentido de permitir uma conduta, de forma que a aceitação desse postulado não é razoável para uma lógica de proposições normativas. Ou ainda, prescrever que algo é obrigatório e proibido é um contrassenso, mas não fere os sentidos asseverar a existência de uma obrigação e de uma proibição com um mesmo conteúdo.

Entretanto, ambas as lógicas são isomorfas se tratarmos da descrição de um ordenamento sem lacunas e sem contradições, ou seja, de um ordenamento com propriedades ideais de consistência e completude. Assim, a intuição do Prof. Tercio foi aguçada em IED. A questão é que tipo de «descrição» de um «dever ideal» seria essa.

O discurso de regras técnicas parece preencher bem essa função. Como se trata de um conjunto de guias para a conduta, de um discurso prático, para que faça sentido não pode conter diretrizes «*é preciso fazer A e ~A*». Também não seria razoável dizer que não há o que se fazer para cumprir o ordenamento por não haver norma. A contradição e a incompletude, no discurso de regras técnicas, tem uma nota de contrassenso. Ao mesmo tempo, são proposições verdadeiras ou falsas, aspecto que caracteriza o discurso descritivo. Se não há norma ou há normas conflitantes, o emissor no discurso de regras técnicas, por ter a função de dar diretivas ou recomendações, não pode se esquivar de dizer o que precisa ser feito para cumprir o «ordenamento». Aqui, revelam-se os dois postulados da dogmática hermenêutica: a inegabilidade do ponto de partida (o ordenamento) e a proibição do *non liquet*.[34] Ao assumir a empreitada de dirigir a conduta dos sujeitos norma-

[34] Ferraz Junior (1988: 277).

tivos, a dogmática dita o que precisa ser feito e o que pode não ser feito, em nome do legislador racional, ou seja, de uma racionalização da legislação.

Ademais, a cada prescrição corresponde uma regra técnica, usando--se o estratagema de Von Wright para extrair deveres técnicos de deveres deônticos.[35] Como o sujeito normativo precisa obedecer às normas, se o antecedente de uma obrigação condicional $O_d(a \rightarrow c)$ é o caso, então o sujeito normativo extrai desse dever deôntico condicional o dever técnico de fazer o consequente, *i.e.* $a \rightarrow O_t c$. Como toda norma pode ser interpretada como uma norma condicional em que o antecedente é uma tautologia, então qualquer dever deôntico $O_d a$ pode ser traduzido para $t \rightarrow O_t a$ que é o mesmo que $O_t a$.

Para completar o percurso da tradução, falta apenas mostrar que cada dever técnico corresponde, do ponto de vista lógico, a uma proposição descritiva. Mas antes de fazê-lo, precisamos enfrentar um problema da tradução do dever deôntico para o dever técnico.

3.2.1 Um problema para a tradução das prescrições em regras técnicas: Kindergarten

Antes de fechar o percurso da tradução, um problema apontado por Jorg Hansen a respeito das necessidades práticas «extraídas» das obrigações precisa ser superado.

Jorg Hansen argumenta que, do ponto de vista dos sujeitos normativos, uma obrigação da forma $O_d(a \rightarrow b)$ pode ser obedecida evitando-se que o estado *a* seja o caso. Em outras palavras, a obrigação gera não só uma necessidade prática de se fazer *b* se *a* for o caso, *i.e.* extrai-se não só $a \rightarrow O_t b$, mas também uma necessidade prática de fazer com que $\sim a$ seja o caso, *i.e.* extrai-se também $O_t \sim a$. Isto não chega a ser problemático *per se*, mas abre as portas para uma série de exemplos contra intuitivos. Assim, no exemplo do *Kindergarten* de Hansen, temos que da obrigação do diretor de uma escola pública em garantir uma vaga para cada criança nascida na comunidade, pode-se extrair a necessidade prática de se distribuir anticoncepcionais!

Von Wright certamente permite essa interpretação quando concede que de$O_d(a)$ pode-se extrair a necessidade prática $t \rightarrow O_t a$ e, consequentemente, $O_t a$. Portanto, também é possível extrair de $O_d(a \rightarrow b)$, a necessidade prática $O_t(a \rightarrow b)$. Então, fazer com que $\sim a$ seja o caso é um meio para se satisfazer a necessidade prática extraída. Mas, ao mesmo tempo, Von Wright reconhece

---

[35] Von Wright (1983a: 130-209).

que algo similar ao exemplo do *Kindergarten* não seria «*uma reação apropriada ao comando*».[36]

Temos, assim, mais uma boa razão para reformular o «processo de extração» de deveres técnicos a partir de deveres deônticos.

Primeiramente, definimos a linguagem *LT* de regras técnicas, que é a mesma de *LN* substituindo-se os operadores deônticos O_d e P_d por operadores técnicos O_t e P_t. Tome-se F_C como o conjunto de fórmulas de uma linguagem proposicional (LR). Dado que regras técnicas são verdadeiras ou falsas, o dilema de Jørgensen não se aplica aqui e não há restrições ao uso de conectivos booleanos ligando sentenças modais representando regras técnicas. O conjunto de fórmulas (proposições) de deveres técnicos *FT* é definido a seguir:

(i) se $a \in F_C$ *então* $a \in FT$

(ii) se $a \in F_C$ *então* $O_t a$, $P_t a \in FT$

(iii) se $a, b \in FT$ *então* $(a*b)$, $\sim a$, $\sim b \in FT$, $* \in \{\rightarrow, \wedge, \vee\}$

(iv) FT é o menor conjunto satisfazendo (i)-(iii).

O processo de extração é definido então pela função *e* que nos leva do conjunto de fórmulas deônticas para o conjunto de fórmulas técnicas, ou seja, considere Δ uma modalidade qualquer (deôntica ou técnica) e uma função *e* que tenha como domínio *FN* e como contra-domínio *FT* , tal que:

(i) se $\Delta_d a$ é da forma $\Delta_d(a_1 \rightarrow (a_2 \rightarrow \ldots \rightarrow (a_{n-1} \rightarrow a_n) \ldots))$, para $n \geq 1$, então

$e(\Delta_d\, a) = a_1 \wedge a_2 \wedge \ldots \wedge a_{n-1} \rightarrow \Delta_t\, a_n$.

(ii) caso contrário $e(\Delta_d\, a) = \Delta_t\, a$

O processo de extração dado pela função *e*, exclui a estranha forma de obedecer a obrigação de garantir vagas às crianças no *Kindergarten*, dado que a necessidade prática de abrir vagas apenas se aplica se o antecedente, nascimento de uma criança, for o caso.

Assim, por exemplo, $e(O_d(p \rightarrow q)) = p \rightarrow O_t\, q$ e na fórmula $p \rightarrow O_t q$,*p* é uma circunstância ou condição de aplicação, fora do escopo do dever técnico. A única necessidade prática é fazer *q*, se *p* for o caso.

A generalização para fórmulas da forma $\Delta_d(a_1 \rightarrow (a_2 \rightarrow \ldots \rightarrow (a_{n-1} \rightarrow a_n) \ldots))$ é necessária, caso contrário nos depararíamos com variações do problema do *Kindergarten* tais como, «é um dever que se auferirmos renda, então se declararmos, então paguemos impostos», logo «tenho que não declarar

[36] Von Wright, (1980: 413), apud Hansen (2001).

impostos ou não auferir renda» se quero obedecer o ordenamento. É claro que não esperamos uma norma com uma sequência de centenas de condicionais, mas o procedimento definido evita que no escopo de um dever técnico haja uma implicação material, o que é suficiente para evitar o problema do *Kindergarten.*

3.3 A tradução entre modalidades II: da regra técnica à linguagem da realidade

Para completar o ciclo de tradução, sob o ponto de vista da estrutura lógica da linguagem, é possível reduzir a modalidade de deveres técnicos à modalidades aléticas (necessário, possível *etc.*) da linguagem da realidade.

Em sua tentativa de reduzir a lógica deôntica à modal alética, por meio da identidade $Op =_{def} (\sim p \rightarrow S)$, Anderson atribuiu à obrigação de realizar uma conduta o sentido de ser necessariamente sancionado se não realizá-la.[37] A tradução tornou-o alvo fácil para críticas, na medida em que a sanção, representada por *S*, não necessariamente é aplicada. Von Wright também teve sua experiência reducionista, usando uma redução semelhante à de Kanger[38] dada por $Op =_{def} (Q \rightarrow p)$, onde *Q* é uma constante, que pode ser lida como imunidade à punição, ou seja, algo é obrigatório se necessariamente é imune à punição.[39] A tradução não é feliz do ponto de vista da filosofia do direito, pois também liga a existência da obrigação, embora de forma indireta, às consequências jurídicas, faticamente contingentes e não necessárias, que essa obrigação deverá produzir.

A redução, porém contorna esses problemas quando feita a partir de uma lógica modal de necessidades práticas. Como Von Wright mais tarde reconheceu:

> «Meu equívoco (e o de Anderson), como vejo agora as coisas, foi não ter percebido que a "redução" era, na verdade, não do dever deôntico, mas do dever técnico.»[40]

Von Wright propôs, então, que a constante *Q* da definição de redução fosse lida como *a produção de determinado bem ou a supressão de algum mal.* Condutas necessárias para esse fim, seriam aquelas condutas obrigatórias. Assim, após uma longa jornada, Von Wright parece ter chegado bem mais próximo à ideia original de Leibniz, que definia o permitido (*Licitum*)

---

37 ANDERSON (1958: 100-103).
38 KANGER (1971: 36-58).
39 VON WRIGHT (1968).
40 VON WRIGHT (1983a: 155).

como «aquilo que é possível que um bom homem faça» e o obrigatório (*Debitum*) como «aquilo que é necessário que um bom homem faça».[41]

Dentro da concepção aqui adotada, numa redução à lógica modal alética da lógica de necessidades práticas subjacente às teorias dogmáticas, a constante *Q* significaria a satisfação do ordenamento, as obrigações técnicas seriam, então, aquelas condutas necessárias para esse fim, enquanto que as permissões técnicas seriam aquelas condutas cuja realização não o impeça.

Completa-se, assim, o percurso de tradução. A ideia da «paráfrase reformuladora» de Vernengo, na forma de uma «paráfrase reformadora» e «motivadora», pode ser percebida em uma linguagem distinta da prescritiva, como aqui proposto, capaz de superar a obscuridade da *Rechssätze* de Kelsen e incorporada pelo Prof. Tercio em IED. A dogmática reformula e altera suas próprias proposições dentro de sua própria linguagem *de regras técnicas*. Dessa forma, permite ao sujeito normativo compreender de forma mais consistente, coerente (com seus propósitos) e completa, e, portanto, apresenta de forma mais persuasiva, o que precisa (não precisa), pode (não pode) ser feito para se cumprir o ordenamento.

4. CONSIDERAÇÕES FINAIS: FORMALISMO E INTENCIONALISMO NA LINGUAGEM DE REGRAS TÉCNICAS

Na reconstrução do ordenamento pelas teorias dogmáticas, o significado de *satisfação do ordenamento* carrega uma ambiguidade inerente, particularmente crítica no momento em que o interprete se defronta com (ou cria) conflito entre norma e a justificação de sua criação, *i.e.* o propósito do legislador. Trata-se de uma oposição entre o que a norma diz e o que o legislador (racional) quis dizer. Nesses casos, ao explicitar o que *tem que* ou *pode* ser feito para obedecer a regulação, o intérprete dogmático enfrenta um dilema entre satisfazer a norma expressa ou atender a sua justificação. Esse dilema traduz um conflito fundamental entre fazer aquilo que é *correto* e aquilo que é *bom*, que dentro da filosofia moral se expressa na divisão entre teorias éticas deontológicas e teleológicas. As teorias éticas deontológicas correspondem ao *ideal hebreu* de vida humana consistente em agir corretamente segundo as leis e princípios morais, nas quais as ideias de *dever* e *correção* são os temas centrais. As teorias éticas teleológicas correspondem ao *ideal grego* de vida humana, consistente na tentativa de satisfação de

---

[41] Agradeço a Risto Hilpinen por ter apontado essa relação da abordagem de Von Wright com as ideias de Leibniz sobre as modalidades jurídicas.

determinados fins considerados bons, nas quais a ideia de *bem* constitui o tema central.[42]

Assim, podemos identificar dois modelos extremos das teorias dogmáticas, o modelo grego, no qual experiências recalcitrantes sempre resultam em refinamentos e o modelo hebreu no qual a regra expressa no sistema original sempre prevalece. Localizados no limite, nem o modelo grego, nem o modelo hebreu podem ser considerados teorias dogmáticas interpretativas.

O primeiro, o modelo grego, não seria um modelo interpretativo de regras positivas, uma vez que as normas originais não oporiam um mínimo de resistência às qualificações advindas da sua justificação. Vale dizer, o conteúdo das regras positivas não teria relevância prática para a definição do que precisa ser feito. Esse é o principal argumento conceitual dos positivistas exclusivistas contra o interpretivismo, ou ainda, no âmbito da filosofia moral, entre os universalistas e os particularistas. Se aceitarmos que as normas vinculam, isto é, constrangem, então devem fornecer uma razão independente de suas possíveis justificações para a nossa deliberação prática. Na verdade, as normas gerais e a própria atividade de se guiar por meio de regras gerais previamente estabelecidas têm por intuito superar a potencial indeterminação na discussão de todas as razões morais, políticas etc. a favor ou contra uma determinada disposição de agir. O ditame da norma tem que, pelo menos alguma vez, prevalecer, ainda que sua aplicação gere um resultado subótimo do ponto de vista de suas consequências. Caso contrário, as normas jurídicas perderiam seu caráter prescritivo e não passariam de indicações de possibilidades de escolha, baseadas em decisões prévias, sendo que a decisão prática efetiva dependeria sempre de uma deliberação política sobre qual a melhor ação do ponto de vista de suas consequências.

O segundo, ao desconsiderar a justificação das regras, abandona o postulado fundamental da dogmática, segundo o qual as normas não são arbitrárias. Como aponta Rodriguez,[43] existe um «que» de irracionalidade em se abandonar completamente a possibilidade de se discutir as razões que levaram à criação da regra, tendo em vistas as circunstâncias particulares de cada caso. Casos particulares trazem potencialmente novas circunstâncias cuja relevância pode ter sido desconsiderada pelo emissor na sua generalização das condições suficientes para a consequência normativa eleita. A generalização pode ser sobre (incluir mais casos particulares do que objetivava o legislador) ou subinclusiva (incluir menos casos).

---

42 Ross (1930: 3).

43 Rodriguez (2005).

As teorias dogmáticas, para que sustentem sua racionalidade, localizam--se, portanto, entre esses dois extremos.

Dentro da linguagem de necessidades práticas e usando a «extração» de obrigações e permissões técnicas a partir de obrigações deônticas é possível representar o conflito entre norma e propósito como um conflito genuíno entre entidades do mesmo tipo. Uma conduta apta a atingir determinado propósito normativo não é propriamente obrigatória e portanto, a necessidade de realizá-la para esse fim não poderia estar em relação de contradição com uma exigência normativa de sua omissão. No máximo, haveria uma espécie de conflito, de forma oblíqua, de difícil representação. Uma vez que essa exigência normativa de omissão for traduzida para a linguagem dogmática como uma obrigação técnica (com o fim de satisfazer o ordenamento), o conflito entre norma e propósito é imediatamente representado dentro de uma lógica de necessidades práticas.

Essa combinação de conflitos entre normas e de conflitos entre norma e propósito normativo, possível dentro do discurso de necessidades práticas, amplia, em muito, a necessidade de alteração do sistema original, em nome da consistência, o que dá uma dimensão do potencial de mutabilidade e adaptação do sistema normativo a novas circunstâncias.

A questão a colocar é se haveria um modelo intermediário, suscetível de fundamentação epistemológica, capaz de oferecer critérios seguros para a justificação das decisões a partir de normas, estabelecendo-se o que precisa e o que pode não ser feito para se cumprir o ordenamento. Outra questão que se volta sobre a primeira é se haveria necessidade de se construir esse modelo.

Nessa última questão, parece interessante explorar a ideia do Prof. Tercio do jogo entre *códigos fortes* e *códigos fracos*. Talvez seja vão o esforço em encontrar um modelo. A dogmática, em resposta à exigência de estabilidade na decisão dos conflitos, para manter a legitimação de seus dogmas e sua função de controle, deve ter suficiente flexibilidade para enfraquecer as imposições do ordenamento, mantendo-se como potência, ou enrijecê-las nos momentos convenientes para atualizações desse poder, ou pelo menos para a atualização da ameaça. Daí os códigos fracos, que se afinam com o relevo dado às justificações latentes das normas e os códigos fortes, que se alinham com a especificação e fidelidade da escolha feita pelo legislador, não admitirem um modelo definitivo de equilíbrio, mas viverem do desequilíbrio e da abertura, em um jogo constante. O desafio, então, é compreender esse jogo de linguagem. Esse desafio, dentro do campo de um discurso de regras técnicas, ficará para futuras investigações.

SEÇÃO 5

ALGUNS OPERADORES PARA O REFINAMENTO DE SISTEMAS NORMATIVOS[1]

RESUMO. O refinamento é uma operação de revisão de teorias na qual crenças (normas) novas ou antigas são restritas por uma condição específica, em vez de serem integralmente aceitas ou rejeitadas. Apresentamos construções, com base na contração e a revisão AGM por intersecção parcial, para operadores de refinamento interno, externo e global e mostramos que satisfazem os postulados AGM. Depois aplicamos esses operadores a um caso difícil e mostramos que o refinamento global apresenta vantagens para lidar com o problema das lacunas nos sistemas normativos.

1. INTRODUÇÃO

A identificação das condições relevantes para o cumprimento de normas jurídicas é um problema que, de acordo com H. L. A. Hart, está no cerne do raciocínio jurídico:

---

[1] MARANHÃO, J. «Some Operators for Refinement of Normative Systems» in Bart Verheij, Arno R. Lodder, Ronald P. Loui e Antoinette J. Muntjewerff (eds.), *Legal Knowledge and Information Systems*, Jurix, 2001: *The Fourteenth Annual Conference*. Amsterdam: IOS Press, 2001: 103-115. Tradução de Tomas Oceli revisada pelo autor.

> «(...) no caso das normas jurídicas, os critérios de relevância e de semelhança dependem de muitos fatores complexos que permeiam o sistema jurídico, bem como das finalidades ou objetivos que possam ser atribuídos à regra (...) caracterizá-los seria caracterizar tudo o que é específico ou peculiar ao raciocínio jurídico.»[2]

Uma forma de resolver esse problema seria definir como *relevantes* as condições que forem explicitamente mencionadas por uma regra no sistema normativo como condição para a aplicação de uma solução normativa (obrigação, proibição, permissão). Isso seria, de acordo com Alchourrón e Bulygin,[3] uma descrição da *tese da relevância* do sistema normativo. Mas em algumas situações jurídicas pode haver circunstâncias em que a solução normativa fornecida pelo sistema jurídico contraria os próprios objetivos (morais ou políticos) do regramento. Ou pelo menos podem existir circunstâncias nas quais a solução normativa oposta àquela indicada pelo ordenamento parece promover melhor esses mesmos objetivos. Evidentemente, essas circunstâncias são, de alguma forma, *relevantes*, embora não tenham sido previstas pelo legislador. De acordo com Alchourrón e Bulygin, pertenceriam a uma descrição da *hipótese da relevância* do sistema normativo, que sempre expressaria um julgamento de valor sobre sua adequação axiológica.[4] Se a condição que *deve* ser relevante, de acordo com a hipótese da relevância, não estiver presente na tese descritiva da relevância do sistema normativo, considera-se que existe uma *lacuna axiológica*. Assim, deve-se fazer uma distinção entre as lacunas axiológicas e as *lacunas normativas*, que estão presentes quando o legislador não fornece uma solução normativa para um caso relevante (de acordo com a tese da relevância).

Por exemplo, num regramento constituído pela única norma «é proibido fumar nesta sala», a tese da relevância descreve a condição «estar na sala» como sendo relevante. Mas pode-se argumentar que, tendo em vista a finalidade da regra, que pode ser «não incomodar outros presentes», fumar na sala deveria ser permitido se o fumante estiver próximo a uma janela aberta. Essa última condição encontra-se na hipótese da relevância e, como a solução proposta entra em conflito com a regra que proíbe fumar, a omissão do legislador em solucionar de modo diverso essa hipótese constitui uma lacuna axiológica.

Rodriguez[5] sustenta que a hipótese de relevância e as eventuais lacunas axiológicas não devem ser imediatamente identificadas com o discurso prescritivo (axiológico), visto que podem ser entendidas como portadoras de

---

2 Hart (1961: 127).

3 Alchourrón & Bulygin (1971: 154).

4 Alchourrón & Bulygin (1971: 156-157).

5 Rodriguez (2000).

informação sobre um segundo sistema normativo que é, de fato, uma reconstrução feita pelo intérprete do que se supõe seja a *mens legislatoris*. Essa narrativa descritiva é a expressão de um conhecido argumento contrafático dos juristas acerca de lacunas, segundo o qual «o legislador teria fornecido uma solução diferente se tivesse conhecido a circunstância imprevisível». Portanto, a nova solução criada para preencher a lacuna é dada como uma descrição, em nome do legislador (racional e justo) de um sistema normativo qualificado.

É evidente, portanto, que nessas reconstruções o intérprete, de forma velada, *altera* o sistema normativo original, fornecendo novas soluções normativas a serem adotadas em casos «imprevistos» e introduzindo, como consequência, novas condições para sustentar soluções normativas anteriores. Denominaremos *refinamento* esse processo dinâmico de mudança por meio da qualificação de normas (ou crenças). Assim, um passo importante para alcançar o *desideratum* de Hart, que é caracterizar o raciocínio sobre condições normativas relevantes, consiste em investigar a racionalidade do refinamento. No caso de uma lacuna axiológica, o intérprete deve resolver o conflito entre a solução original e aquela proposta permanecendo o mais fiel possível à vontade do legislador. Assim, é desejável que o sistema refinado resultante seja *consistente* e que a modificação do sistema original seja *mínima*. Como devemos, diante desse quadro, definir o refinamento de operações de modo a satisfazer essas exigências?

A lógica de revisão de crenças cuida da alteração mínima e consistente de crenças. Mas os modelos *standard* nessa área, tal como o modelo AGM,[6] e até as recentes abordagens não-prioritizadas, não são adequados para os fins aqui perseguidos, na medida em que, em tais modelos, as informações (normas) conflitantes, sejam novas ou antigas, são *absolutamente* rejeitadas e não restritas por uma condição, como ocorre no refinamento. No entanto, é possível desenvolver operadores de revisão a partir do modelo AGM. Em (MARANHÃO, 2001), sugeriu-se a utilização de um operador de alteração de crenças denominado *refinamento externo* para modelar processos nos quais uma condição é introduzida para restringir a nova informação (*input*), em caso de conflito com alguma das crenças originais. No presente trabalho, introduzimos novos operadores de refinamento. Na operação denominada *refinamento interno*, o agente, diante de nova informação conflitante, introduz uma condição numa das suas crenças originais. Na operação denominada *refinamento global*, tanto a crença original quanto a nova são restritas por condições correspondentes. Esses operadores são depois aplicados a um caso

---

[6] AGM (1995).

(difícil) antitruste, mostrando que o refinamento global apresenta vantagens para lidar com lacunas normativas em sistemas normativos refinados.

2. CONTRAÇÃO POR INTERSECÇÃO PARCIAL AGM E OPERADORES DE REVISÃO

No modelo AGM, as crenças de um agente são representadas por um conjunto de fórmulas K logicamente fechado em uma linguagem proposicional L. Isto é, dada uma relação de inferência $\vdash$ entre conjuntos de fórmulas e fórmulas em L, um operador de consequência de Tarski em conjuntos de fórmulas Cn é definido como $Cn(\Gamma)=\{\alpha \in L : \Gamma \vdash \alpha\}$. Presume-se que Cn satisfaz autodedutibilidade, monotonicidade e idempotência. Um conjunto $\Gamma \subseteq L$ é logicamente fechado se, e somente se, $\Gamma = Cn(\Gamma)$. Denominamos «teorias» os conjuntos logicamente fechados. A expansão da teoria K por α é representada por $K+\alpha = Cn(K \cup \{\alpha\})$.

O modelo AGM rege-se pelos seguintes postulados para a contração de teorias, que devem capturar as intuições subjacentes para o abandono racional de crenças (a contração de K por α denota-se por $K \div \alpha$):

K÷1) *ct-fecho*: $K \div \alpha$ é uma teoria

K÷2) *ct-sucesso*: se $\nvdash \alpha$, então $\alpha \notin K \div \alpha$

K÷3) *ct-inclusão*: $K \div \alpha \subseteq K$

K÷4) *ct-vacuidade*: se $\alpha \notin K$, então $K \div \alpha = K$

K÷5) *ct-recuperação*: $K \subseteq (K \div \alpha) + \alpha$

K÷6) *ct-extensionalidade*: se $\vdash \alpha \leftrightarrow \beta$, então $K \div \alpha = K \div \beta$

A aceitação de uma informação que contradiz uma crença anterior exige revisão (a revisão de K por α denota-se por $K * \alpha$):

K∗1) *r-fecho*: $K * \alpha$ é uma teoria

K∗2) *r-sucesso*: $\alpha \in K * \alpha$

K∗3) *r-inclusão*: $K * \alpha \subseteq K + \alpha$

K∗4) *r-vacuidade*: se $K \nvdash \alpha$, então $K + \alpha \subseteq K * \alpha$

K∗5) *r-consistência*: se $\nvdash \neg\alpha$, então $K * \alpha \neq L$

K∗6) *r-extensionalidade*: se $\vdash \alpha \leftrightarrow \beta$, então $K * \alpha = K * \beta$

Gärdenfors[7] sugeriu os postulados acima para a alteração de crenças, ao passo que Alchourrón e Makinson[8] forneceram definições explícitas de funções de contração para modelar esses processos.

---

7 GÄRDENFORS (1981).

8 ALCHOURRÓN & MAKINSON (1982).

Definição 1. *Seja* Γ *um conjunto de fórmulas e* α *uma fórmula. O conjunto dos remanescentes* $\Gamma\bot\alpha$ *de* Γ *é o conjunto de subconjuntos* Δ *de* Γ *tal que:*

(i) $\Delta\nvdash\alpha$

(ii) não há Δ' *tal que* $\Delta\subset\Delta'\subseteq\Gamma$ *e* $\Delta'\nvdash\alpha$

Como ferramenta para escolher elementos do conjunto dos remanescentes, AGM introduz a função de seleção *f*.

Definição 2. *Seja* Δ *um conjunto de fórmulas. Uma função de seleção para* Δ *é uma função f tal que, para todas as sentenças* α*:*

(a) Se $\Delta\bot\alpha\neq\emptyset$*, então* $f(\Delta\bot\alpha)$ *é um subconjunto não-vazio de* $\Delta\bot\alpha$.

(b) Se $\Delta\bot\alpha=\emptyset$*, então* $f(\Delta\bot\alpha)=\{\Delta\}$.

A *contração por intersecção parcial* de uma teoria *K* por α é então dada pela intersecção dos elementos escolhidos pela função de seleção, isto é $K\div_f\alpha=\bigcap f(\Delta\bot\alpha)$.

A revisão de um conjunto de crenças *K* por α é, portanto, a contração de *K* por $\neg\alpha$ composta com a sua expansão por α:$K*\alpha=(K\div\neg\alpha)+\alpha$. Isto é o que se denomina «*identidade Levi*».

Os postulados de Gärdenfors são caracterizações axiomáticas das construções de Alchourrón e Makinson. Ou seja, seja *K* uma teoria:

Teorema 1. *Um operador* $\div$ *em K é uma* contração por intersecção parcial *se, e somente se, satisfaz* $K\div 1$-6.

Teorema 2. *Um operador* $*$*em K é uma* revisão por intersecção parcial *se, e somente se, satisfaz* $K*1$-6.

3. A FUNÇÃO DE CONDICIONALIZAÇÃO

Como principal ferramenta para a construção do refinamento externo, interno e global introduzimos a função de condicionalização *c*. Intuitivamente, a função de condicionalização se encarrega de encontrar a condição adequada para determinada informação nova no processo de refinamento externo (interno). Como aqui não interessam as razões pelas quais os agentes escolhem essa ou aquela condição, qualquer fórmula pode ser escolhida.

Definição 3. *Uma função de condicionalização é uma função c no conjunto e dentro do conjunto de fórmulas L, tal que* $c(\alpha)=\beta\rightarrow\alpha$.

Proposição 3. *A função de condicionalização satisfaz* implicação*:* $\vdash\alpha\rightarrow c(\alpha)$.

As seguintes restrições na função de condicionalização serão úteis para a construção dos diversos operadores de refinamento:

Definição 4. *Uma função de condicionalização é não-tautológica se, e somente se, para qualquer fórmula* α, *se* $\nvdash\alpha$ *então* $\nvdash c(\alpha)$.

Definição 5. *Uma função de condicionalização é* maximal *se, e somente se, para qualquer* α, $\vdash c(\alpha)\leftrightarrow\alpha$.

Definição 6. *Uma função de condicionalização é* e-maximal *se, e somente se, para qualquer* α: *se* $K\nvdash\neg\alpha$ *então* $\vdash c(\alpha)\leftrightarrow\alpha$.

Definição 7. *Uma função de condicionalização é* i-maximal *se, e somente se, para qualquer* α: *se* $K\nvdash\alpha$ *então* $\vdash c(\alpha)\leftrightarrow\alpha$.

Definição 8. *Uma função de condicionalização é* extensional *se, e somente se, para qualquer* α: *se* $\vdash\alpha\leftrightarrow\beta$ *então* $\vdash c(\alpha)\leftrightarrow c(\beta)$.

Definição 9. *Uma função de condicionalização é* invariante negativa *se, e somente se, para qualquer* α *e qualquer* β: $c(\alpha)=\beta\rightarrow\alpha$ *se, e somente se,* $c(\neg\alpha)=\beta\rightarrow\neg\alpha$.

4. REFINAMENTO EXTERNO

O refinamento externo é a alteração de uma teoria obtida mediante a aceitação, sob determinada condição, de uma nova informação (norma) conflitante com alguma informação (norma) original. Aqui uma condição é estipulada para a informação (norma) que passa a integrar o conjunto de crenças.

O refinamento externo de uma teoria *K* por α, uma operação que será denotada por $K\Subset\alpha$, não é mais do que uma revisão por intersecção parcial de *K* por uma fórmula refinada $\beta\rightarrow\alpha$. Diante desse quadro, algumas condições básicas tornam-se plausíveis.

K⋐1) *e-fecho:* $K\Subset\alpha$ é uma teoria

K⋐2) *e-inclusão:* $K\Subset\alpha\subseteq K+\alpha$

K⋐3) *e-sucesso:* $\beta\rightarrow\alpha\in K\Subset\alpha$

K⋐4) *e-consistência:* se $\nvdash\neg\alpha$, então $K\Subset\alpha\neq L$

K⋐5) *e-vacuidade:* se $K\nvdash\neg\alpha$, então $K\Subset\alpha=K+\alpha$

K⋐6) *e-extensionalidade*: se $\vdash\alpha\leftrightarrow\beta$, então $K\Subset\alpha=K\Subset\beta$

No refinamento de *K* por α, o agente aceitará no conjunto de crenças *K* uma fórmula mais fraca do que α, sendo razoável esperar que a teoria resultante seja menor que a expansão de *K* por α. Sucesso, no sentido AGM, $\alpha\in K\Subset\alpha$, pode ser obtido, mas não necessariamente o será! De fato, a ideia fundamental do refinamento externo é evitar r-sucesso, sendo, portanto, muito mais cauteloso com a informação a ser aceita. Contudo, a nova informação condicionada sempre será aceita, de modo a obter um tipo de sucesso no qual a nova informação será aceita se a condição também estiver presente. Para vacuidade, se o agente se deparar com uma nova informação que não conflite com as crenças originais, o agente poderá aceitá-la integralmente, não tendo qualquer razão para realizar uma alteração. A operação independe da forma lógica da nova informação, de modo que a extensionalidade deve valer.

Adotando o mesmo mecanismo utilizado por Fermé e Hansson,[9] a construção do refinamento externo é imediata.

Definição 10. *Seja K uma teoria, ∗um operador de revisão por intersecção parcial e c uma função de condicionalização. O refinamento externo com base na função c e no operador ∗ é uma operação tal que, para qualquer* $\alpha, K \Subset \alpha = K * c(\alpha)$.

Teorema 4. *Seja⋐um operador de refinamento externo com base num operador ∗de revisão por intersecção parcial e numa função de condicionalização* e-maximal *e* extensional *c. Então, ⋐satisfaz K⋐1-6.*

Além das que acabamos de mencionar, a seguinte propriedade interessante é satisfeita por essa construção. Para uma teoria *K* e $c(\alpha) = \beta \rightarrow \alpha$:

vacuidade relativa: se $\neg\alpha \in K$ e $\beta \notin K$, então $K \Subset \alpha = K + (\beta \rightarrow \alpha)$.

Suponha que a nova informação contradiz nosso conjunto de crenças. Nesse caso, iremos refiná-lo de modo a evitar inconsistências. Agora suponha que a condição estipulada sob a qual a nova informação é aceita não seja o caso no estado original da nossa crença. Então, não haverá contradição se apenas acrescentarmos a nova informação refinada ao nosso conjunto de crenças. É esse o significado de vacuidade relativa.

O refinamento externo é uma generalização da revisão por intersecção parcial, uma vez que a revisão por intersecção parcial pode ser definida como um refinamento por meio de uma função de condicionalização maximal.

Definição 11. *Seja ⋐ um operador de refinamento externo, c uma função de condicionalização maximal e K uma teoria. Então, o operador ∗ de revisão por intersecção parcial de K por α é uma operação tal que para qualquer* α, $K * \alpha =_{df} K \Subset \alpha$.

É fácil perceber que o operador ∗ assim definido satisfaz os r-postulados *K*∗1-6. Como o leitor pode perceber, o refinamento externo é não-

[9] Fermé & Hansson (1999).

-prioritizado, isto é, que α ou $\neg\alpha$ pertencem a $K\Subset\alpha$ fica em aberto e depende da escolha feita no conjunto dos remanescentes.

5. REFINAMENTO INTERNO

O refinamento interno sugere um paralelo com o processo de contração, no qual uma crença é enfraquecida e outras são abandonadas. O exemplo a seguir mostra como funciona o refinamento interno e suas diferenças em relação ao modelo AGM.

Suponha que Cicrano acredita que a água evapora a 100°*C* (α). Um dia ele cozinha feijões na sua casa em La Paz e nota que a água se evaporou a uma temperatura inferior a 100°*C* ($\neg\alpha$). Como ele percebeu que as condições de pressão são relevantes, ou seja, não estar ao nível do mar ($\neg\beta$) é uma *condição refutadora* de α, seu engano foi acreditar que a água evaporaria a 100°*C qualquer que fosse a condição*, isto é, tanto em $\beta\rightarrow\alpha$ quanto em $\neg\beta\rightarrow\alpha$. Cicrano pode estar correto ao acreditar que «ao nível do mar a água evapora a *100°C*» ($\beta\rightarrow\alpha$). Nada em sua experiência de evaporação da água mostrou o contrário, porém ficou demonstrado que na presença da condição refutadora a água se evapora a uma temperatura inferior a 100°*C*. Portanto, o único engano foi acreditar que «se não se estiver ao nível do mar, a água se evapora a 100°*C*» ($\neg\beta\rightarrow\alpha$). Assim, seria uma interpretação incorreta do experimento realizar uma revisão AGM e acreditar em $\neg\alpha$ em qualquer circunstância, uma vez que a consequência então seria que «ao nível do mar a água se evapora a uma temperatura inferior a 100°*C*». Como não há fundamento para essa última afirmação, a atitude epistêmica mais racional parece ser uma contração por $\neg\beta\rightarrow\alpha$. Então esperamos que a crença absoluta de Cicrano em α seja abandonada e que o condicionante $\beta\rightarrow\alpha$ seja preservado.

No exemplo acima, sugere-se que utilizar uma contração por $\neg\beta\rightarrow\alpha$ numa teoria *K* que contém α preservará $\beta\rightarrow\alpha$. Essa sugestão justifica-se pelo seguinte lema:

Lema 5. *Seja $\div$ um operador de contração por intersecção parcial e K uma teoria. Se $\alpha\in K$, então $\beta\rightarrow\alpha\in K\div(\neg\beta\rightarrow\alpha)$.*

Utilizando a proposição acima, uma construção adequada para o refinamento interno por meio de uma contração por intersecção parcial e para a função de condicionalização é imediata:

Definição 12. *Seja K uma teoria, $\div$ um operador de contração por intersecção parcial e c uma função de condicionalização. O* refinamento interno *com base em c e $\div$ é uma operação tal que, para qualquer α, $K\Supset\alpha=K\div c(\alpha)$.*

Examinemos as propriedades satisfeitas pela construção proposta de refinamento interno.

Teorema 6. *Seja K uma teoria,* $\supseteq$ *um operador de refinamento interno em K e c uma função de condicionalização. Então* $\supseteq$ *satisfaz:*

K$\supseteq$*1)i-fecho:K*$\supseteq\alpha$ *é uma teoria*

K$\supseteq$*2)i-inclusão:K*$\supseteq\alpha\subseteq K$

K$\supseteq$*3)i-recuperação:*$K\subseteq(K\supseteq\alpha)+c(\alpha)$

Outras propriedades plausíveis são satisfeitas se introduzimos restrições na função de condicionalização.

Teorema 7. *Se a função de condicionalização c for:*

não-tautológica, *então* $\supseteq$ *satisfaz (K*$\supseteq$*4)* i-sucesso: *se* $\nvdash\alpha$, *então* $c(\alpha)\notin K\supseteq\alpha$

i-maximal, *então* $\supseteq$ *satisfaz (K*$\supseteq$*5)* i-vacuidade: *se* $\alpha\notin K$, *então* $K\subseteq K\supseteq\alpha$

extensional, *então* $\supseteq$ *satisfaz (K*$\supseteq$*6)* i-extensionalidade: *se*$\vdash\alpha\leftrightarrow\gamma$ *então* $K\supseteq\alpha=K\supseteq\gamma$.

De agora em diante, consideraremos ao *refinamento interno* a operação com base na função de condicionalização *c* não-tautológica, i-maximal e extensional. Temos que:

Teorema 8. *Todo operador de refinamento interno é um operador de contração por intersecção parcial, mas a recíproca não é verdadeira.*

Corolário 9. *Seja* $\supseteq$ *um operador de refinamento interno e c uma função de condicionalização arbitrária tal que* $c(\alpha)=\neg\beta\rightarrow\alpha$. *Então,* $\supseteq$ *satisfaz* i-preservação*: se* $\alpha\in K$, *então* $\beta\rightarrow\alpha\in K\supseteq\alpha$.

A adequação dessa construção é dada pela satisfação dos postulados de Gärdenfors para contração junto com a satisfação de i-sucesso e i-preservação, o que captura a ideia da rejeição da crença anterior quando a condição refutadora estiver presente e da sua aceitação quando estiver ausente.

6. REFINAMENTO GLOBAL

O *refinamento global* é uma combinação do refinamento interno e do refinamento externo, na qual o agente tanto refina uma crença original quanto aceita que, sob a condição refutadora, o contrário será verdadeiro.

Suponha que Beltrano esteja na sala de um hospital e que acredite, devido a uma placa fixada na porta de entrada com os dizeres *«é proibido fumar»*, que é proibido fumar no local ($\neg\alpha$). Uma pessoa sentada próxima a uma janela aberta começa a fumar. Chama a enfermeira, a qual, surpreendentemente, lhe diz que é permitido fumar naquele local (α). Ao invés de Beltrano acreditar que ela estaria brincando (rejeitando α) ou que a placa estaria ultrapassada (rejeitando $\neg\alpha$), ele leva ambas a sério e reinterpreta a regra considerando o fato de que o fumante está próximo a uma janela aberta (β) como uma condição excepcional. Assim, ele passa a acreditar que fumar é permitido desde que se esteja próximo a uma janela aberta ($\beta\rightarrow\alpha$), caso contrário, fumar é proibido ($\neg\beta\rightarrow\neg\alpha$).

Diante desse quadro, sugerimos as seguintes regras para o refinamento global das nossas crenças em relação a uma nova informação α, onde β é a condição de aceitação de α e de refutação de $\neg\alpha$.

K⊚1) *g-fecho*: $K⊚\alpha$ é uma teoria

K⊚2) *g-inclusão*: $K⊚\alpha\subseteq K+\alpha$

K⊚3) *g-consistência*: se $\nvdash\neg\alpha$, então $K⊚\alpha\neq L$

K⊚4) *g-sucesso*: $\beta\rightarrow\alpha\in K⊚\alpha$

K⊚5) *g-vacuidade*: se $K\nvdash\neg\alpha$, então $K+\alpha\subseteq K⊚\alpha$

K⊚6) *g-extensionalidade*: se $\vdash\alpha\leftrightarrow\beta$, então $K⊚\alpha=K⊚\beta$

K⊚7) *g-preservação*: $\neg\alpha\in K$, então $\neg\beta\rightarrow\neg\alpha\in K⊚\alpha$

Essas regras capturam as intuições subjacentes à nossa discussão acerca do refinamento: o resultado do refinamento global deve ser uma teoria consistente (g-fecho e g-consistência). Caso seja refinada globalmente por uma crença, então essa crença será aceita na presença de certa condição, enquanto sua negação será aceita na presença da condição oposta, desde que a crença seja originalmente incondicionada (g-sucesso e g-preservação). Como para a introdução de uma informação enfraquecida algumas crenças devem ser abandonadas, a teoria refinada é sempre um subconjunto da expansão da teoria original pela informação completa (g-inclusão). Se a nova informação não conflitar com quaisquer crenças originais, então não haverá qualquer problema em aceitá-la (g-vacuidade). O refinamento por informação equivalente deve resultar na mesma teoria globalmente refinada (g-extensionalidade).

A construção do operador de refinamento global é baseada no refinamento interno e na função de condicionalização:

Definição 13. *Seja K uma teoria,* $\Supset$ *um operador de refinamento interno e c uma função de condicionalização. Então a operação de refinamento global de K por* α *é tal que, para qualquer* α, $K⊚\alpha=(K\Supset\neg\alpha)+c(\alpha)$.

Teorema 10. *Seja* ⊚ *um operador de refinamento global de uma teoria K,* α *qualquer fórmula e c uma função de condicionalização arbitrária tal que* $c(\alpha)=\beta\rightarrow\alpha$. *Então* ⊚ *satisfaz K⊚1-4. Se c for extensional e e-maximal, então* ⊚ *satisfaz K⊚5-6. Se c for também invariante negativo, então* ⊚ *satisfaz K⊚7.*

7. UM CASO DIFÍCIL

Examinemos a aplicação dos operadores de refinamento a um caso difícil de antitruste. A Seção 2 do *Sherman Act* proíbe qualquer ato que constitua uma «tentativa de monopolização». Um estatuto posterior, o *Clayton Act*, proíbe, na Seção 7, qualquer aquisição de empresa que possa «reduzir substancialmente a concorrência» ou «tender a criar um monopólio». A finalidade ou propósito dessa norma é proteger a concorrência no mercado, o que, por sua vez, promove propósitos ulteriores, como a eficiência produtiva do mercado e o bem-estar dos consumidores. A tabela abaixo resume a regulação antitruste sobre fusões e aquisições contida no *Sherman Act* e no *Clayton Act*:

Sherman Act (1)/Clayton Act (7)

Casos Relevantes	Soluções Normativas
1. Tende a criar monopólio	Proibida a aquisição
2. Não tende a criar monopólio	Permitida a aquisição

Suponha que determinado mercado com apenas dois agentes que pretendem se fundir e que a empresa a ser adquirida esteja em processo de falência (seria forçada a abandonar o mercado caso não fosse adquirida). Essa aquisição pode ou não pode ser levada a cabo de acordo com a Seção 7 do *Clayton Act*?

Seguindo uma interpretação literal dos estatutos temos, derivando suas consequências lógicas, as seguintes soluções em relação a empresas em processo de falência:

Interpretação literal do ordenamento

Casos Relevantes	Solução Normativa
1. Tendência de monopólio e falência	Proibida a aquisição
2. Tendência de monopólio e não falência	Proibida a aquisição
3. Não tendência de monopólio e falência	Permitida a aquisição
4. Não tendência de monopólio e não falência	Permitida a aquisição

A tabela mostra que se a aquisição tende a criar monopólio, então é proibida e não importa se a empresa adquirida está em falência ou não. No entanto, a teoria econômica mostra que se a empresa está falindo, sua aquisição não prejudica a concorrência; pelo contrário, beneficia a eficiência produtiva do mercado, mantendo ativos produtivos que, caso contrário, seriam perdidos. Então, o intérprete enfrenta um conflito entre a ação que é necessária para satisfazer o estatuto (omitir a aquisição) e a ação que parece atender às finalidades da legislação antitruste (adquirir a empresa falida).

Uma nova solução que permitisse essa aquisição introduziria uma inconsistência no sistema antitruste.

Esse problema, que evidencia um conflito entre a lei e a política antitruste, de fato foi solucionado pelo judiciário norte-americano. A decisão inovadora foi consignada no caso *International Shoe Co.versusFTC (280 U.S. 291, 302-303 (1930))*, quando a Suprema Corte norte-americana sustentou que a aquisição de uma empresa em processo de falência não viola a Seção 7 do *Clayton Act*, o que significa que «se a empresa adquirida estiver em processo de falência, uma aquisição que tenda a criar um monopólio é permitida». Essa interpretação motivou as emendas *Celler-Kefauver*, de 1950, que tornaram explícita a qualificação das condições de aprovação do monopólio no texto legal. Posteriormente, seguindo a interpretação da Suprema Corte no caso *Citizen Publishing Co. versus United States (394 U.S., 131, 138-139 (1969))*, novas propriedades ou condições relevantes foram adicionadas pela jurisprudência, tais como «a capacidade de reorganização bem-sucedida da empresa em processo de falência» e «a existência de um comprador alternativo viável que apresente menor risco anti-competitivo», que hoje são exceções à solução fornecida pela doutrina da empresa falida. Essas alterações posteriores foram reconhecidas pelas *Merger Guidelines* de 1992 para a aplicação da legislação antitruste.

Os juristas que lidam com a legislação antitruste devem interpretar decisões dessa natureza e apresentar teorias sobre as soluções adequadas fornecidas pelo sistema normativo reconstruído em relação a aquisições em todos os casos relevantes (inclusive a hipótese das empresas em processo de falência). Essa análise abrangente constituirá a base teórica para decisões judiciais posteriores e para as emendas ao texto legal original. Assim, para modelar essas reconstruções, devemos analisar os sistemas resultantes do refinamento externo, interno e global.

Como primeira aproximação à aplicação dos operadores de refinamento ao direito, será empregado o sistema standard de lógica deôntica SDL, deixando de lado os problemas relativos à representação de condicionais ou ações na lógica deôntica. Representaremos a sentença «tende a criar monopólio» pela letra proposicional p, a ação de «aquisição» pela letra m e a hipótese da empresa «em processo de falência» por f. O operador modal O representa obrigação (Op significa que p é obrigatório, $O\neg p$ que p é proibido e $\neg O\neg p$ que p é permitido). A letra maiúscula S representará o conjunto de normas (fórmulas) contidas na interpretação literal do *Sherman Act* e do *Clayton Act*. Assume-se que as teorias sobre o estatuto sejam logicamente fechadas por $S = Cn(S)$. A norma que será desafiada pelo refinamento é aquela de acordo com a qual «se a aquisição tende a criar monopólio, então é proibida», ou seja, $p\rightarrow O\neg m\in S$.

Se for aplicado o refinamento externo, tomando f como a condição refutadora, obtemos tanto que $(p \rightarrow O\neg m) \notin S \Subset \neg(p \rightarrow O\neg m)$ como que $(f \rightarrow \neg(p \rightarrow O\neg m)) \in S \Subset \neg(p \rightarrow O\neg m)$. De e-fecho segue que $(f \rightarrow (p \wedge O\neg m)) \in S \Subset \neg(p \rightarrow O\neg m)$ e, portanto, deriva-se tanto $((f \wedge p) \rightarrow \neg O\neg m) \in S \Subset \neg(p \rightarrow O\neg m)$ como $((f \wedge \neg p) \rightarrow \neg O\neg m) \in S \Subset \neg(p \rightarrow O\neg m)$. Não há indicação sobre uma solução normativa se $\neg f \wedge p$ for o caso. Como a proposição $\neg p \rightarrow \neg O\neg m$ não conflita com a nova informação e não foi desafiada pela nova solução, segue que $(\neg p \rightarrow \neg O\neg m) \in S \Subset \neg(p \rightarrow O\neg m)$.[10]

Portanto, temos tanto $((f \wedge \neg p) \rightarrow \neg O\neg m) \in S \Subset \neg(p \rightarrow O\neg m)$ quanto $((\neg f \wedge \neg p) \rightarrow \neg O\neg m) \in S \Subset \neg(p \rightarrow O\neg m)$. A tabela abaixo resume a regulação reconstruída:

Reconstrução A: refinamento externo

Casos Relevantes	Solução Normativa
1. Falência e tendência de monopólio	Permitida a aquisição
2. Não falência e tendência de monopólio	(lacuna)
3. Falência e não tendência de monopólio	Permitida a aquisição
4. Não falência e não tendência de monopólio	Permitida a aquisição

Empregando agora o refinamento interno, obtém-se uma espécie de derrogação refinada, na qual ao invés de excluir a norma interpretada $p \rightarrow O\neg m$, apenas uma das suas consequências, qual seja a sentença axiologicamente inadequada $f \rightarrow (p \rightarrow O\neg m)$ é eliminada. Por i-sucesso temos que $f \rightarrow (p \rightarrow O\neg m) \notin S \Supset (p \rightarrow O\neg m)$ e por w-preservação segue que $\neg f \rightarrow (p \rightarrow O\neg m) \in S \Supset (p \rightarrow O\neg m)$. A seguinte reconstrução do sistema normativo será verdadeira como resultado da aplicação do refinamento interno:

Reconstrução B: refinamento interno

Casos Relevantes	Solução Normativa
1. Falência e tendência de monopólio	(lacuna)
2. Não falência e tendência de monopólio	Proibida a aquisição
3. Falência e não tendência de monopólio	Permitida a aquisição
4. Não falência e não tendência de monopólio	Permitida a aquisição

---

10 Essa derivação segue da propriedade de limite superior (*upper bound property*) da revisão AGM em que se baseia o refinamento externo. De acordo com essa propriedade, se uma fórmula α não contradiz por si a nova informação (β), então existe pelo menos um subconjunto maximal Γ da teoria revisada tal que $\alpha \in \Gamma$ e $\Gamma \nvdash \beta$. Portanto, é muito simples manter α no conjunto refinado, bastando assinalar preferência àqueles conjuntos do remanescente que contêm α.

Na sua abordagem posterior da lógica deôntica (plenamente desenvolvida pela primeira vez em (Von Wright, 1983a)), Von Wright sustenta que a executabilidade (possibilidade lógica de satisfazer as normas) é o principal padrão de racionalidade utilizado para avaliar a racionalidade da atividade legiferante, o que também se aplica à reconstrução interpretativa de normas legais. Como as reconstruções da legislação antitruste obtidas por meio do refinamento externo e interno fornecem sistemas normativos consistentes e uma emenda baseada em qualquer um deles geraria normas legais isentas de contradições, os sistemas refinados resultantes são racionais.

No entanto, os sistemas antitruste refinados externa ou internamente contêm lacunas normativas e juristas, juízes e advogados não hesitariam em considerar defeituosa a regulação resultante. Por essa razão, defendeu-se o argumento em (Maranhão, 2002, Seção 2 deste volume) de que os padrões de racionalidade de Von Wright devem ser aperfeiçoados por meio de um padrão de completude, que consideraria irracional qualquer ato legiferante ou reconstrução interpretativa que resultasse num sistema com pelo menos uma lacuna. De acordo com o padrão proposto, o legislador, ou o intérprete, deve definir o status deôntico da ação em todos os 2^n casos possíveis gerados pelas n condições consideradas relevantes. Agora, utilizando tanto a executabilidade quanto a completude como padrões de racionalidade, as reconstruções propostas por meio do refinamento externo e interno seriam irracionais.

Examinemos então a aplicação do operador de refinamento global. Por g-preservação e g-sucesso tem-se tanto que $\neg f \rightarrow (p \rightarrow O\neg m) \in S \circledcirc (p \rightarrow O\neg m)$ quanto $f \rightarrow \neg(p \rightarrow O\neg m) \in S \circledcirc \neg(p \rightarrow O\neg m)$. Portanto, por g-fecho, segue que $((\neg f \wedge p) \rightarrow O\neg m) \in S \circledcirc (p \rightarrow O\neg m)$ e também $((f \wedge p) \rightarrow \neg O\neg m) \in S \circledcirc \neg(p \rightarrow O\neg m)$. A tabela a seguir ilustra o resultado:

Reconstrução C: refinamento global

Casos Relevantes	Solução Normativa
1. Falência e tendência de monopólio	Permitida a aquisição
2. Não falência e tendência de monopólio	Proibida a aquisição
3. Falência e não tendência de monopólio	Permitida a aquisição
4. Não falência e não tendência de monopólio	Permitida a aquisição

Assim, como o refinamento global preserva a completude, apresenta nítidas vantagens sobre o refinamento interno e externo como modelo para a reconstrução de sistemas normativos realizada pela dogmática jurídica com o objetivo de justificar soluções normativas excepcionais.

Ulrich Klug já arguiu,[11] que seria razoável admitir, embora sua validade tenha sido contestada, a inferência *a contrario sensu* quando a condição para a solução normativa tiver o sentido forte de uma exceção. Dessa forma, se uma nova propriedade é considerada relevante, então a sua presença deve produzir um resultado distinto do que se verificaria caso a mesma condição estivesse ausente. Note-se que na Reconstrução A, preencher a lacuna no caso 2, repetindo a solução normativa para o caso 1, implicaria a irrelevância da condição de firma em processo de falência e mesmo a irrelevância da presença ou ausência da tendência de monopólio. Fusões e aquisições seriam permitidas em qualquer circunstância. Na Reconstrução B, por sua vez, a repetição no caso 1 da solução para o caso 2 resultaria numa modificação redundante, no sentido de que a teoria resultante seria idêntica a uma interpretação literal da norma legal. A reconstrução realizada por meio do refinamento global legitima o raciocínio *a contrario*, visto que se a aquisição aumenta a tendência à criação de um monopólio, então a exigência de que a empresa a ser adquirida esteja em processo de falência é condição suficiente e necessária para a sua aprovação. Pode-se argumentar que essas condições raras vezes são adequadas, na medida em que novas condições imprevistas podem surgir. Mas essa reconstrução pode servir como uma regulação provisória e ser suficientemente adequada para lidar com as questões jurídicas até ser desafiada por outra condição refutadora. A teoria globalmente refinada poderá, então, ser objeto de refinamentos posteriores do mesmo tipo.

---

[11] KLUG (1966: 128).

SEÇÃO 6

REFINAMENTO DE CRENÇAS[1]

Resumo: O presente artigo propõe um operador de modificação de teorias que enfraquece as informações conflitantes em vez de rejeitá-las, como ocorre na abordagem AGM. Essa forma de gestão de crenças denomina-se «refinamento». Busca-se demonstrar que sua modalidade básica, o refinamento interno, mesmo aparentando ser um processo epistêmico diferente, é um caso particular de contração AGM se a base de conhecimento for logicamente fechada. Aponta-se que esse resultado tem fortes vínculos com o polêmico postulado de recuperação (*recovery*) presente no modelo AGM original e que produz algumas consequências contraintuitivas. O operador de refinamento sobre bases (conjuntos de sentenças não necessariamente fechados) pode superar essas dificuldades.

1. INTRODUÇÃO

Um agente que acredita que *p* é verdadeiro pode reagir de várias formas razoáveis ao enfrentar uma situação específica em que *p* não se confirma. Ele pode manter as duas crenças, pelo menos até que delibere sobre a veracidade

---

[1] Maranhão, J. «Refining beliefs». J.-Y. Béziau, A. Costa-Leite (eds.), Perspectives on Universal Logic, 2007: 335-349. Polimetrica International Scientific Publisher Monza/Italy. Tradução de Tomas Oceli, revisada pelo autor.

de *p* quando essa crença for relevante para um problema teórico ou prático. Essa reação poderia ser sustentada por uma representação que utilize uma lógica paraconsistente subjacente à teoria. Ele pode corrigir sua crença em *p* substituindo-a por *não p*, o que pode ser representado por modelos de revisão de crenças. Ela também pode manter a crença de que *p* é geralmente verdadeira, mas pode ser capaz de chegar a conclusões diferentes em circunstâncias específicas e excepcionais, o que pode ser representado por lógicas não monotônicas. Outra forma de lidar com observações contraditórias é enfraquecer a crença original. Nesse último caso, é comum que o agente limite sua crença original por meio de uma condição relevante, atribuindo sua inoperância num caso específico à ausência de dita condição. O exemplo a seguir ilustra esse tipo de reação:

Exemplo: Acredito que a água entra em ebulição a 100ºC. Após uma frustrante experiência em La Paz, muito acima do nível do mar, verifico que a água se transformou em vapor a uma temperatura inferior. Aproveito meu conhecimento de que a ebulição está relacionada ao grau de coesão das moléculas de água e que as condições de pressão podem afetá-la. Concluo que a minha posição em relação ao nível do mar é um fato relevante no que diz respeito à minha crença original e a qualifico, em vez de simplesmente excluí-la. Para evitar inconsistências, relaciono a crença original à ocorrência de uma condição confirmadora relevante, tal como «a água se evapora a 100ºC, desde que esteja ao nível do mar». Essa crença qualificada pode ser complementada por uma nova, segundo a qual, diante da condição refutadora, a crença original não se sustenta ou a crença oposta se sustenta, como «*acima do nível do mar a água não se evapora a 100ºC*».

Essas versões condicionais da crença nova e da crença original não são conflitantes, já que se aplicam a condições diferentes e mutuamente excludentes. Chamaremos esse tipo de gestão epistêmica de «*refinamento*».

O refinamento assemelha-se ao raciocínio derrotável, embora nesse processo não seja necessário alterar a lógica subjacente (para uma lógica não-monotônica), modificando-se, em vez disso, o conjunto original de crenças de modo a incluir uma explicação condicional, tanto para os casos regulares quanto para os excepcionais. De fato, é esse o motivo pelo qual Alchourrón opunha-se à lógica não-monotônica. Ele acreditava que essa lógica ocultava o processo epistêmico efetivo em que o agente simplesmente muda suas premissas.[2] Mas deve-se notar que essa mudança baseia-se na escolha de uma condição relevante hipotética (o agente escolheu as condições de pressão, mas poderia ter explicado a falha na ebulição em função de

---

[2] Alchourrón (1995) e Maranhão (2006), Seção 7 deste livro.

algum outro fator), que explica melhor a surpreendente observação, o que também aproxima o refinamento do raciocínio abdutivo.

Na medida em que há uma mudança no conjunto de crenças do agente, a representação do refinamento deve testar a tese de comensurabilidade de Levi, segundo a qual qualquer transição razoável entre dois estados epistêmicos pode ser alcançado por meio de uma sequência de contrações e expansões.[3]

Além da comensurabilidade, três princípios certamente orientarão nosso modelo. Em primeiro lugar, se um agente acredita que a é verdadeiro e, em seguida, se convence de que, numa situação em particular ou para um assunto em particular, a é falso, então partimos do princípio que não é uma reação razoável manter uma crença irrestrita em a. Ou seja, se o seu conjunto de crenças é A então o conjunto refinado A resultante em relação a a (notação: R(A, a)) não deve derivar a, que denominamos *princípio da contração*:

(C) $a \notin Cn(R(A, a))$, onde Cn é o operador de consequência tarskiano

Em segundo lugar, após o refinamento das nossas crenças, é razoável continuar acreditando em a na presença da condição c confirmadora, ou seja, a condição confirmadora justifica a nossa crença em a. Assim, podemos aceitar o seguinte *princípio da preservação condicionada* (CP) para o refinamento:

(CP) $a \in Cn(R(A,a))+c$

Note-se que o princípio CP aproxima-se da formulação do teste de Ramsey para condicionais. Segundo Ramsey, «*se duas pessoas estiverem discutindo 'se p será q?', e ambos estiverem em dúvida quanto a p, hipoteticamente estão adicionando p ao seu estoque de conhecimento e argumentando com base nisso sobre q*».[4]

Uma interpretação do teste de Ramsey em termos de revisão de crenças define a condição como $c \supset a$ se e somente se $a \in K^*c$ (onde $\supset$ é um condicional qualquer e * é o operador de revisão sobre K e c). Se o refinamento satisfizer CP, então ele satisfaz o teste de Ramsey no sentido de que a condição confirmadora c explicaria a crença a na teoria refinada. Aqui, no entanto, a hipótese c é adicionada a uma versão refinada do estoque de conhecimento e incluída por meio de uma simples operação de expansão. Consequentemente, vemos como a teoria poderia ficar se respondêssemos «sim» à pergunta «se p será q?». Isso é uma mudança de foco do condicional contrafático para o conjunto de conhecimentos em si. Em vez de perguntar «*se p fosse o caso, então seria*

[3] LEVI (1991: 65).
[4] HANSSON (1995).

q?» perguntamos «*se q fosse o caso dado p, como ficaria o nosso conjunto de crenças para manter a consistência?*».

Finalmente, voltando ao exemplo da evaporação da água, observamos que quando se levanta a hipótese de que a experiência falhou devido às condições de pressão, então se assume (pelo menos para lidar com essa situação) que estar ao nível do mar é condição suficiente para que a água evapore a 100ºC. Em tal caso, não estar ao nível do mar (a condição refutadora) não poderia produzir a ebulição a essa mesma temperatura, caso contrário essa condição seria irrelevante. De fato, se eu tiver adotado a hipótese correta, então a minha experiência em La Paz simplesmente mostrou que apenas estava errada a crença condicional: «se não estou ao nível do mar a água entra em ebulição a 100ºC». Portanto, pode-se aceitar o princípio de que, sob a condição refutadora *r* a crença original não deve ser válida, o que denominamos *corte pela raiz* (*root-cutting*):

(RC) $\sim c \supset a \notin Cn(R(A,a))$

Se a condição refutadora for tomada como a negação da condição confirmadora, a lógica for clássica e os conjuntos de crenças forem logicamente fechados, então se C for satisfeito, segue que CP é válido se e somente valer RC. O fato de CP implicar RC, dado C, é óbvio e corresponde às nossas intuições. A implicação mostra que uma condição é relevante apenas se a sua negação não resultar na mesma consequência (a condição escolhida tem que fazer alguma diferença em relação à sentença sujeita à contração). No entanto, se o operador de refinamento se basear numa contração do tipo AGM,[5] cuja construção é baseada em conjuntos maximais, se a lógica for clássica e se o domínio for o das teorias (conjuntos logicamente fechados), então dado C, RC implica CP, o que não é imediatamente óbvio e certamente não é muito intuitivo. Não se afirmaria espontaneamente que manter a crença original sob a condição confirmadora é o mesmo que abandonar a crença original com base na condição de refutação.

A identificação entre RC e CP é válida se: a) o operador de refinamento for aplicado em teorias; b) o condicional $\supset$ da lógica subjacente *Cn* satisfizer a propriedade de decomposibilidade. Entendo por decomposibilidade a propriedade segundo a qual para quaisquer sentenças *a* e *b* e qualquer conjunto *A*: b1) $b \supset a \in Cn(a)$; e b2) se $b \supset a \in Cn(A)$ e $\neg b \supset a \in Cn(A)$ então $a \in Cn(A)$.

Neste texto, apresento, brevemente, a contração de crenças com base numa perspectiva um pouco mais geral, dado que não definimos os operadores de revisão em conjuntos fixos, como na maioria das abordagens sobre

[5] AGM (1995).

revisão de crenças. Depois mostrarei como construir os operadores de refinamento para teorias e apresentarei teoremas de representação. Finalmente, indicarei duas construções de um operador generalizado de refinamento para bases.

2. CONTRAÇÃO DE CRENÇAS

Comecemos com algumas convenções. Seja *FOR* o conjunto de fórmulas de uma linguagem proposicional, incluindo pelo menos negação ($\neg$) e implicação ($\rightarrow$). Os conjuntos de sentenças são designados por letras maiúsculas e as sentenças por letras minúsculas. O operador de consequência tarskiano *Cn* é amplamente utilizado e o operador de consequência da lógica clássica é designado por *Cl*. Utilizamos a forma simplificada *Cn(a)* para a notação do operador de consequência sobre conjuntos unitários *Cn*((*a*)). Utilizamos também $a \equiv_A b$ para significar que *a* e *b* são uniformes em relação a *A*, ou seja, para todo $A' \subseteq A$ que $a \in Cn(A')$ se, e somente se, tem-se $b \in Cn\ (A')$. A operação denominada *expansão*, ou seja, $Cn(A \cup \{a\})$, abrevia-se por $A+a$.

Nas apresentações padrão de modelos revisão de crenças, a função de contração é definida para um conjunto fixo de fórmulas *A*, tendo fórmulas como argumentos. Algumas cláusulas e restrições são assim introduzidas na construção e nos postulados de contração, a fim de tratar os casos limite de uma contração de *A* por *a*, nos quais $a \notin Cn(A)$ ou $a \in Cn(\emptyset)$. Essas restrições permitem que o conjunto sujeito à contração permaneça inalterado nestes casos.

Afastando-nos das apresentações tradicionais, excluiremos os supramencionados casos limite, ou seja, presume-se que apenas as sentenças não tautológicas que estão *dentro* do conjunto original são contraídas, para que possamos concentrar nossos esforços nas situações mais interessantes, onde alguma mudança deve ocorrer. Outra diferença em relação à abordagem tradicional é que definimos todas as funções relevantes (as de contração, conjunto de remanescentes e seleção) sobre pares contendo um conjunto e uma sentença. Isso nos permitirá comparar operações sobre conjuntos distintos. Também nos permite construir versões mais fracas ou mais gerais dos operadores.

O leitor familiarizado com a revisão de crenças terá a impressão de que às vezes falta algo, e às vezes sobra, nos resultados apresentados na seguinte subseção, mas essas são apenas as consequências das generalizações e restrições acima mencionadas sobre o domínio das funções.

Especifiquemos os domínios da função que versa sobre conjuntos interessantes. O domínio interessante para contração é definido como sendo $INSET=\{(A,a) \in 2^{FOR} x FOR{:}\ a \in Cn(A) \text{ e } a \notin Cn(\emptyset)\}$. Se tivermos interesse em trabalhar com teorias, podemos definir $INTHEO=\{(A,a)\in INSET{:}A=Cn(A)\}$. Agora estamos em condições de definir uma versão restrita do conceito central nas construções do tipo AGM, a *função de conjuntos remanescentes*.

Definição 1. Uma *função de conjuntos remanescentes* é uma função $\perp{:}INSET\rightarrow 2^{2FOR}$ tal que $X\in\perp(A,a)=A\perp a$ se, e somente se:

(i) $X\subset A$

(ii) $a\notin Cn(X)$

(iii) se $b\in A$ e $b\notin X$ então $a\in Cn(X\cup\{b\})$

A definição acima estabelece o conjunto de candidatos para a contração, denominados *remanescentes*. O conjunto contraído resultante define-se como a intersecção de uma seleção dos candidatos preferidos.

Definição 2. Uma *seleção* é uma função $s{:}INSET\rightarrow 2^{2FOR}$ tal que $s(A, a)$ é um subconjunto não vazio de $A\perp a$.

Definição 3. Um *operador de contração baseado numa seleção s* é uma função $\ominus_s{:}INSET\rightarrow 2^{FOR}$ tal que $\ominus_s(A,a)=A\ominus_s a=\cap s(A\perp a)$.

Definição 4. Um operador de contração de teorias $\div_s$ é um operador de contração em *INTHEO*.

Na abordagem habitual, a função de seleção opera sobre o conjunto de remanescentes de um conjunto *A* em relação a uma fórmula *a*, resultando num subconjunto dele quando o mesmo não estiver vazio, e *A* quando estiver vazio. A primeira diferença a ser observada aqui é que, dado o domínio *INSET* não há um conjunto vazio de remanescentes, embora possa conter somente o conjunto vazio, a saber, para $\{a\}\perp a$. Uma segunda consideração é que, geralmente, a seleção é definida sobre o conjunto de remanescentes, que, por sua vez, baseia-se num conjunto fixo *A*. Portanto, se sentenças *a* e *b* forem tais que $A\perp a=A\perp b$, então *s* irá selecionar o mesmo conjunto, o que é razoável na medida em que esperamos que essas fórmulas tenham alguma conexão lógica em relação ao conjunto *A* (por exemplo, isso acontecerá quando *a* for logicamente equivalente a *b*). Portanto, a sintaxe da sentença a ser contraída é irrelevante para o resultado de uma contração do conjunto *A*. No entanto, esse não será o caso se os conjuntos $A\neq B$ forem tais que $A\perp a=B\perp a$, uma vez que conjuntos diferentes têm funções de contração diferentes baseadas em seleções diferentes, que não são necessariamente uniformes.

Na presente construção generalizada, levando em consideração que a função é definida sobre um conjunto de pares *(A,a)*, as escolhas dentre os remanescentes poderão ser diferentes sempre que o par for alterado, independentemente da imagem das suas funções remanescentes, o que significa que não somente a sintaxe do conjunto, como também a da fórmula a ser contraída, é relevante para o resultado da contração. Por isso a uniformidade da seleção tem que ser imposta:

Definição 5. *Seja s uma função de seleção, então:*

(i) s é *uniforme na cabeça* se e somente se, para todo $(A,a),(A,b)\in INSET$, se $A\perp a=A\perp b$ então $s(A,a)=s(A,b)$;

(ii) s é *uniforme no corpo* se e somente se, para todo $(A,a),(B,a)\in INSET$, se $A\perp a=B\perp a$ então $s(A,a)=s(B,a)$;

(iii) s é *uniforme*, se e somente se, para todo (A,a), $(B,b)\in INSET$ se $A\perp a=B\perp b$ então $s(A,a)=s(B,b)$;

A contração de um conjunto *A* por uma sentença *a* também pode ser especificada por meio da definição de uma função limitada por alguns postulados.

Definição 6. Uma função de contração *é uma função* $\ominus:INSET\rightarrow 2^{FOR}$ *tal que* $\ominus(A,a)=A\ominus a\subset FOR$ satisfazendo os seguintes postulados:

$\ominus$-*sucesso:* $a\notin Cn(A\ominus a)$

$\ominus$-*inclusão:* $A\ominus a\subset A$

$\ominus$-*relevância: se* $b\in A$ *e* $b\notin A\ominus a$ *então existe* A', $A\ominus a\subset A'\subset A$, tal que $a\notin Cn(A')$ mas $a\in Cn(A'\cup\{b\})$

É fácil perceber que os postulados acima refletem as propriedades dos remanescentes. A *relevância* reflete o princípio da minimalidade (ou alteração minimal), no sentido de que as sentenças que foram excluídas devem desempenhar algum papel na derivação da sentença contraída. Pode-se supor que esses postulados caracterizam a construção com base em conjuntos remanescentes, o que é confirmado pelos seguintes teoremas.

Teorema 1. *Todo operador de contração baseado em s é uma função de contração.*

Teorema 2. *Seja* $\ominus$ *uma função de contração. Então, existe uma seleção s tal que* $\ominus=\ominus_s$.

O operador assim definido não é uniforme, no sentido de que o mesmo conjunto de remanescentes pode gerar diferentes contrações. Para obter uniformidade na construção, exige-se a uniformidade na cabeça de *s*, o que corresponde ao seguinte postulado de uniformidade na caracterização axiomática.

Teorema 3. *Um operador de contração* $\ominus$ *satisfaz uniformidade se, e somente se, for baseado numa função de seleção uniforme.*

A restrição do operador de contração ao domínio de teorias obviamente satisfaz todos os $\ominus$-postulados correspondentes, uma vez que

INTHEO$\subset$*INSET*. Porém tal restrição resulta em outros postulados mais fortes.

Definição 7. *Uma* função de contração de teorias *é uma função* $\div$*:INTHEO*$\rightarrow 2^{FOR}$ *tal que* $\div(A,a)=A\div a\subset FOR$ *satisfazendo os seguintes postulados:*

$\div$*-fechamento:* $Cn(A\div a)\subseteq A\div a$

$\div$*-sucesso:* $a\notin Cn(A\div a)$

$\div$*-inclusão:* $A\div a\subset A$

$\div$*-recuperação:* $A\subseteq Cn(A\div a\cup\{a\})$.

O postulado $\div$-recuperação significa que a reintrodução da sentença contraída recupera todas as sentenças que foram suprimidas na contração. Na presença de fechamento e sucesso $\div$-recuperação implica $\div$-relevância e, portanto, pode ser usado para caracterizar o operador de contração de teorias.

Definição 8. *Um operador de contração de teorias é extensional se, e somente se, satisfaz* $\div$-extensionalidade*:* $a\leftrightarrow b\in Cn(\varnothing)$, então $A\div a=A\div b$.

Extensionalidade significa que a forma lógica da sentença a ser contraída é irrelevante e, na presença de $\div$-fechamento, é equivalente a $\div$-uniformidade. Os teoremas abaixo caracterizam um operador de contração de teorias:

Teorema 4. *Todo operador de contração de teorias baseado numa seleção uniforme é uma função de contração de teorias extensional.*

Teorema 5. *Seja* $\div$ *uma função de contração de teorias extensional. Então, existe uma seleção uniforme s tal que* $\div=\div_s$.

Dos $\div$-postulados que parecem apelar para a intuição, a recuperação é a ovelha negra. O problema é a recuperação de fórmulas logicamente mais fortes do que a contraída. Por exemplo, suponhamos que eu acredite que João é um assassino e que, portanto, seja um criminoso. Abandono a minha convicção de que ele é um assassino porque recebo a informação de que ele não é um criminoso. Mais tarde percebo que ele roubou o meu carro e que, portanto, realmente é um criminoso, mas já não tenho um motivo para acreditar que ele seja um assassino. Ou seja, a recuperação da minha crença de que João é criminoso não necessariamente justifica recuperar todas as crenças originais. Outro traço característico da recuperação é que ela se baseia na Lei de Peirce, que é característica da implicação clássica. Assim, talvez o problema seja a lógica subjacente. Fica claro que, ao perseguirmos o objetivo de enfraquecer em vez de suprimir as informações conflitantes, pisaremos em terreno pantanoso no caso das teorias. Daí a necessidade de cautela em relação à força e a adequação das construções propostas no caso particular das teorias.

3. REFINAMENTO

O princípio da contração acima proposto já sugere o uso de um operador de contração. Além disso, em qualquer tipo de refinamento, uma sentença particular é adotada como condição relevante para a validade da crença original. Assim, uma importante ferramenta para a construção do refinamento é uma função condicional $h{:}INSET{\times}FOR{\rightarrow}FOR$ que seleciona essa condição. A ideia intuitiva é que para cada conjunto A e fórmula a essa condição hipotética de conhecimento relativo $h(A,a)$ é a condição refutadora da nossa crença em a, o que significa, num *sentido mais fraco*, que $h(A,a){\rightarrow}a$ não mais pode ser mantida e, num *sentido mais forte*, que a crença $h(A,a){\rightarrow}\neg a$ deve ser mantida. Então, seguindo a intuição exposta nos princípios CP e RC, a condição confirmadora será $\neg h(A,a)$. É razoável admitir que tal hipótese, que explica o fracasso de uma das nossas crenças, seja levantada tendo em conta um determinado conjunto de sentenças que representaria nosso estoque de conhecimentos. Para simplificar a notação, no entanto, podemos omitir essa referência.

Naturalmente, o que interessa para nós é a versão condicional da fórmula pela função h, ou seja, em $h(A,a){\rightarrow}a$, que é logicamente mais fraca do que a. Assumimos que esse condicional não alterará o *status lógico* da sentença que motiva o refinamento. Ou seja, ele não converte a sentença contingente de refinamento numa tautologia; formalmente: $h(A,a){\rightarrow}a{\notin}Cn(\varnothing)$. Dizemos, assim, que a função h é *não-tautológica*. Também cabe mencionar que a função condicional preserva o status lógico da sentença com relação a outras sentenças, o que nos permite estipular que preserva a equivalência (não-equivalência) e uniformidade (não uniformidade) de uma sentença com relação ao conjunto a ser refinado.

Definição 9. Seja h uma função condicional. Então, *(i)h* é *extensional:*$a{\leftrightarrow}b{\in}Cn(\varnothing)$ se e somente se $(h(A,a){\rightarrow}a){\leftrightarrow}(h(A,b){\rightarrow}b){\in}Cn(\varnothing)$; *e (ii)h* é *uniforme:* $a{\equiv}_A b$ se e somente se $h(A,a){\rightarrow}a{\equiv}_A h(A,b){\rightarrow}b$.

A fim de evitar o conflito, há duas operações de refinamento possíveis. A primeira, que denominamos *refinamento interno*, qualifica a informação original pela condição confirmadora relevante (*i.e.* $\neg h(A,a){\rightarrow}a$ está no conjunto internamente refinado). A segunda, que denominamos *refinamento global*, envolve um passo adicional pelo qual também são qualificadas as novas informações conflitantes pela condição refutadora. Ou seja, se $h(A,a)$ for a condição refutadora, então não só $\neg h(A,a){\rightarrow}a$, como também $h(A,a){\rightarrow}\neg a$ estarão no conjunto globalmente refinado. Quando estiver claro pelo contexto, omitiremos a referência ao conjunto refinado na função condicional.

3.1 Refinamento de teorias

Se operarmos em *INTHEO*, algumas observações fortes sobre conjuntos remanescentes são pertinentes para a construção do refinamento.

Observação 1. Seja $\perp$ uma função remanescente em *INTHEO. Então, para todo* $X \in A \perp a$ *e todas as sentenças b* ocorre que $b \rightarrow a \in X$ ou $\neg b \rightarrow a \in X$.

A observação 1 mostra que não devemos construir o refinamento contraindo primeiro o conjunto original *A* por *a* para, em seguida, acrescentar $\neg h(a) \rightarrow a$. Como resultado da contração inicial pode-se ter $h(a) \rightarrow a$ no conjunto contraído que, junto com a adição de $\neg h(a) \rightarrow a$ vai derivar *a*, violando assim o princípio da contração. Porém, outras propriedades indicam a solução.

Observação 2. *Seja* $\perp$ *uma função remanescente em INTHEO. Então, para qualquer sentença b e qualquer* $X \in A \perp a$, *se* $b \in A \backslash X$, *então* $X \in A \perp b$.

Esse resultado pode ser utilizado para provar o seguinte:

Observação 3. Seja $\perp$ uma função remanescente em *INTHEO. Se* $b \in Cn(a)$, então $A \perp b \subseteq A \perp a$.

A última observação indica que o leque de candidatos para contração de *A* por $h(a) \rightarrow a$ é menor do que para a contração de *A* por *a*. De fato, podemos utilizar essas observações para encontrar o subconjunto que queremos:

Observação 4. Seja $\perp$ uma função remanescente em *INTHEO. Então* $A \perp b \rightarrow a = \{X \in A \perp a : \neg b \rightarrow a \in X\}$.

A Observação 4, em conjunto com a Observação 1, leva ao que segue:

Observação 5. Seja $\perp$ uma função remanescente em *INTHEO. Então* $A \perp b \rightarrow a = A \perp a \backslash A \perp \neg b \rightarrow a$.

Essas observações indicam que podemos construir o refinamento de uma teoria *A* por meio da sua contração por $h(a) \rightarrow a$, seguindo o princípio de RC ou por meio de uma restrição na função de seleção. Além disso, a observação também promete que essas construções gerarão a mesma classe de funções de refinamento. De fato, considerando as Observações 3 e 5, os candidatos para a contração de *A* por *a* são exatamente a união disjuntiva dos candidatos para a sua contração por $h(a) \rightarrow a$ e por $\neg h(a) \rightarrow a$. Vamos, então, definir o operador e verificar suas propriedades:

Definição 10. Seja $\div_s$ uma função de contração em *INTHEO* baseada numa função de seleção uniforme *s. Então, o operador de refinamento* *interno baseado em* $\div$ *e uma função condicional extensional h* é uma função $\prec_{\div,h}$:*INTHEO*$\rightarrow 2^{FOR}$tal que $\prec_{\div,h}(A,a)=A\prec_{\div,h}a=A\div_s h(A,a)\rightarrow a$ (quando evidente pelo contexto a referência à $\div$ e h será omitida).

Teorema 6. Seja $\prec_{\div,h}$ um operador de refinamento interno em *INTHEO* baseado numa contração $\div$ e numa função condicional extensional h. Então, ele satisfaz as seguintes propriedades:

$\prec$-*corte da raiz:* $h(a)\rightarrow a\notin A\prec a$

$\prec$-*sucesso:* $a\notin A\prec a$

$\prec$-*inclusão:* $A\prec a\subset A$

$\prec$- *recuperação estrita:* $A\subseteq A\prec a+\neg h(a)$

$\prec$-*recuperação:* $A\subseteq A\prec a+a$

$\prec$-*preservação:* $\neg h(a)\rightarrow a\in A\prec a$

$\prec$-*extensionalidade: se* $a\leftrightarrow b\in Cn(\varnothing)$ então $A\prec a=A\prec b$

O teorema acima mostra que o operador de refinamento interno de teorias baseado em s e h é uma função de contração de teorias, uma vez que satisfaz todos os $\div$-postulados característicos. A Observação 4 indica que também é possível construir o refinamento interno por meio de uma restrição na função de seleção. *Grosso modo*, para construir o refinamento, retira-se a crença sob a condição refutadora $h(a)$ ou seleciona-se dentre os elementos dos remanescentes onde a é válida sob a condição confirmadora $\neg h(a)$.

Definição 11. Seja $(A,a)\in INSET$ e h uma função condicional. A função de seleção de s é denominada *h-preservativa* se e somente se para todo$X\in s(A,a)$, $\neg h(A,a)\rightarrow a\in X$ *se* $\neg h(A,a)\rightarrow a\in A$.

Note-se que a definição é geral para *INSET*. Para *INTHEO*, que é a o assunto desta seção, é sempre verdade que $\neg h(A,a)\rightarrow a\in A$.

Teorema 7. Seja $\div_s$ um operador de contração de teorias baseado em s e h uma função condicional. Então, $\div_s$ satisfaz $\div$-*preservação* se e somente se s for h-preservativo.

A partir dessas construções alternativas, obtemos duas maneiras distintas de construir e caracterizar o refinamento de teorias.

Teorema 8. Seja $\prec$ uma função em *INTHEO*, então as seguintes proposições são equivalentes:

(1)$\prec$é um operador de contração de teorias baseado numa função de seleção s uniforme e h-preservativa;

(2) $\prec$ satisfaz $\prec$-sucesso, $\prec$-inclusão, $\prec$-fechamento, $\prec$-recuperação, $\prec$-preservação e $\prec$-extensionalidade;

(3) $\prec$ *é um operador de refinamento interno baseado num operador de contração de teorias* $\div$ *e numa função condicional extensional* h *tal que* $A\prec_{\div,h}a=A\div h(A,a)\to a$;

(4) $\prec$ *satisfaz* $\prec$*-corte de raiz,* $\prec$*-inclusão,* $\prec$*-fechamento,* $\prec$*-recuperação estrita e* $\prec$*-extensionalidade.*

A partir dos resultados acima, é fácil ver que também é possível definir o refinamento por meio de uma função de contração de teorias relacionada a uma função condicional h satisfazendo o postulado adicional de $\div$*-restrição*: $A\div a=A\div h(A,a)\to a$. Também é possível definir uma função de contração de teorias por meio de um operador de refinamento interno, cuja função condicional seja trivial, isto é $h(a)\in Cn(\varnothing)$ para todo $a\in FOR$.

Um ponto interessante da Observação 4 é que todos os candidatos para o refinamento interno de A por a que são maximais em relação a $h(a)\to a$ são também maximais em relação a a. Portanto, se o domínio for *INTHEO*, então se o princípio da minimalidade em relação a $h(a)\to a$ for satisfeito, também o será com relação a a. É essa a razão pela qual *o refinamento interno é uma contração.*

Na lógica clássica, $h(a)\to a$ é equivalente à adoção de qualquer fórmula mais fraca que a (o que nós denotamos por $w(a)$). É verdade que para qualquer $w(a)\in Cn(a)$ existe uma $w'(a)$ complementar tal que $w'(a)\in Cn(a)$ e $a\in Cn(w(a),w'(a))$. Portanto, todos os resultados desta seção podem ser reescritos relacionando uma contração de A por a e suas sentenças mais fracas e complementares. Vimos também que o postulado de recuperação para a contração é questionado exatamente pelo fato de que a reintrodução de fórmulas mais fracas recupera fórmulas mais fortes. A lição é que a contração por uma fórmula $w(a)$ também é minimal em relação a a e isso deriva do fato de sua sentença complementar estar necessariamente na teoria contraída. Portanto, o postulado da recuperação se apoia tanto na *propriedade de decomposibilidade* acima destacada, que vale para a lógica clássica, quanto no fato da operação ser aplicada em teorias. Assim, se o refinamento for baseado numa contração que não satisfaça o postulado de recuperação,[6] a construção proposta não satisfaz imediatamente CP, exigindo algumas etapas adicionais.

Partindo do refinamento interno de teorias, é muito fácil construir um operador de refinamento global mediante a simples expansão da teoria internamente refinada pela informação conflitante sob a condição refutadora.

---

6 Ver (Makinson, 1987) e (Pagnucco & Rott, 2000).

Definição 12. Seja $\prec$ um operador de refinamento interno em *INTHEO* e h uma função condicional. Então, *o operador de refinamento global de teorias baseado em* $\prec$ é uma função $\circ$:*INTHEO*$\rightarrow 2^{FOR}$ *tal que* $\circ_{\prec}(A,a)=A\circ_{\prec}a=A\prec a+(h(A,a)\rightarrow\neg a)$.

Definição 13. *Uma função de refinamento global de teorias é uma função* $\circ$:*INTHEO*$\rightarrow 2^{FOR}$ *tal que* $A\circ a\subset FOR$ *satisfazendo os seguintes postulados:*

$\circ$-*inclusão:* $A\circ a\subset A+h(a)\rightarrow\neg a$

$\circ$-*recuperação estrita:* $A\subset A\circ a+h(a)\rightarrow a$

$\circ$-*corte pela raiz (root-cutting):* $h(a)\rightarrow a\notin Cn(A\circ a)$

$\circ$-*falha relativa:* $h(a)\rightarrow\neg a\in Cn(A\circ a)$

$\circ$-*extensionalidade: se* $a\leftrightarrow b\in Cn(\varnothing)$ *então* $A\circ a=A\circ b$

O teorema a seguir mostra que os postulados acima caracterizam o refinamento global de teorias.

Teorema 9. *Um operador de refinamento global é uma função de refinamento global. Se* $\circ$ *é uma função de refinamento global de teorias, então existe um operador de refinamento interno de teorias* $\prec$ *tal que* $\circ=\circ_{\prec}$.

3.2 Refinamento de bases

A construção do refinamento interno em *INSET* não pode se apoiar em diversas das propriedades válidas para *INTHEO*. Portanto, precisamos de outra construção, que deverá coincidir com o operador de refinamento interno de teorias quando o conjunto a ser refinado for uma teoria. A definição a seguir atende a esse requisito.

Definição 14. *Seja* $\ominus_s$ *um operador de contração baseado numa seleção uniforme e h uma função condicional uniforme. Então, o operador de refinamento interno baseado em* $\ominus_s$ *e h é uma função* $\lhd_{\ominus,h}$:*INSET*$\rightarrow 2^{FOR}$ tal que $\lhd_{\ominus,h}(A,a)=A\lhd_{\ominus,h}a=A\ominus_s h(a)\rightarrow a\cup\{\neg h(a)\rightarrow a\}$.

Podemos definir essa operação por meio de postulados para a função de refinamento de bases:

Definição 15. *Uma função de refinamento de bases em relação a uma função condicional uniforme h é uma função* $\lhd$:*INSET*$\rightarrow 2^{FOR}$ *tal que* $\lhd(A,a)=A\lhd a\subset FOR$ *satisfazendo as seguintes propriedades:*

$\lhd$-*corte pela raiz*: $h(a)\rightarrow a\notin Cn(A\lhd a)$

$\lhd$-*inclusão:* $A\lhd a\subset A\cup\{\neg h(a)\rightarrow a\}$

$\lhd$-*relevância: se* $b \in A \backslash A \lhd a$, *então existe* A', $A \lhd a \subseteq A' \subseteq A \cup \{\neg h(a) \rightarrow a\}$, *tal que* $a \notin Cn(A')$ *e* $a \in Cn(A' \cup \{b\})$

$\lhd$- *preservação:* $\neg h(a) \rightarrow a \in A \lhd a$.

$\lhd$-*uniformidade: se* $a \equiv_A b$ *então* $A \lhd a = A \lhd b$

Poderíamos ter inserido a sentença onde *a* é restringida pela condição confirmadora antes de contrair a base? Se seguirmos este procedimento, o princípio da preservação pode não ser satisfeito. Mas tudo depende das propriedades da contração utilizada. Há uma restrição razoável para o operador de contração que justificaria essa construção alternativa.

Como o operador de contração e sua função de seleção correspondente são normalmente definidos para um conjunto fixo, ele é insensível com relação às similaridades entre as bases que serão contraídas. Se a base for alterada, mesmo que ligeiramente, a função de seleção para o novo operador de contração pode ser completamente diferente. É por isso que a iteração do operador de contração encontra dificuldades na abordagem padrão. Parece claro que as semelhanças entre as bases e seus conjuntos remanescentes com relação a alguma sentença deveriam ser motivo para impor alguma ligação entre as suas funções de seleção correspondentes, caso contrário, a contração pode levar a resultados contra-intuitivos, como no exemplo abaixo:

Exemplo 2. *Acredito que quando faz frio, então os europeus usam casacos* ($f \rightarrow c$). *Estou de férias na Europa e da janela do meu quarto vejo as pessoas andando na rua e vestindo apenas camisetas* ($\neg c$). *Então, concluo que não faz frio* ($\neg f$). *Saio na rua e percebo que, na verdade, faz muito frio* (f). *Como não acredito ter tido uma alucinação ao olhar pela janela, abandono a minha crença de que «quando faz frio, os europeus usam casacos» (ou seja seleciono apenas o conjunto* $\{f, \neg c\}$ *como resultado da nova observação). Agora, suponha que eu adicione à base original a crença de que há leite na geladeira* (l). *Agora, com esse novo estoque de conhecimento* $\{f \rightarrow c, \neg c, l\}$, *recebo a novamente informação de que faz frio na rua* (f) e, então, abandono a crença de que *as pessoas vestiam apenas camisetas quando olhei pela janela* (ou seja retenho $\{f \rightarrow c, l, f\}$.

Nada na função de seleção do modelo AGM impede que o agente faça as escolhas descritas no exemplo acima, muito embora elas pareçam revelar uma irracionalidade do agente dada a alteração arbitrária no critério de seleção. Aqui, a característica contraintuitiva é que a adição de uma informação completamente irrelevante para a base mudou a seleção. Portanto, deveríamos assumir que as adições irrelevantes não devem alterar o comportamento da função de seleção. Considerando que a nossa função de seleção é definida em *INSET,* em vez de fixar um conjunto, podemos inserir restrições correspondentes na seleção que sejam sensíveis a determinadas relações entre os conjuntos a serem contraídos. Primeiro, definimos a noção de irrelevância:

Definição 16. Uma sentença b é (A,a)-*irrelevante* se, e somente se, não existir $A' \subset A$, *tal que* $a \notin Cn(A')$ e $a \in Cn(A' \cup \{b\})$.

Definição 17. Uma função de seleção s é *inercial* se, e somente se, se b for (A,a)-irrelevante, então $X \cup \{b\} \in s(A \cup \{b\}, a)$ para todo $X \in s(A,a)$.

Se a função de seleção satisfaz essa restrição, então a função de contração correspondente satisfaz $\ominus$-*intercâmbio*: se b for (A,a)-irrelevante, então $A \ominus a \cup \{b\} = A \cup \{b\} \ominus a$.

Teorema 10. *Uma função de contração de bases satisfaz intercâmbio se, e somente se, a função de seleção correspondente for inercial.*

Como na lógica clássica tem-se que $\neg h(a) \rightarrow a$ é $(A, h(a) \rightarrow a)$-irrelevante, temos a seguinte consequência do Teorema 14:

Corolário 1. Seja $\ominus$ um operador de contração em *INSET* baseado numa função de seleção inercial s e seja h uma função condicional. Então, $A \cup \{\neg h(a) \rightarrow a\} \ominus_s h(a) \rightarrow a = A \ominus_s h(a) \rightarrow a \cup \{\neg h(a) \rightarrow a\}$.

Com base no corolário obtemos uma nova construção para o refinamento interno.

Definição 18. Seja $\ominus_s$ um operador de contração baseado numa seleção s uniforme, inercial *e* h-preservativa e seja h uma função condicional uniforme. Então, o operador de refinamento interno é uma função $\lhd_{\ominus,h}: INSET \rightarrow 2^{FOR}$ *tal que* $\lhd_{\ominus,h}(A,a) = A \lhd_{\ominus,h} a = A \cup \{\neg h(a) \rightarrow a\} \ominus_s a$.

É interessante observar que a segunda construção corresponde a uma contração na qual adicionamos uma sentença irrelevante à base original. Isso significa que a operação satisfaz todos os postulados de contração, além de $\ominus$-intercâmbio e $\ominus$-preservação (o que caracteriza o fato de s ser *h-preservativa*), o que caracteriza a inercialidade de s. Com base nisso, temos o seguinte teorema para o refinamento interno de bases:

Teorema 11. *Seja* $\lhd$ *uma função de refinamento interno de bases* em *INSET*, então as seguintes proposições são equivalentes:

(1) $\lhd$ *é um operador de refinamento baseado em uma contração* $\ominus$ *com uma função de seleção* s uniforme, inercial e h-preservativa *e uma função condicional uniforme* h, *tal que* $A \lhd a = A \cup \{\neg h(a) \rightarrow a\} \ominus_s a$;

(2) $\lhd$ *satisfaz* $\lhd$-*sucesso*, $\lhd$-*inclusão*, $\lhd$-*relevância*, $\lhd$-*preservação*, $\lhd$-*intercâmbio* e $\lhd$-u*niformidade*;

(3) $\lhd$ é um operador de refinamento baseado em um *operador de contração* $\ominus$, *uma seleção* uniforme *se uma função condicional* uniforme *h*, *tal que* $A \lhd a = A \ominus_s h(a) \rightarrow a \cup \neg h(a) \rightarrow a$;

(4) $\lhd$*satisfaz* $\lhd$*-corte pela raiz,* $\lhd$*-inclusão,* $\lhd$*-relevância,* $\lhd$*-preservação e* $\lhd$*-uniformidade.*

É fácil ver que o operador de refinamento interno assim construído é equivalente ao operador proposto para teorias se o domínio da função for *INTHEO*. Na primeira construção isso ocorre porque a preservação é uma propriedade do refinamento interno de teorias. Na segunda construção isso acontece porque o condicional introduzido na base é redundante se a base for logicamente fechada. O refinamento global de bases constrói-se imediatamente a partir do refinamento interno de bases, adicionando-se que sob a condição refutadora a nova informação conflitante é válida, como fizemos no caso das teorias.

4. CONCLUSÃO E PRÓXIMOS TRABALHOS

O refinamento de crenças é um processo epistêmico bem diferente da contração e da revisão. Por meio dela, pretende-se representar a transição de um estado epistêmico que é contestado por uma observação surpreendente (representada por uma informação conflitante) para outro estado epistêmico no qual a informação conflitante é enfraquecida, ou seja, restrita a condições relevantes, e que sejam capazes de explicar essa observação surpreendente. Assim, enquanto o refinamento é um esforço para justificar a crença original, com base numa condição relevante, podemos dizer que a contração e a revisão dizem respeito à supressão ou correção da crença original. No entanto, como vimos, o processo epistêmico de refinamento pode ser reduzido a uma sequência de contrações e expansões em relação à função condicional, confirmando a tese de comensurabilidade de Levi. Com efeito, no caso das teorias, o refinamento interno é apenas um caso particular de contração.

SEÇÃO 7

POR QUE ALCHOURRÓN TINHA MEDO DE SERPENTES?[1]

Resumo: Em seus últimos artigos, Alchourrón criticou as lógicas não-monotônicas, considerando-as filosoficamente inadequadas à representação do raciocínio derrotável. Em vez de enfraquecer a consequência clássica com uma relação de consequência não-monotônica, propôs uma representação formal da derrotabilidade baseada em um modelo de revisão das assunções implícitas ligadas às premissas. Dado que e se é justamente um procedimento para gerar lógicas não-monotônicas, não fica claro, pelo menos em nível matemático, o motivo pelo qual Alchourrón era tão desconfiado em relação a tais lógicas. Nesse texto objetivamos responder essa questão baseando-nos nas convicções de Alchourrón sobre epistemologia, particularmente a epistemologia jurídica. Também propomos um outro operador de revisão aplicado às teorias, denominado refinamento, que proporciona uma representação fiel da espécie de mudança epistêmica considerada por Alchourrón como intrínseca à derrotabilidade.

1. INTRODUÇÃO

Alchourrón foi uma figura proeminente no desenvolvimento da lógica deôntica durante a segunda metade do século passado. Realizou contribui-

---

[1] Maranhão, J. «Why was Alchourrón afraid of snakes?» *Análisis Filosófico*, vol. XXVI, p. 62-92, 2006; traduzido por Tiago Acca e revisado pelo autor.

ções decisivas para a elucidação de conceitos-chave, bem como para o desenvolvimento de ferramentas lógicas para representar o discurso normativo. Entre elas, duas merecem menção especial (i) o estudo das propriedades de uma lógica de normas em oposição às propriedades de uma lógica de proposições normativas,[2] distinção essencial que serviu de base para uma teoria dos sistemas normativos, completamente desenvolvida em conjunto com Eugenio Bulygin;[3] e (ii) o estudo das propriedades lógicas da derrogação de normas e revisão dos sistemas normativos, juntamente com o lógico David Makinson (começando com (Alchourrón & Makinson, 1981) e culminando com o chamado modelo AGM, (AGM, 1985)), o qual posteriormente veio a gerar nova área de pesquisa, revisão de crenças (*belief revision*), com impacto importante nas áreas de inteligência artificial (representação do conhecimento) e epistemologia.

Durante a graduação em direito, já nos primeiros anos, tive a sorte de ler um trabalho de Alchourrón, o que me despertou grande ansiedade para ler tudo e aprender, por meio dele, lógica e teoria do direito. Seus *insights* filosóficos, clareza de exposição e precisão de análise foram não apenas uma inspiração, mas a razão profunda de meu interesse no estudo da lógica jurídica. A triste notícia de sua morte prematura, em 1996, significou, para mim, a perda de um herói e, sinceramente, é pesaroso o fato de que nunca tive a oportunidade de conhecê-lo pessoalmente.

A lógica deôntica vivia nos anos 1990 o auge das lógicas não-monotônicas, a qual rapidamente dominou o *mainstream*, se não propriamente da lógica deôntica, certamente do ramo de Inteligência Artificial e Direito. Tais lógicas são muito atraentes para representar a *derrotabilidade* no raciocínio moral e jurídico, ou seja, o fato de que no raciocínio moral e jurídico algumas obrigações são suspensas na presença de novas circunstâncias (deveres *prima facie*). Por exemplo, normalmente é proibido matar, mas tal ação pode ser permitida se o assassino agiu em legítima defesa. Elas também oferecem uma excelente representação de dilemas morais e conflitos normativos nos quais duas obrigações coexistem, mas podem se tornar inconsistentes em alguma circunstância particular. Por exemplo, um médico que é obrigado a contar a verdade para seu paciente sobre sua condição e também é obrigado a empreender seus maiores esforços para curar em uma situação na qual ele acredita que o conhecimento da verdade prejudicará a recuperação do paciente.

Tais exemplos não são facilmente tratáveis dentro de uma lógica clássica, na qual prevalece a monotonicidade. Na lógica clássica, ou qualquer

---

2 Alchourrón (1969).

3 Alchourrón & Bulygin (1971).

lógica monotônica, se a proibição de matar for derivada de um conjunto de normas, essa proibição permanecerá ainda que o assassino aja em legítima defesa, fume, use óculos etc. Se há uma obrigação de contar a verdade sobre a doença, essa obrigação é derivada ainda que a verdade possa ser prejudicial, que o hospital seja verde etc., ou seja, independentemente da consideração de quaisquer novas circunstâncias ou premissas. No entanto, ao mesmo tempo, assegura-se a obrigação de fazer o melhor para o paciente. Portanto, na situação em que a verdade pode comprometer a recuperação do paciente, o médico está comprometido a dizer a verdade e não dizer a verdade. O problema é que a versão deôntica do princípio da contradição, $\neg(Oa \wedge O\neg a)$,[4] levaria à trivialização do sistema de normas (vale dizer a monotonicidade da lógica faz com que o conflito entre obrigações distintas em uma circunstância específica derive uma contradição na lógica subjacente e, portanto, trivialize o sistema). Assim, a conjunção entre monotonicidade e princípio de não-contradição deôntico é uma barreira para a representação de dilemas morais.

O traço distintivo da lógica não-monotônica é que a relação de consequência (geralmente representada pela serpente $|\sim$) não satisfaz a monotonicidade, isto é, o princípio «se $A|\sim x$ e $A \subseteq B$ então $B|\sim x$» não é válido. Isso significa, ao contrário do que ocorre na lógica clássica, que algumas conclusões podem ser perdidas com a introdução de novas premissas, exatamente o que parece ser necessário para uma representação de deveres *prima facie* e dilemas deônticos. Entretanto, Alchourrón pensava de forma diversa:

> «(...) não há necessidade de uma lógica de normas derrotáveis (normas de obrigações e permissões *prima facie*) porque por trás da exigência de tais lógicas, assim como por trás da exigência de lógicas não-monotônicas, agora em moda na inteligência artificial, reside uma mistura de uma noção padrão de consequência (ou condicional) e a mudança de nossas premissas (normativas) em uma perspectiva dinâmica.»[5]

De acordo com Alchourrón, aqueles que defendem que a *derrotabilidade* exige uma nova relação de consequência fazem uma confusão com relação à derivação clássica baseada na revisão prévia das premissas. Essa afirmação veio a conhecimento da comunidade de lógica deôntica em trabalho publicado em 1993, tendo sido objeto de crítica e espanto. Loui considerou o ataque de Alchourrón mera «*consequência de sua simpatia pela revisão*»,[6] o modelo criado em coautoria com David Makinson. Na filosofia

---

[4] «$\neg$» é o símbolo para a negação clássica e «$\wedge$» o símbolo para a conjunção clássica.
[5] Alchourrón (1993: 44).
[6] Loui (1997: 348).

jurídica, Peczenik[7] sustentou a insuficiência do modelo AGM para oferecer uma abordagem do «sopesamento de razões», que seria o traço característico do raciocínio jurídico.

Recentemente, Makinson publicou livro sobre lógicas não-monotônicas, no qual são estudadas maneiras distintas de gerá-las a partir da lógica clássica.[8] Lemos em seu prefácio:

> «O livro é dedicado à memória de meu antigo co-autor Carlos Alchourrón, que morreu em Janeiro de 1996. Apesar de sua simpatia em relação à lógica de revisão de crenças ele desconfiava de sua vizinha, a lógica não-monotônica, e eu jamais pude convencê-lo do contrário. Enquanto escrevia este livro, percebi que ele é uma continuação de nossas conversas.»

O ponto de Makinson parece ser que tal movimento (primeiro revisar, então derivar) é uma maneira de gerar uma relação de consequência não-monotônica e o próprio Alchourrón trabalhou sobre um condicional derrotável (ou contributivo), o qual representa uma espécie de «serpente» na linguagem-objeto da lógica.

Por que, então, Alchourrón temia tanto as serpentes?

A tarefa deste trabalho é responder a essa questão. Alchourrón, certamente, não estava afirmando que, dentre construções diferentes de relações de consequência não-monotônicas, aquela por meio da revisão das premissas deveria ser escolhida. Sua preocupação principal era a obscuridade filosófica de qualquer *relação de consequencia* não-monotônica, deôntica ou não. Para ele, as serpentes *ocultam* uma mudança efetiva no estado epistêmico que ocorre no raciocínio derrotável. E isso é venenoso!

Embora essa seja a afirmação geral para a representação de inferências em qualquer área do conhecimento, focarei na discussão sobre as convicções de Alchourrón sobre teoria jurídica e o papel da dogmática jurídica na descrição e sistematização de normas. O ataque de Alchourrón pode ser justificado se deixarmos o nível matemático e falarmos sobre a adequação da representação formal em relação as suas convicções sobre epistemologia, particularmente sobre epistemologia do direito.

Como ficará claro, os condicionais derrotáveis de Alchourrón foram desenvolvidos para mostrar a ponte entre *derrotabilidade* e revisão. No entanto, se estivermos imbuídos das preocupações de Alchourrón, ficaremos desconfiados mesmo do seu próprio condicional contributivo. Proponho um operador de revisão alternativo, que denomino *refinamento*, para representar

---

7 Peczenik (1996).
8 Makinson (2005).

a operação de mudança epistêmica defendida por Alchourrón como antídoto para aquilo que as serpentes ocultam.

Este trabalho é organizado da seguinte forma: na Seção 2, apresento muito brevemente duas maneiras diferentes (uma sintática, outra semântica) para obter uma lógica derrotável e comparo-as com a lógica de condicionais contributivos de Alchourrón. Na Seção 3, exploro a representação de Alchourrón de sistemas normativos baseado na sua lógica de proposições normativas, de forma a tornar mais claras suas convicções sobre o papel da ciência (jurídica). Na Seção 4, sugiro um modelo de refinamento para acomodar os movimentos epistêmicos na reconstrução dogmática dos sistemas normativos. Enfim, na Seção 5, concluo com algumas considerações.

2. O PRÓPRIO ALCHOURRÓN NÃO ESTAVA SERPENTEANDO?

2.1 Visitando o ninho

Lógicas não-monotônicas foram desenvolvidas em inteligência artificial para representar inferências em contexto de incerteza. A ideia principal é que um agente sem informações suficientes realiza inferências baseado em presunções sobre como *normalmente* o mundo se comporta. Há muitas maneiras de se construir uma serpente, ligando a relação de consequência (clássica) a um conjunto de assunções implícitas que variam conforme relações de consistência com as premissas explícitas. Diante de novas premissas (informações) um conjunto de assunções implícitas pode ser reduzido para preservar a consistência e este é o motivo pelo qual algumas conclusões são perdidas. Makinson distingue três caminhos básicos da lógica clássica para as lógicas não-monotônicas:[9] (i) *assunções padrão:* adicionar um conjunto de sentenças em relação ao estoque básico de premissas com restrições de consistência; (ii) *avaliações padrão*: restringir o conjunto de avaliações do modelo de tal modo que as restrições variam se novas premissas são consideradas; (iii) *regras padrão*: inserir regras de inferência adicionais com controles de consistência sobre sua aplicação. Ou seja, as assunções implícitas podem ser representadas por um conjunto de sentenças que podem ser contraditas por novas informações, por mudanças nas restrições que usamos em nossas avaliações diante de novas informações ou por regras de inferência implícitas que podem ser bloqueadas se levarem a contradições.

Tendo em vista os propósitos deste trabalho é suficiente discutir os modelos de *assunção padrão* e *avaliação padrão* assim como alguns condi-

[9] MAKINSON (2005).

cionais derrotáveis que são parentes próximos. Assim, vamos fazer uma breve visita ao ninho das serpentes.

Vamos considerar a lógica clássica como uma estrutura $S=\{A,P\}$ na qual A é um conjunto de fórmulas (axiomas) e P um conjunto de regras de inferência em alguma axiomatização já conhecida, do qual a relação de consequência $\vdash$ entre conjuntos de sentenças e uma sentença bem formada na linguagem e o operador de consequência *Cn* em relação a um conjunto de fórmulas são definidos da maneira usual. Uma lógica de assunção-padrão pode ser definida dentro de uma estrutura $S_K=\{A,K,P\}$ na qual K é um conjunto de fórmulas que representam assunções básicas. Uma relação de consequência da assunção-padrão $|\sim_K$ (*alias* C_K) é definida como:

$A|\sim_K x$ se e somente se A, $K' \vdash x$ para todos os subconjuntos $K' \subseteq K$ consistentes com A (notação $K' \in (max(K,A))$[10]

ou ao se usar o operador de consequência: $C_K(A)=\cap\{Cn(A \cup K'):K' \in(max(K,A))\}$.

Uma abordagem menos radical baseia-se na derivação sobre a seleção s de subconjuntos maximais de K consistentes com A, *i.e.* $\cap\{Cn(A \cup K'): K' \in s(max(K,A))\}$. Para ver a derrotabilidade, tome $K=\{b \rightarrow f, p \rightarrow \neg f\}$[11] e perceba que $f \in C_K(\{b\})$, mas dependendo da função de escolha, em particular, se $s(max(K,\{b,p\}))=\{p \rightarrow \neg f\}$, então temos não só que $f \notin C_K(\{b,p\})$, como $\neg f \in C_K(\{b,p\})$. Podemos ler o exemplo como «*um pássaro (normalmente) voa*», mas «*se o pássaro for um pinguim, então (normalmente) não voa*».

Uma segunda vertente para a derrotabilidade é semântica. Por conveniência, trabalharemos aqui com mundos possíveis em um modelo $M=\{V,[.]\}$ no qual V é um conjunto de valorações clássicas (mundos possíveis) e [.] é uma função de interpretação das sentenças nesses mundos, que pega cada sentença e a leva para o conjunto de valorações nas quais ela é verdadeira. A função [.] satisfaz as conhecidas condições de verdade clássicas. Nós chamamos $[a]$ «*a proposição expressa pela sentença a*». Com $[A]$ queremos dizer um conjunto $\cap\{[a]:a \in A\}$. Dizemos que x é uma consequência lógica de A (notação $A|=x$) se e somente se $[A] \subseteq [x]$. Para alcançar uma relação de consequência derrotável, nós precisamos restringir o conjunto de mundos nos quais as premissas são avaliadas e fazê-lo variar com as mudanças no

---

10 $K' \in max(K,A)$ se e somente se:

(i) $K' \subset K$

(ii) $K' \cup A$ é consistente

(iii) não há K'', tal como $K' \subset K''$ satisfazendo (i) e (ii)

11 A seta «$\rightarrow$» representa a implicação material clássica.

conjunto de premissas explícitas. Para fazer isso, introduzimos uma relação de preferência binária «<» em relação ao conjunto de mundos dentro de um modelo $M=\{V,[.], <\}$. Dizemos que w é um elemento minimal de um conjunto de mundos W se e somente se não há $v\in W$, tal que $v<w$. Por meio de $min_<[A]$ nós indicamos o conjunto de elementos minimais da proposição $[A]$ sob a relação de preferência assumida. Uma relação de consequência não-monotônica é então obtida pela seguinte definição:

$A|\approx_< x$ se e somente se $min_<[A]\subseteq[x]$

Para conferir a derrotabilidade, tome-se um modelo tal que $V=\{w,v\}$, $[a]=\{w,v\}$, $[b]=\{w\}$, $[c]=\{v\}$ e $<=\{(w,v)\}$. Temos que $min_< [a]\subseteq[b]$ e então $\{a\}|\approx_< b$, pois $w<v$. Porém, $[\{a,c\}]=\{v\}$ não é o caso que $min_< [\{a,c\}]\subseteq[b]$, de modo que não temos $\{a,c\}|\approx_< b$.

Tal relação de consequência não-monotônica corresponde às obrigações condicionais de Bengt Hansson em sua lógica deôntica diádica.[12] O objetivo de Hansson era construir uma lógica capaz de lidar com obrigações em contrariedade ao dever. Hansson interpretou os elementos minimais a partir dessa semântica como os «*melhores mundos*» deônticos. Se uma dada circunstância for interpretada como violação de uma obrigação ideal, resta ao agente fazer aquilo que deve em todos os melhores mundos que restam (fazer o melhor possível diante de uma circunstância infeliz). Ele interpretou a relação $\{a\}|\approx_< b$ como uma obrigação condicional na linguagem-objeto representado por O(b/a) e lido como «*b* é obrigatório sob a circunstância *a*».

Se indexarmos a relação de preferência para cada mundo no qual avaliamos as sentenças, temos os condicionais contrafactuais de Lewis. Os elementos mínimos e cada relação $<_w$ são aqui interpretados como um conjunto de mundos w' os quais são mais similares a w. Por meio de $min_w[a]$ entendemos agora um conjunto de elementos minimais de $[a]$ sob a relação «$<_w$». Agora, um condicional contrafático $a>b$ é verdadeiro em um mundo w se, e somente se, $min_w[a]\subseteq[b]$. A leitura intuitiva é que se *a fosse* verdadeiro no mundo atual w então b também *seria* verdadeiro, já que b é verdadeiro em todos os mundos mais similares em relação a w nos quais a é verdadeiro.

Cada relação de similaridade fornece, para cada mundo e uma proposição (conjunto de mundos), um subconjunto de mundos (elementos minimais) dessa proposição. Assim, fica claro que a família das relações de similaridade no modelo de Lewis pode ser substituída por uma função de escolha *Ch* tendo um mundo e uma proposição como argumentos e um subconjunto de mundos como valor. Dessa forma, temos que $a>b$ é verdadeiro no mundo w se, e somente se, $Ch([a],w)\subseteq[b]$. Podemos mapear ambas as abordagens se

---

12 HANSSON (1968).

estipularmos para todas as sentenças a e mundo w que $Ch([a],w)=min_w[a]$. Ou seja, a função de escolha, para cada mundo e proposição, escolhe exatamente os mundos minimais da relação de preferência. Estipulando de modo apropriado restrições sobre a função de escolha ou restrições de correspondência sobre a relação de similaridade, obtemos as conhecidas lógicas de condicionais contrafáticos de Lewis V, VN e VT.[13]

Podemos especificar que a função de escolha sempre se aplica a um mundo singular (atual) ou podemos estipular uma restrição sobre Ch tal como $Ch([a],w)=Ch([a],w')$ para todos $w,w' \in V$. Se fizermos isso, não há necessidade de que a função de escolha faça referência a mundos (a indexação não é mais necessária). Lewis denomina «*absolutos*» os sistemas que correspondem a essa última restrição, obtendo como contraparte VA, VNA and VTA de sua lógica contrafactual. Esses últimos sistemas podem ser construídos usando a construção de Åqvist por meio de um operador de seleção monádico f na linguagem objeto, o qual corresponde a uma função de escolha sobre as proposições no modelo.[14] O condicional contrafactual é então obtido pela definição $a>b=\Box(fa\rightarrow b)$ no qual $\Box$ é um operador modal normal.

Esses condicionais contrafactuais podem ser interpretados como condicionais deônticos ao modo de Hansson.[15] Todos esses condicionais são não-monotônicos. Note que ao restringir o conjunto de avaliações tem-se o mesmo efeito de adicionar premissas ao antecedente: ao reduzirmos o conjunto de mundos considerados nós aumentamos o conjunto de proposições que são verdadeiras em todos esses mundos. Portanto, há uma tradução visível entre a teoria das assunções padrão e das avaliações padrão: $Ch[a]=[\cap\{\{a\},\cup s(max(K,\{a\}))\}]$.

Para criticar as serpentes, Alchourrón construiu sua lógica de condicionais contributivos de forma muito próxima desse ninho. Vamos visitar o ninho de Alchourrón.

2.2 Serpentes ocultam... e isso é venenoso!

2.2.1 Precedentes

Embora o ataque de Alchourrón tenha se tornado amplamente conhecido por meio de seu artigo de 1993,[16] sua inquietação com as relações de consequência não-monotônicas já havia se manifestado em dois trabalhos

---

13 Lewis (1973).
14 Åqvist, 1973.
15 Lewis (1973: 96-104).
16 Alchourrón (1993).

anteriores.[17] O primeiro foi apresentado em conferência realizada em Miami e o segundo foi publicado em italiano. Esses trabalhos foram incitados por sua leitura do artigo de Hilpinen sobre conflitos normativos.[18] Naquele trabalho, Hilpinen apontou a existência de normas que não são propriamente conflitantes, mas podem gerar contradições normativas em circunstâncias particulares. Por exemplo, as normas:

N1. Aqueles que cometem homicídio devem ser punidos

N2. Menores não devem ser punidos

Conforme Hilpinen essas normas podem coexistir como vinculantes em um sistema normativo. Entretanto, em uma circunstância particular, em que um menor cometesse homicídio o juiz estaria, ao mesmo tempo, obrigado a punir e a não punir. O ponto de Hilpinen é que o conflito é restrito a esse caso especial e, portanto, nenhuma das normas precisa ser suprimida do sistema, já que elas continuam a oferecer soluções consistentes para os casos «normais». Para lidar com o tema, Hilpinen faz uma distinção aplicada às normas condicionais entre *conflito normativo* e *inconsistência normativa* e sugere que, em uma lógica deôntica adequada, o princípio $\neg O(a \wedge \neg a)$ deveria ser válido, mas não o princípio $\neg(Oa \wedge O\neg a)$, o que significa (pelo menos em qualquer lógica modal normal) o abandono do princípio de conjunção deôntica $(Oa \wedge Ob) \rightarrow (Oa \wedge b)$.

Alchourrón discordou dessa sugestão. De acordo com ele, a distinção entre conflitos normativos e inconsistência normativa apenas revela que um conjunto de normas pode ser inconsistente dado um conjunto (possivelmente vazio) de fatos. Ele não vislumbrou qualquer motivo pelo qual deveríamos chamar um caso vazio de «contradição» e um caso não-vazio de «conflito» e reagiu à ideia de que o primeiro sistema não precisa ser revisado.[19] Em sua lógica de proposições normativas (fórmulas deônticas são interpretadas como proposições que descrevem a existência de normas em um sistema), ambos os princípios $\neg(Oa \wedge O\neg a)$ e $\neg O(a \wedge \neg a)$ são inválidos dado que podem existir ordens normativas que contenham normas inconsistentes. O caso em que um menor comete um homicídio apenas pode ser consistente-

[17] ALCHOURRÓN (1988a); (1988b).

[18] HILPINEN (1987).

[19] «*Supongamos que α [lo sistema de normas] es un conjunto inconsistente vía el conjuntos de hechos F y que los enunciados descriptivos de F son verdaderos. ¿Puede α levar a cabo su función practica de servir de guía para comportamiento? Creo que la respuesta a esta pregunta ha de ser negativa, porque el sistema ha sobre determinado el comportamiento humano, puesto que son exigidas todas las sus acciones y sus omisiones*» (ALCHOURRÓN 1988a: 301)

mente solucionado se tomarmos como base um sistema normativo diferente, no qual as condições do antecedente de N1 e N2 forem modificadas.

Isso já é um passo para sua crítica posterior. Dois pontos são relevantes: primeiro, ele não concordou com a ideia de que um sistema poderia *consistentemente* solucionar tanto um caso geral quanto um caso mais específico, quando atribuir soluções conflitantes e diferentes para cada um deles; segundo, ele não aceitou um enfraquecimento da lógica para lidar com tal inconsistência, enfatizando que sua solução é uma questão de decisão, não de lógica.[20]

Naquele mesmo ano Alchourrón tratou diretamente do problema da derrotabilidade.[21] O ponto de partida foi o conceito de David Ross de deveres *prima facie*. Ele reconheceu que tal conceito é incompatível com o princípio do fortalecimento deôntico do antecedente $((b \rightarrow Oa) \rightarrow (b \wedge c \rightarrow Oa))$, dado que novos fatos podem revogar deveres, mas restringiu sua análise a situações em que tais fatos são explicitamente mencionados como condições para a aplicação de outra norma dentro do sistema incompatível com a primeira. Dessa forma, ele rejeitou a adequação da lógica de condicionais contrafáticos de Lewis, dado que essa satisfaz a regra de *modus ponens*, a qual, conforme sua análise, não deveria valer em nenhum tratamento que pretenda ser filosoficamente adequado da derrotabilidade.

Sobre esse ponto, Alchourrón argumenta que, uma vez aceito *modus ponens*, na forma $(b > Oa) \rightarrow (b \rightarrow Oa)$, então, dado que o consequente de tal fórmula (na lógica clássica) implica $b \wedge c \rightarrow Oa$, também deveria ser aceito $(b > Oa) \rightarrow (b \wedge c \rightarrow Oa)$. Mas aceitar esse princípio significaria admitir que nenhum fato c pode enfraquecer a obrigação condicional *prima facie* de fazer a na circunstância b.

Claro que, do ponto de vista estritamente formal, é perfeitamente possível ter um sistema consistente que não satisfaz *fortalecimento do antecedente*, mas satisfaz *modus ponens*, como nos sistemas VW e VC de Lewis.[22] O ponto do argumento de Alchourrón é que seria filosoficamente ou intuitivamente incoerente abandonar o primeiro princípio e, ao mesmo tempo, pretender manter o último.

A adição de *modus ponens* ao sistema V de Lewis, levando a VW, justifica-se semanticamente por meio da assunção de verdade do antecedente de um contrafático em um mundo particular no qual o contrafático for verdadeiro. Mas nos mundos em que o antecedente do contrafático for verdadeiro,

---

20 Essa é uma convicção que Alchourrón herdou de Von Wright (VON WRIGHT, 1982: 12).

21 ALCHOURRÓN (1988b).

22 LEWIS (1973).

o contrafático tem exatamente o valor de verdade de seu consequente, de modo que se torna um condicional material. E Alchourrón não encontrou nenhuma base intuitiva para tal assunção semântica, dado que essa inclusive leva a exemplos contra-intuitivos.[23] Na verdade, Alchourrón acreditava que um contrafático não deveria nem mesmo ser avaliado como verdadeiro ou falso se seu antecedente for verdadeiro (afinal, nesse caso ele não é propriamente um contrafático).

Em seguida, Alchourrón voltou-se para a lógica deôntica diádica de Hansson na qual não vale fortalecimento deôntico do antecedente e tampouco vale *modus ponens* deôntico, considerando que o custo dessa lógica é muito alto em termos de força inferencial.[24] Considerou indesejável o sistema de Hansson, pois, dentre outras coisas, tinha-se que a obrigação para punir assassinos adultos não poderia ser derivada do conjunto N1-N2, o que acabaria com a própria concepção de um sistema de resolução jurídica prévia de conflitos.

A moral da história é: não se deve abandonar o *fortalecimento do antecedente* (que corresponde à monotonicidade na metalinguagem das relações de consequência). Se isso for feito, então, a bem da coerência, não se pode manter *modus ponens*. E perdê-lo, para Alchourrón, já era demais. De fato, Alchourrón chegou a acreditar que uma lógica que invalidasse *modus ponens* sequer mereceria esse nome. Naquele ponto, Alchourrón rejeitava a própria possibilidade de uma representação lógica da derrotabilidade. No entanto, tal posição foi mais tarde revista frente a um artigo de David Makinson:[25]

> «Embora eu mantenha essa visão [que todas as construções condicionais deveriam satisfazer o *modus ponens*], agora estou convencido (após as observações de Mankinson) de que há construções condicionais na linguagem ordinária que não satisfazem o *modus ponens*, viz. condicionais derrotáveis, porque eles não afirmam condições suficientes, mas condições contributivas.»[26]

A noção de «condição contributiva» foi posteriormente desenvolvida por Alchourrón. Todavia, suas sementes já estavam presentes em abordagens anteriores. Segundo Alchourrón, intuitivamente, a razão pela qual estamos inclinados a acreditar que assassinatos cometidos por menores não devem ser punidos baseia-se em: i) identificação de um conflito entre obrigações

---

[23] ALCHOURRÓN (1995).

[24] «*Sin embargo, el defecto principal del sistema [Hansson's dyadic deontic logic] está em su pérdida di fuerza inferencial. Esto es así porque junto com lãs consecuencias indeseables desaparecen algunas conclusiones muy obvias; hecho que descalifica a todo el sistema lógico*» (ALCHOURRÓN, 1988b: 274).

[25] MAKINSON (1993).

[26] ALCHOURRÓN (1995: 98).

nesse caso; e ii) solução do conflito pela preponderância de N2 sobre N1.[27] A derrotabilidade ocorre na dinâmica de revisão e tal dinâmica deve ser explicitada na representação formal como condição de sua adequação filosófica. A questão é como essa dinâmica deveria ser representada.

Aqui, as concepções centrais de Alchourrón sobre derrotabilidade já se arraigaram: *primeiro*, derrotabilidade de obrigações envolve deveres efetivamente conflitantes; *segundo*, em nível intuitivo esses conflitos são implicitamente solucionados por meio da revisão das premissas normativas; *terceiro*, a representação formal da derrotabilidade deveria tornar explícita essa dinâmica de revisão tendo como lógica subjacente a lógica clássica, ou, no mínimo, uma lógica monotônica (validando fortalecimento do antecedente e *modus ponens*). O temperamento de Alchourrón não permitiu que se limitasse ao diagnóstico do problema e ele enfrentou o desafio. O resultado dessa empreitada apareceu cinco anos mais tarde.

2.2.2 Condicionais contributivos

Em uma série de três artigos,[28] Alchourrón trouxe uma representação da não-monotonicidade que acreditava satisfazer suas preocupações filosóficas. Desenvolveu uma teoria geral dos condicionais derrotáveis, que poderia ser combinada com modalidades deônticas. Inicio pela apresentação da teoria geral e deixo a versão deôntica para a próxima seção.

A derrotabilidade foi representada por Alchourrón na linguagem-objeto por meio de um condicional. Tal condicional formaliza a noção intuitiva de uma *condição contributiva*, isto é, o antecedente seria apenas «*uma condição necessária de uma condição suficiente para a conclusão*». Isso é assim porque o antecedente apenas deriva o consequente na presença de assunções implícitas, ou seja, o antecedente em conjunto com suas assunções implícitas é suficiente para a conclusão.

Dessa forma, a noção de «condição suficiente» é o início de sua construção. Ele usa a implicação estrita «$\Rightarrow$» ($a \Rightarrow b = \Box(a \rightarrow b)$ onde $\Box$ é operador de necessidade da lógica modal S5), que traduz a noção de consequência lógica para a linguagem-objeto de sua lógica. Semanticamente, temos que o condicional estrito $a \Rightarrow b$ é verdadeiro em um mundo possível em um modelo se, e somente se, $[a] \subseteq [b]$. Um condicional derrotável «>» é definido na

[27] «*La argumentación intuitiva muestra que en este caso dos aspectos relevantes han sido tomados en cuenta: a) que la presentación formal muestra que hay un conflicto de obligaciones en el caso (p&r), y b) que este conflicto se resuelve porque en este caso la norma (4) tiene prioridade sobrel la norma (3). El que no es capaz de entender esto, no ha entendido el contenido conceptual del sistema A.*» (ALCHOURRÓN 1988b: 276-277).

[28] ALCHOURRÓN (1993); (1995); (1996a).

linguagem-objeto na mesma linha de Åqvist, isto é, um condicional estrito com assunções implícitas no antecedente ($a>b=fa\Rightarrow b$). Semanticamente, a função de escolha *Ch* define a condição de verdade do condicional derrotável ($a>b$ é verdadeiro se e somente se $Ch[a]\subseteq[b]$). A inovação em relação à construção de Åqvist's é a interpretação que Alchourrón dá à seleção *f*, que passa a ser um operador de revisão (*fa* representa a união entre *a* e suas assunções implícitas consistentes). Alchourrón denomina essa lógica «DFT», que mostra ser equivalente ao sistema VTA de Lewis.

Tendo em vista que o conjunto de assunções deve ser consistente com a condição contributiva explícita, podemos interpretar *fa* como uma revisão de um conjunto fixo *K* de assunções implícitas pela sentença *a*, *i.e.* $fa=*_K(a)=K*a$ que satisfaz os seguintes axiomas-*f*, os quais correspondem aos postulados de revisão AGM:[29]

Postulado	**Operador de seleção f**	**Operador de revisão $*_K$**
Auto-dedutibilidade	f1. $fa\rightarrow a$	$a\in K*a$
Equivalência	f2. $(a\Leftrightarrow b)\rightarrow(fa\Leftrightarrow fb)$	se $a\Leftrightarrow b\in Cn(\emptyset)$ então $K*\alpha=K*b$
Consistência	f3. $\Diamond a\rightarrow \Diamond fa$	se $\neg a\notin Cn(\emptyset)$ então $K*a^{1}L$
Ordem hierárquica	f4. $(f(a\vee b)\Leftrightarrow fa)\vee(f(a\vee b)\Leftrightarrow fb)\vee(f(a\vee b)\Leftrightarrow(fa\vee fb))$	$(K*(a\vee b)=K*a)\vee(K*(a\vee b)=K*b)\vee(K*(a\vee b)=K*a\cap K*b)$

Esses axiomas são semanticamente válidos, dadas restrições óbvias sobre a função *Ch*, a qual, como vimos, consiste em uma forma de gerar uma lógica não-monotônica. Considerando que «$\Rightarrow$» traduz a relação de consequência lógica (clássica) para a linguagem-objeto temos

$\vdash_{DFT} a>b$ se, e somente se, $K*a\vdash b$

A operação de revisão $K*a$ é definida construtivamente por meio de uma seleção de todos os subconjuntos maximais de *K* consistentes com *a*. Primeiro, definimos a operação de contração $K\div a=\cup s(max(K,\{\neg a\})$, e então usamos a chamada identidade de Levi para definir a revisão $K*a=Cn(\{K\div\neg a\cup\{a\})$. Levando-se em consideração que *K* é uma teoria e ela assegura que $Cn(\cup\{\{a\},\cap s(max(K,\{a\}\})=\cap(Cn(\{a\}\cup s(max(K,\{a\}))$ segue-se que:

[29] O leitor familiarizado com a revisão de crenças pode estar sentindo falta do postulado de fechamento ($K*a=Cn(K*a)$), inclusão ($K*a\subseteq Cn(K\cup\{a\})$) e vacuidade (se $\neg a\notin K$ então $Cn(K\cup\{a\})\subseteq K*a$). Em razão do postulado de fechamento podemos interpretar *fa* como uma axiomatização finita da teoria $K*a=Cn(K*a)$. Os postulados de inclusão e vacuidade dizem-nos que a simples expansão de uma teoria por uma nova proposição é um caso limite de revisão. Esses postulados estão ausentes na axiomatização do operador de seleção *f*. Como Becher *et alii* mostram, a ausência desses postulados permite que as condições contributivas de Alchourrón evitem o teorema da impossibilidade de Gärdenfors (veja BECHER *et alii*, 1999).

$K*a|\!-b$ se, e somente se, $a|\!\sim_K b$ se e somente se $b \in C_K(a)$, ou seja

$|\!-_{DFT} a>b$ se, e somente se, $a|\!\sim_K b$

o que significa que Alchourrón estava serpenteando ou mesmo se valendo da lógica não-monotônica (tanto do ponto de vista sintático quanto do ponto de vista semântico).

Entretanto, o ponto é que ele não corrobora esse último passo e tampouco corrobora o uso dos condicionais contributivos da forma $a>b$. Isso faz sentido dado que esse último passo segue-se necessariamente das definições? Sim. Seus esforços consistiram exatamente em mostrar a equivalência lógica entre a dinâmica de revisão e as lógicas não-monotônicas de modo a poder concluir, no nível lógico: *não precisamos de serpentes*. Para ilustrar esse ponto, ele comparou dois procedimentos para analisar o exemplo familiar «pinguins-pássaros», um usando condicionais estritos, e outro usando condicionais derrotáveis:

(1) Pássaros (b) voam (v)

(2) Pinguins (p) não voam ($\neg v$)

Condicionais estritos (revisados)	Condicionais derrotáveis
G1. $(b\wedge\neg p)\Rightarrow v$	d1.$b>v$
G2. $p\Rightarrow\neg v$	d2. $p>\neg v$

Ambos os procedimentos evitam a conclusão contra-intuitiva e inconsistente de que pinguins voam e não voam. Com a representação por condicionais derrotáveis, d2 é preferido a d1, derivamos a conclusão correta que pinguins não voam. Mas tomando esses condicionais derrotáveis como condições contributivas no sentido de Alchourrón, temos que d1é $fb\Rightarrow v$ e d2 é $fp\Rightarrow\neg v$. Como a escolha relacionada a fb e fp é dada pelas equações $Ch[b]=[b\wedge\neg p]$ e $Ch[p]=[p]$ (portanto $fb\Leftrightarrow(b\wedge\neg p)$ e $fp\Leftrightarrow$p), tem-se que o procedimento de representação com condições derrotáveis é logicamente equivalente ao procedimento que usa condicionais gerais (revisado).

Como vimos, Alchourrón abandonou sua visão de que qualquer relação de inferência ou qualquer construção condicional merecedora desse título deveria satisfazer *modus ponens*. Todavia, essa a exigência do *modus ponens* permaneceu forte em sua mente, como vemos nas seguintes passagens:

> «Acho que temos uma tendência natural e espontânea para compreender as construções da linguagem ordinária como uma maneira de assegurar que o antecedente é um tipo de condição suficiente do consequente, a forma mais fraca da qual seria a implicação material. Isso é equivalente à pretensão de

que os condicionais sempre nos permitam obter o consequente na presença do antecedente.»[30]

«Não vejo nenhuma razão intuitiva para um condicional com *modus ponens*, mas sem fortalecimento do antecedente, muito embora entenda a força psicológica da tendência de se exigir a presença do *modus ponens* para todas as construções condicionais.»[31]

Em sua construção dos condicionais contributivos, em que as assunções implícitas relacionadas ao antecedente são explicitadas e revisadas na presença de inconsistências, ele recupera a noção de uma condição suficiente na construção condicional: ela não permanece, mas não a perdemos de vista. Dessa forma, Alchourrón parece ter conciliado seu entendimento das condições derrotáveis da linguagem ordinária com sua aderência psicológica ao *modus ponens*.

Entretanto, note-se que Alchourrón não estava dizendo que as sentenças «*pássaros normalmente voam*» e «*pássaros que não são pinguins voam*» são logicamente equivalentes. Ele estava perfeitamente consciente que a derrotabilidade tem que lidar com o raciocínio ampliativo. Seu modelo de revisão é ampliativo e derrotável *em sua dinâmica*. Os procedimentos (não as sentenças) são equivalentes, isto é, «*derivação de premissas revisáveis*» é o mesmo que «*derivação por default*».

Isso é o que Alchourrón exige para avançar em seu argumento filosófico sobre adequação: serpentes são perigosas *porque elas ocultam* a dinâmica da mudança epistêmica que está na natureza da derrotabilidade.[32] Assim, a questão filosófica que propõe é: *ocultar ou não ocultar?*

Na próxima seção focaremos nos argumentos de Alchourrón para a transparência da derrotabilidade no âmbito da teoria jurídica.

3. A CIÊNCIA DO DIREITO E A DESCRIÇÃO DO SISTEMA NORMATIVO

Como positivistas, Alchourrón e seu coautor Eugenio Bulygin estão preocupados com as bases científicas da dogmática jurídica. Uma de suas principais teses é fazer a distinção precisa entre o conhecimento do que é o direito (descrição e sistematização do conteúdo de normas gerais válidas) e sua avaliação crítica com base em padrões morais ou políticos.

---

30 Alchourrón (1995: 98).

31 Alchourrón (1995: 101).

32 Alchourrón observa que quando discute o procedimento pelo qual se usa as condicionais derrotáveis «a natureza da empreitada completa, que envolve uma revisão de nossas premissas, está oculta, e por essa razão pode ser perigosamente enganosa» Alchourrón (1993: 78).

Propuseram um modelo abstrato de tal atividade descritiva inspirados no ideal científico de axiomatização. Sob tal perspectiva, o conhecimento do direito consiste no conhecimento das consequências lógicas de algumas proposições básicas sobre o conteúdo das normas existentes (proposições normativas). Decisões jurídicas individuais são justificadas, na medida em que seu conteúdo for uma dedução das normais gerais descritas.

Dessa forma, normas gerais descritas pela dogmática jurídica podem ser tomadas como explicações (ou justificações) de decisões individuais, de modo análogo ao modelo dedutivo-nomológico de Hempel, segundo o qual fatos particulares são explicados sempre que deduzidos de leis gerais em conjunto com descrições de eventos.

Da mesma forma que o ideal a ser perseguido pelas ciências empíricas seria uma explicação completa e consistente de um fenômeno natural, o ideal da ciência jurídica seria uma descrição de determinado sistema normativo de modo consistente e completo. No entanto, há uma diferença importante. Dado que as normas são o resultado das ações e da vontade humana, elas podem conter exigências inconsistentes, ou podem conter lacunas, *i.e.*, o *status* normativo (obrigatório, permitido, proibido) de alguma ação regulada pode ser deixado em aberto em algum caso relevante.

A lógica das proposições normativas estrutura a forma pela qual a ciência jurídica pode identificar tais defeitos. Obviamente, o conhecimento jurídico não se limita a isso. É claro que, na prática jurídica, o intérprete vai além e efetivamente elimina contradições ou integra lacunas para obter justificações adequadas para as normas individuais. Não obstante, isso não significa que o sistema normativo seja necessariamente completo e consistente; isso apenas significa que o sistema original foi avaliado e alterado pela interpretação jurídica.

Aqui repousa uma importante fronteira entre cognição/descrição *versus* avaliação/atividade prescritiva. Alterações para restabelecer e integrar lacunas são parte do discurso prescritivo (o intérprete faz escolhas) e uma análise propriamente da prática jurídica (distinguindo a cognição jurídica da avaliação jurídica) deveria tornar explícito esse ponto. Quando as lógicas de revisão ainda estavam no seu nascedouro, Alchourrón enfatizou, como sua principal implicação filosófica, que tal modelo torna explícita a escolha pelo intérprete entre resultados possíveis de uma derrogação (o problema da indeterminação) o qual é conduzido por uma ordem hierárquica implícita na atividade de integração do direito:

> «Na prática jurídica, alguns dos casos de indeterminação são frequentemente incluídos na categoria, um tanto quanto ambígua, de lacunas do direito. Em outras situações, todo o problema passa desapercebido como

uma consequência daquilo que é chamado "uma interpretação razoável" do material jurídico, ocultando, nesse caminho, a natureza do processo de aplicação de algumas das relações hierárquicas. Não negamos que tais aplicações podem ser muito razoáveis; o que a análise mostra é o *modus operandi* dos assim chamados "processos de integração do direito" (*Rechtzergänzung*). A estrutura conceitual delineada neste artigo torna explícitos os elementos incluídos nessa forma muito comum de raciocínio jurídico.»[33]

3.1 A lógica das proposições normativas

Para representar as inconsistências e incompletudes dos sistemas normativos, a lógica das proposições normativas (LNP – *logic of normative propositions*) de Alchourrón leva em consideração que as lacunas normativas e as contradições são possíveis. LNP pode ser construída pela inclusão das modalidades deônticas O e P (respectivamente obrigação e permissão) para a linguagem de DFT. As regras de formação de sentenças impedem a reiteração de modalidades deônticas que recebem uma interpretação descritiva (O*a* (P*a*) significa que a norma que exige (permite) *a* existe no sistema normativo). DFT é aprimorada pelos seguintes axiomas:

A1. $O(a \wedge b) \leftrightarrow Oa \wedge Ob$

A2. $Oa \rightarrow Pa$

A3. $P(a \wedge b) \rightarrow Pa \wedge Pb$

e pelas regras de inferência:

R1. de $a \leftrightarrow b$ deriva $Oa \leftrightarrow Ob$

R2. de $a \leftrightarrow b$ deriva $Pa \leftrightarrow Pb$

Observe-se que a versão deôntica do princípio de não contradição não é um teorema da lógica das proposições normativas. Pelo contrário, temos uma abreviação definicional para inconsistências normativas:

a é inconsistentemente regulado: $(O\neg a \wedge Pa) \leftrightarrow In(a)$

Da definição e do axioma A2 segue-se que $(O\neg a \wedge Oa) \rightarrow In(a)$. O mesmo permanece para a versão deôntica do princípio do terceiro excluído, relacionado com a possibilidade de lacunas normativas.

a é regulado: $(Pa \vee P\neg a) \leftrightarrow N(a)$

Normas condicionais são representadas por condicionais estritos com a sentença deôntica no consequente (e não com todo o condicional em

---

[33] ALCHOURRÓN (1982: 62)

seu escopo). Assim, temos a inconsistência condicional a respeito de *a* na condição *b* sempre que $b \Rightarrow In(a)$. O conceito de lacuna normativa não é identificado com a ausência de regulação. Há uma lacuna normativa sempre que uma ação *a* é regulada por um sistema normativo, mas não oferece uma solução para algum caso relevante. Os casos relevantes são aqueles resultantes das combinações de condições para a ação regulada e das negações dessas condições:

> *lacuna a respeito de a*:[34] $G(a) \leftrightarrow (b \Rightarrow N(a) \wedge \neg b \Rightarrow \neg N(a))$, para alguma sentença *b*

3.2 Inconsistências explícitas

Ao aplicar LNP para representar o exemplo do homicídio, temos o sistema normativo S_1 dado pelas consequências-LNP das seguintes proposições normativas:

N1. $k \Rightarrow Op$ (os assassinos devem ser punidos de acordo com o sistema S_1)

N2. $m \Rightarrow O\neg p$ (os menores devem não ser punidos de acordo com o sistema S_1)

De N1 e N2 pode-se derivar $(k \wedge m) \Rightarrow (Op \wedge O\neg p)$ e assim $(k \wedge m) \Rightarrow In(p)$. Esse é apenas um caso de inconsistência que pode ser solucionado pela revisão do antecedente dessas normas. A revisão de N1 ou N2 é uma questão de decisão e Alchourrón apenas pede que tal decisão não seja ocultada, uma vez que corresponde ao discurso prescritivo e não ao descritivo. Suponha que Antônio, um menino de 10 anos assassina seus pais. Se o intérprete pretende justificar consistentemente uma solução normativa que absolva Antônio, o sistema original deve ser alterado baseado na preferência de N2 sobre N1 para o caso dos assassinos menores. Assim, temos a seguinte representação em LNP relacionada ao novo sistema revisado S_2:

N1. $fk \Rightarrow Op$ (os assassinos que não são menores devem ser punidos de acordo com o sistema S_2)

N2. $fm \Rightarrow O\neg p$ (os menores não devem ser punidos de acordo com o sistema S_2)

onde $fk \Leftrightarrow (k \wedge \neg m)$ e $fm \Leftrightarrow m$.

---

[34] Perceba-se que sempre que a condição é uma conjunção de sentenças, por exemplo $b \wedge c \Rightarrow N(a)$ então há uma lacuna se $\neg(b \wedge c) \Rightarrow \neg N(a))$ a qual é equivalente a $((\neg b \wedge c) \vee (b \wedge \neg c) \vee (\neg b \wedge \neg c)) \Rightarrow \neg N(a)$, isto é, basta que em uma das combinações possíveis entre as condições e suas negações não haja regulação.

A partir dessa representação, o elemento *criativo* da interpretação, a integração do direito, torna-se explícito dentro da modificação do conjunto de conhecimento. Com essa mudança, é possível construir a epistemologia jurídica com clara purificação conceitual das considerações axiológicas. Fica claro também, pela dinâmica de alteração de S_1 para S_2, que a descrição do sistema normativo inclui intervenções prescritivas do intérprete. Certamente, a *identificação de sentido* e a *integração do direito* estão relacionadas: a identificação de uma inconsistência depende da atribuição de sentidos conflitantes para as formulações da norma e também a atribuição de sentido pode ser revista se resultar na introdução de um conflito normativo.

A identificação de sentido é tomada por Alchourrón e Bulygin como uma questão de investigação das convenções linguísticas de uma comunidade. Levando-se em consideração que o positivismo pressupõe a existência de uma convenção social sobre quais são as fontes de autoridade do direito, passa a ser tarefa puramente empírica identificar e descrever qual é o direito válido. Indeterminação de sentido pode ser problema para uma descrição objetiva do sistema jurídico. Entretanto, a análise desenvolvida por Alchourrón e Bulygin se refere à sistematização das normas interpretadas, o que significa que é possível abstrair das atribuições de sentido. Assim, ao menos conceitualmente, é possível distinguir ambas as atividades (sistematização e interpretação), não havendo nenhum problema em se aceitar que pode haver tantos sistemas normativos quantos forem os sentidos alternativos atribuídos às sentenças emitidas pelas fontes dotadas de autoridade.[35] Uma vez que o sentido esteja determinado pela análise e um sistema for indexado por uma interpretação particular, é possível distinguir entre o passo *cognitivo* e o passo *criativo* na descrição ou reconstrução do que é o direito. Ainda assim, podemos nos referir ao sistema jurídico com um sistema que é reconstruído pelo intérprete para justificar uma solução particular para um caso individual.

3.3 Inconsistências implícitas

Na discussão acima tratamos do caso de inconsistência explícita no sistema normativo. A natureza derrotável da solução derivada depende da revisão das premissas normativas. Como vimos, esse foi o primeiro tipo de derrotabilidade jurídica enfrentada por Alchourrón.

Todavia, há aqueles casos em que uma solução normativa derivada das normais gerais é derrotada porque viola algum ideal de justiça ou moralidade. Na maior parte dos casos, essa incoerência não aparecerá, na medida

---

[35] BULYGIN (1986).

em que, normalmente, o legislador e o intérprete compartilham um conjunto comum de valores básicos. No entanto, pode haver *hard cases* nos quais isso não é verdadeiro. A análise desses *hard cases* foi o ponto de partida do ataque de Dworkin ao positivismo jurídico.[36] De acordo com Dworkin, os juízes costumam considerar razões morais e de políticas públicas como vinculantes, ainda que sejam materiais extra-jurídicos. Assim, continua, eles são parte do que é o direito e não do que o direito deveria ser. Dworkin também enfatiza que tais padrões têm a natureza de deveres *prima facie*. Nesse sentido, tal ataque está diretamente relacionado à compreensão da derrotabilidade normativa.

Alchourrón entendia que a derrotabilidade das normas jurídicas por considerações políticas ou morais nada mais seria do que um tipo de contradição normativa entre a norma jurídica explícita e a norma que o intérprete considera correspondente à intenção implícita do legislador. Suponha-se que Antônio mate em legítima defesa. De acordo com o sistema $S_{2,}$ não há nenhuma previsão para essa hipótese. Assim, dada a validade do fortalecimento do antecedente para o condicional estrito de LNP, é uma consequência de S_2 que aquele que matar em legítima defesa deve ser punido, o que seria uma solução normativa justificada para o caso de Antônio. O intérprete pode considerar a solução como ofensiva ao direito moral de todos os indivíduos de defenderem a sua própria vida. Se essa for a solução vista como justificada para o caso de Antônio isso significa que a seguinte norma seria vinculante:

N3. Aquele que matar em legítima defesa não deve ser punido.

Por conta desses casos, Alchourrón e Bulygin estabelecem uma distinção entre a *tese de relevância* de um sistema, dada pelos casos relevantes do sistema, e a *hipótese de relevância*, dada pelos casos que o intérprete considera que deveriam ser relevantes para o sistema. Portanto, as hipóteses de relevância expressam um julgamento sobre a adequação axiológica do sistema.[37] Se uma condição pertencente à hipótese de relevância não estiver presente na tese de relevância do sistema, eles falam de uma lacuna axiológica, a qual faz parte do discurso prescritivo, e não descritivo. Bulygin, aliás, critica o ataque de Dworkin precisamente em sua deficiência de distinguir o discurso descritivo do prescritivo.[38] Isto é, o princípio pode ser vinculante em relação ao intérprete e usado prescritivamente, mas isso não faz parte da descrição do que o direito é.

---

[36] DWORKIN, 1977.

[37] ALCHOURRÓN & BULYGIN (1971: 156-157).

[38] BULYGIN (1991).

Jorge Rodriguez afirma que a hipótese de relevância e as lacunas axiológicas não deveriam ser imediatamente identificadas com o discurso prescritivo, pois podem ser compreendidas como transmissão de informação sobre um sistema normativo secundário o qual realmente é uma reconstrução da chamado *mens legislatoris* pelo intérprete jurídico.[39] Essa abordagem reflete o conhecido argumento normalmente empregado em discussões sobre lacunas axiológicas, de acordo com a qual *o legislador teria escolhido uma solução diferente se tivesse considerado a situação imprevista.*

Acredito que a abordagem de Rodriguez pode ser capturada na dinâmica do sistema normativo correspondente a um intérprete recalcitrante que altera o conjunto original de normas, substituindo-o por outro que inclui mais qualificações. Levando em consideração nosso exemplo anterior, acrescentamos N3 a S_2, criando o sistema S_3 abaixo:

N1. $(k \wedge \neg m) \Rightarrow Op$

N2. $m \Rightarrow O\neg p$

N3. $k \wedge d \Rightarrow O\neg p$

do qual derivamos $(k \wedge \neg m \wedge d) \Rightarrow \text{In}(p)$. O intérprete agora integra o sistema. Ele pretende justificar que Antônio não deve ser punido. Então, em seu sopesamento das razões normativas, ele deveria dar preferência à N3 sobre N1, o que significa alterar o sistema normativo por meio da qualificação do antecedente N1. Tal qualificação torna explícita a assunção implícita do antecedente de N1 no sentido de que o assassino não age em legítima defesa. O resultado é S_4:

N1. $f(k \wedge \neg m) \Rightarrow Op$

N2. $fm \Rightarrow O\neg p$

N3. $f(k \wedge d) \Rightarrow O\neg p$

onde $f(k \wedge \neg m) \Leftrightarrow (k \wedge \neg m \wedge \neg d)$; $fm \Leftrightarrow m$; e $f(k \wedge d) \Leftrightarrow (k \wedge d)$.

3.4 Que os condicionais sejam suficientes, enquanto durem...

A análise da derrotabilidade por Alchourrón está centrada no processo de qualificação do antecedente de normas gerais. Ao focar a mudança de

39 RODRIGUEZ (2000).

estados epistêmicos sobre o direito (ou o mundo) ele mantém o poder inferencial dos condicionais estritos. As condições explícitas no antecedente são suficientes para derivar o consequente e, por meio desse mecanismo individual, as soluções normativas são justificadas e os eventos particulares são explicados.

A concepção de Alchourrón sobre o conhecimento científico (do mundo ou do direito) é essencialmente composta por um conjunto de condicionais estritos gerais que explicam o fenômeno (eventos ou decisões normativas), dada a presença de suas condições suficientes. Embora reconheça que pode haver assunções implícitas e exceções dentro das explicações gerais, é exatamente o papel da ciência e, em particular, da ciência jurídica, torná-los explícitos em regras ou leis causais mais completas ou refinadas.[40]

Dessa forma, não parece haver nenhum lugar no discurso científico para leis gerais como «*a água "normalmente" evapora a 100ºC*» ou «*de acordo com o direito brasileiro se você cometer um homicídio "normalmente" deve ser punido*». Afirmações desse tipo podem ser congêneres ao raciocínio cotidiano pautado pelo senso comum, no qual tomamos conclusões ou agimos com base nelas, mesmo diante de incertezas acerca do que podemos crer.

No entanto, no domínio científico, há rigor em relação à integridade das generalizações. Os fatos reais ou eventos são apenas tomados dentro de uma abordagem de instanciações a partir de hipóteses gerais. Se a generalização não explica adequadamente uma experiência particular, por exemplo, «*Antônio ferveu a água em La Paz a uma temperatura abaixo dos 100ºC*», então deve ser revisada por outra generalização mais qualificada, por exemplo, «*a água evapora a 100ºC se aquecida ao nível do mar*», que é capaz de explicar aquela experiência particular (inadequada em relação à crença original), mas também qualquer outra instanciação. Agora, se após o refinamento da teoria científica, em outra instanciação particular não estamos certos acerca das condições efetivas de pressão e altitude, e pretendemos inferir por presunção («normalmente») que a água aquecida evaporará a 100ºC, esse será um problema circunscrito à instanciação e não mais da teoria geral (o problema está apenas em identificar se o antecedente da lei geral – que não foi falsificada – é ou não satisfeito).

O mesmo ocorre na atividade de reconstrução do sistema jurídico pela ciência do direito. Se, de acordo com o sistema jurídico, aquele que matar deve ser punido, mas, sob uma decisão específica do tribunal, entende-se que Antônio não deva ser punido apesar de ter cometido homicídio, tal decisão não pode ser justificada pelo sistema normativo como ele se apresenta.

---

[40] ALCHOURRÓN (1996b: 342)

Certamente, essa decisão não poderia ser justificada com base no argumento de que o assassino foi Antônio. A justificação deve ser baseada em alguma propriedade ou circunstância do caso o qual poderia ser generalizado, isto é, a mesma solução normativa seria aplicada a qualquer assassino nas mesmas circunstâncias.[41] Por exemplo, a decisão pode ser justificada pelo fato de que Antônio foi atacado pela vítima, em conjunto com a regra geral segundo a qual todos que agem em legítima defesa não são criminalmente responsáveis. Se essa for a justificativa, a regra geral apenas pode ser acomodada por meio de reinterpretação, a qual necessariamente altera o sistema jurídico. A proposição normativa da ciência jurídica associaria uma solução geral a uma hipótese geral refinada como «de acordo com o sistema jurídico brasileiro aquele que matar sem agir em legítima defesa deve ser punido». Novamente, se Antônio cometeu homicídio e o juiz não tem informações suficiente sobre as circunstâncias nas quais a ação ocorreu, ou se o advogado de Antônio não apresentou alegação de legítima defesa, então se pode presumir que esse não foi o caso e, naquela instanciação particular, «saltar para a conclusão» de que Antônio deveria ser punido. O problema é de instanciação e não em relação à descrição do sistema normativo.

Observe-se que há uma diferença quando consideramos a derrotabilidade focando a sistematização das normas/condicionais gerais e quando a consideramos focando a instanciação da regra geral. «Saltar para a conclusão» ou abrir exceções à regra geral é uma questão de instanciação, presente quando fazemos presunções sobre a presença ou ausência de um fator ou circunstância em um caso particular. Por sua vez, a sistematização pode ser provocada pela falha em uma instanciação particular, porém o problema é como explicar tal falha, o que pode ser feito a partir da generalização de uma propriedade relevante do caso excepcional e qualificação do condicional que foi derrotado. Pode-se dizer que, no primeiro caso, a derrotabilidade tem a ver com uma *exceção* em uma instanciação particular, enquanto no segundo caso, a derrotabilidade tem a ver com a qualificação de condicionais explicativos. Na verdade, tratamos do mesmo fenômeno, mas visto por perspectivas distintas. Na medida em que, segundo Alchourrón, a tarefa da ciência é prover explicações gerais e sistematizadas de eventos ou proposições normativas gerais e sistematizadas descrevendo normas gerais que justificam decisões ou ações particulares em diferentes circunstâncias, para ele é a derrotabilidade como *qualificação* que está em jogo e que importa.

---

[41] Trata-se de reflexo do princípio da universalização dos juízos morais da tradição kantiana e que arraigou-se na tradição jurídica a partir da era moderna, no sentido de que todas as decisões jurídicas deveriam ser baseadas em normas gerais e abstratas (veja a discussão relacionada a esse princípio em ALCHOURRÓN, 1996b).

Isso quer dizer que na visão de Alchourrón sobre a ciência (jurídica) deveríamos tornar explícita todas as assunções possíveis ou exceções às leis causais e todas as circunstâncias possíveis nas quais a norma pode entrar em conflito (com normas jurídicas ou morais) numa instanciação particular? Isso parece ser uma ilusão de certeza, inadequada a uma abordagem minimamente realista do conhecimento (jurídico).

De fato, Alchourrón concorda que é impossível formular todas as exceções implícitas na interpretação da expressão normativa, e que, possivelmente, todas as expressões normativas são derrotáveis nesse sentido. Em um de seus últimos artigos, Alchourrón cita Hart, quando diz que todas as normas jurídicas deveriam terminar com a expressão «*a menos que...*» e também MacCormick, quando diz que a tentativa de formular todas as exceções concebíveis seria o inimigo de todo tipo de clareza ou cognoscibilidade no direito.[42] No entanto, concordar com essas passagens significa apenas concordar com a derrotabilidade do conhecimento e não subscrever uma concepção de conhecimento como um corpo de proposições composto por leis ou regras *default*. Acredito que, na visão de Alchourrón, o conhecimento do mundo ou do direito pode apresentar a si mesmo como seguro e completo por meio de condicionais estritos gerais, *enquanto tais condicionais possam lidar com a realidade*. Derrotabilidade do conhecimento repousa na instabilidade das proposições científicas dentro do conjunto do conhecimento, isto é, no fato de que tais proposições podem ser alteradas e mais qualificadas dadas novas observações ou a necessidade de justificar uma decisão normativa conflitante. Após expor o procedimento de representação da derrotabilidade por meio de condicionais gerais, Alchourrón faz os seguintes comentários:

> «Mas após a segunda revisão levanta-se a questão: alcançamos o conjunto desejado e correto de premissas? Em geral, nunca estaremos certos de que obtemos o desejado (muito menos o correto) conjunto de premissas, porque nunca estamos completamente conscientes do infinito conjunto de consequências que se segue de qualquer (mesmo muito pequeno) conjunto de premissas. Por essa razão deve-se verificar permanentemente a qualidade das premissas e estar pronto para realizar tantas revisões quanto a sua análise e nossa experiência exijam.»[43]

Agora, temos um quadro mais claro da posição de Alchourrón acerca das razões pelas quais não deveríamos ocultar a derrotabilidade por meio do uso das serpentes.

Primeiro, Alchourrón entendia que o fenômeno da derrotabilidade na ciência guarda uma relação intrínseca com as alterações nos estados epis-

---

[42] Alchourrón (1996b: 341-342).

[43] Alchourrón (1993: 79).

têmicos. A derrotabilidade de uma proposição condicional significa sua susceptibilidade à qualificação (alteração). Na medida em que a consequência lógica não é uma noção epistêmica (Alchourrón não era um intuicionista, pelo contrário) uma relação de consequência não-monotônica que oculte esse processo epistêmico não pode oferecer uma abordagem filosoficamente adequada da derrotabilidade.[44]

Segundo, Alchourrón também entendia que um modelo adequado de conhecimento deveria consistir em proposições gerais que possam oferecer explicações suficientes de eventos ou justificações suficientes de decisões jurídicas particulares, até que sejam sujeitos a alterações em função de novas observações/decisões. Ele aceitava a existência de construções condicionais na linguagem ordinária em que o antecedente não é uma condição suficiente para o consequente, mas jamais conseguiu relaxar sua aderência ao *modus ponens*. A única maneira que encontrou para conciliar essas inclinações foi em termos da noção de *condições contributivas*. Seu modelo científico de explicação é composto por condições suficientes, embora elas devam ser tornadas explícitas, sendo sujeitas à alteração. Enquanto as alterações não forem feitas e houver assunções implícitas associadas essas condições, elas serão apenas *condições necessárias de condições suficientes*; portanto, condições contributivas.

Terceiro, em particular, uma representação adequada do conhecimento jurídico deveria ser restrita ao discurso descritivo, de modo que fiquem às claras as intervenções das escolhas dos intérpretes (discurso prescritivo) que provocarem alterações no sistema original.

Numa abordagem positivista, a representação da inferência jurídica deveria deixar perfeitamente claras *quais são as condições de fato expressas pelo legislador*, as quais são dadas pelo sistema existente de normas, e *quais condições são formuladas pelo juiz ou pelo intérprete do direito em seu esforço reconstrutivo* diante de conflitos entre normas jurídicas ou entre normas jurídicas e regras políticas/morais que possam ser atribuídas à intenção implícita do legislador. Se usarmos as serpentes, então essa distinção pode se tornar invisível. Por outro lado, sempre que representarmos o processo como uma revisão, então tornaremos explícitas os condicionais normativos completos do sistema. A intervenção do juiz ou contribuição do intérprete vem à tona quando analisamos o processo de revisão. Se essa dinâmica de revisão for ocultada, então a distinção entre a as atividades descritiva

[44] Um argumento semelhante é usado por Andre Fuhrmann a favor da revisão de um estado epistêmico inconsistente no lugar de uma lógica paraconsistente, isto é, uma relação de inferência que admita premissas inconsistentes sem trivialização (Fuhrmann, 1997).

(descrição do sistema de normas) e prescritiva (a contribuição do intérprete na integração do direito) será perigosamente obscurecida.

4. REFINAMENTO

Como vimos, de acordo com Alchourrón, o conhecimento científico é formado por condicionais gerais que explicam a realidade. Falhas para tais explicações motivam mudanças na teoria. Essas mudanças, localizadas nos antecedentes desses condicionais são formalmente representados por meio de um operador de revisão, o qual explicita suas assunções implícitas. No conjunto das assunções implícitas deve estar presente a negação do fator refutador. O fator refutador deriva uma solução normativa (explicação) para o caso que é conflitante com a solução derivada da teoria. Por sua vez, o condicional revisado, com seu antecedente expandido, traz um caso no qual o fator refutador não está presente. Chamemos de «refinamento» o movimento epistêmico no qual um condicional da teoria original tem seus antecedentes qualificados por novas condições.

Note-se que na abordagem de Alchourrón para esse movimento de refinamento do condicional nenhuma referência direta é feita à teoria científica que engloba todos os condicionais. A «teoria» que aparece nessa abordagem é na verdade o conjunto de assunções implícitas associado ao antecedente do condicional: para cada condicional há uma teoria associada ao antecedente. Nos exemplos de Alchourrón, o refinamento aplica-se a um condicional explícito na base do próprio sistema normativo. Embora adote uma noção Tarskiana de teoria como um conjunto de sentenças fechado por suas consequências lógicas, Alchourrón não discute, por exemplo, como seria o refinamento de um condicional normativo apenas derivado dessa base de regras (e não explicitamente formulado nela). Também não expõe como a teoria como um todo se adapta para manter a consistência quando um de seus condicionais explícitos for refinado.

Claro, o objetivo de Alchourrón era apenas mostrar a ponte entre o condicional revisado (ou revisável) e o condicional derrotável, mas no modelo que aponta como *a* representação adequada de derrotabilidade há uma dinâmica de mudança da teoria ou do sistema normativo. Portanto, acredito que uma representação mais fiel dessa dinâmica seria alcançada por uma operação de refinamento sobre a teoria que tenha como *efeito* a expansão do antecedente de um de seus condicionais e não uma operação de refinamento sobre o condicional que não nos informe sobre o que acontece com o restante da teoria.[45]

Tais operadores foram desenvolvidos em (MARANHÃO, 2001, 2007)[46] com o objetivo de lidar com inconsistências em uma teoria qualquer por meio do simples enfraquecimento (não eliminação) de sentenças (inclusive condicionais) conflitantes. Um caminho óbvio para esse enfraquecimento é a especificação das sentenças conflitantes por meio de condições mutuamente excludentes. A ideia é muito simples. Suponha-se que se acredita que a água entra em ebulição a 100ºC (e). Segue-se daqui as crenças de que a água entra em ebulição a 100ºC quando se está ao nível do mar ($m \rightarrow e$) e quando não se está ao nível do mar ($\neg m \rightarrow e$). Um experimento que ferva a água em La Paz fracassa ($\neg a$) aponta que quando não se está ao nível do mar ($\neg m \rightarrow \neg e$) a água não entra em ebulição a 100ºC. Portanto, o que se tem a fazer é excluir a convicção especificamente equivocada, a saber, que a água entre em ebulição a 100ºC quando não se está ao nível do mar ($\neg m \rightarrow e$), preservando-se o outro condicional, de acordo com a qual a água ferve a 100ºC ao nível do mar ($m \rightarrow e$).

Denominei *refinamento interno* o operador que restringe a convicção original à sua condição confirmadora, excluindo a crença diante da condição refutadora. O movimento complementar que incorpora a crença oposta diante da condição refutadora foi chamado de *refinamento externo*. Já a composição entre refinamento interno e externo chamei de *refinamento global*.

A construção do operador de refinamento interno é baseada nas funções de contração da AGM. A análise ficará restrita a qualquer *teoria interessante* em que a sentença a ser suprimida não for uma tautologia e pertença à teoria (uma definição formal dessa noção é dada por MARANHÃO, 2007). Primeiro, define-se uma função condicional h sobre um conjunto de fórmulas que selecionará a condição refutadora da crença original. Dessa forma, ao admitir uma função de contração $\div$ e uma função condicionante h, define-se o operador de refinamento interno de uma teoria K pela sentença a como uma contração por meio de uma condicional derrotável, *i.e.* $K\#a=K\div h(a)\rightarrow a$. Como mostrado em (MARANHÃO, 2007) confirma-se que, dadas restrições sobre as funções condicionantes, a função de refinamento interno é caracterizada pelos seguintes postulados:

---

[45] Há uma correspondência dessa abordagem com a teoria dos sistemas normativos de Alchourrón & Bulygin. Eles primeiro definem o conceito de sistema normativo e identificam normas como seus elementos, em vez de uma abordagem Kelseniana na qual primeiro as normas são definidas e, então, o sistema é identificado como um conjunto de normas válidas (ALCHOURRÓN & BULYGIN, 1971).

[46] Reproduzidos nas seções 5 e 6 deste livro.

#1. $Cn(K\#a) \subseteq K\#a$

#2. $a \notin K\#a$

#3. $K\#a \subseteq K$

#4. $K \subseteq Cn(K\#a \cup \{a\})$

#5. if $a \leftrightarrow b \in Cn(\varnothing)$ then $K\#a = K\#b$

#6. $\neg h(a) \rightarrow a \in K\#a$

Isso significa que as funções de refinamento são funções de contração--AGM satisfazendo o postulado adicional #6 (postulado de preservação) de acordo com o qual a sentença contraída é preservada quando a condição refutadora está ausente. Isso é exatamente o que a revisão associada aos condicionais contributivos de Alchourrón faz, *i.e.* ela revela a negação dos fatores refutadores dentre as assunções implícitas. Ademais, temos a garantia que a sentença contraída é suprimida (#2). Segue-se de #2 e #6 que também é suprimida a sentença original na presença da condição refutadora *i.e.* $h(a) \rightarrow a \notin K\#a$. Tem-se também que o resultado do refinamento é uma teoria menor (#3, #1) que sofreu uma alteração minimal em relação à sentença que foi refinada (#4). Ademais, a forma lógica da sentença a ser internamente refinada é irrelevante (#5).

A função de refinamento global de uma teoria K por uma sentença a (notação $K \bullet a$) é construída sobre o refinamento interno: $K \bullet a = Cn(K\#\neg a \cup \{h(\neg a) \rightarrow a\})$. Pode ser demonstrado que o refinamento global satisfaz os postulados de uma revisão AGM exceto auto-dedutibilidade, o que significa que o refinamento global, embora com proximidades óbvias, não é uma revisão.

Ressalto que a construção é abstrata e seu resultado vale seja qual for a teoria em qualquer lógica subjacente cujo condicional «>» satisfaça as seguintes propriedades para quaisquer sentenças a, b da linguagem: (i) $b>a, \neg b>a \in Cn(a)$; e (ii) se $a \in Cn(\{b>a\} \cup \{\neg b>a\})$. Os condicionais estritos em S5, utilizados por Alchourrón como base para a construção de DFT, por exemplo, satisfazem essas propriedades.

Vamos aplicar agora o refinamento de teorias sobre os exemplos discutidos no item 3.2 acima. Dado que o refinamento é um operador aplicado às teorias, não há necessidade de um operador de revisão sobre o antecedente dos condicionais estritos e, portanto, a linguagem da lógica normativa que usaremos é mais simples. Em vez de construir a lógica a partir de DFT, partiremos de S5, com a definição de condicionais estritos, adicionando as modalidades deônticas e seus axiomas tanto quanto as definições relevantes de consistência e lacuna, tal como delineado no item 3.1 acima. Chamaremos essa lógica de LPN (lógica de proposições normativas). Agora, para ilustrar o procedimento de revisão de condições gerais de Alchourrón podemos apenas refinar a teoria que consiste nas consequências lógicas de S_1:

$$(k \wedge m) \Rightarrow \text{In}(p) \in Cn(\{k \Rightarrow \text{O}p, m \Rightarrow \text{O}\neg p\}) = Cn(S_1)$$

Essa inconsistência normativa[47] é o que desencadeia o refinamento de $Cn(S_1)$. Há uma escolha de acordo com uma relação de preferência aceita sobre proposições normativas da norma que vai ser refinada. No exemplo aqui mostrado N2 é preferido. Portanto, dado $h(k \Rightarrow \text{O}p)=m$ temos:

$\neg m \Rightarrow (k \Rightarrow \text{O}p) \in Cn(S_1)\# (k \Rightarrow \text{O}p)$ (postulado de preservação)

E, assim, tendo em vista que trabalhamos com condicionais estritos, temos: $(k \wedge \neg m) \Rightarrow \text{O}p \in Cn(S_1)\# (k \Rightarrow \text{O}p)$

Isso também assegura que $(k \wedge m) \Rightarrow \text{O}p \notin Cn(S_1)\# (k \Rightarrow \text{O}p)$ e $m \Rightarrow \text{O}\neg p \in Cn(S_1)\# (k \Rightarrow \text{O}p)$, solucionando-se a inconsistência.

Saliente-se que, por fortalecimento do antecedente,

$(m \wedge k) \Rightarrow \text{O}\neg p \in Cn(S_1)\# (k \Rightarrow \text{O}p)$

o que significa que o refinamento global é redundante no caso de inconsistência explícita. Não obstante, se desejarmos refinar a proposição normativa por uma circunstância nova «implícita», então é necessário usar o refinamento global. A diferença entre refinamento global e o procedimento por condicionais contributivos descrito na Seção 3.3 é que lá, primeiro, o condicional derrotável é acrescido para obter S_3 e, então, segue-se o mesmo procedimento para o caso de inconsistência explícita, resultando em S_4. O refinamento global oferece um passo direto de S_2 para S_4 (realmente, se observarmos a construção estritamente, o condicional derrotável é acrescido após o refinamento interno).

Um procedimento geral para evitar inconsistência com todos os possíveis refutadores de um condicional dentro da teoria é obtido por um refinamento interno em relação a uma teoria Th baseada sobre uma seleção apropriada pela função condicional: $h(b \Rightarrow a)=\vee\{d: d \Rightarrow \neg a \in Th\}$. A função de refinamento interno, dessa forma, oferecerá como resultado: $(b \wedge \{\neg d\}) \Rightarrow a \in Th\#(b \Rightarrow a)$.

A vantagem de usar um operador em relação sobre teorias e não em relação ao (antecedente de um) condicional é que temos uma percepção da teoria resultante como um todo após o procedimento de revisão. Acredito que isso também represente mais fielmente a ideia de que ocorre uma mudança

---

[47] Observe-se que a presença de uma inconsistência normativa não significa que a teoria de proposições normativas em si seja inconsistente.

epistêmica no corpo de proposições da ciência como um todo para preservar a consistência.

De todo modo, a similaridade de ambas as abordagens é evidente e não é difícil imaginar traduções possíveis. Primeiro, é possível definir uma relação de consequência não-monotônica ou condicionais contributivos usando refinamento para obter o conjunto consistente de assunções implícitas. Como vimos, *fa* pode ser visto como uma revisão de uma teoria K de assunções implíticas $K*a$ e o condicional contributivo pode ser tomado como $(\wedge K*a)\Rightarrow b$.[48] Uma construção paralela, usando um refinamento global, seria $(\wedge K\bullet a)\Rightarrow b$, porém, como vimos, tal condicional não satisfaz a auto-dedutibilidade, o que é indesejável. Alternativamente, é possível partir de uma contração $(a\wedge K\div\neg a)\Rightarrow b$, a qual é equivalente a $(\wedge K*a)\Rightarrow b$, mas usar o refinamento interno $(a\wedge K\#\neg a)\Rightarrow b$.

A chave das traduções entre as condições contributivas de Alchourrón e o refinamento é a função condicional *h*. Condicionais contributivos podem ser vistos como o resultado de operadores de refinamento nos quais a função condicional *h* escolhe exatamente o conjunto consistente de assunções implícitas associado ao antecedente do condicional, isto é, a função *h* satisfaria a seguinte restrição $h(a\Rightarrow b)=\neg(\wedge K\div\neg a)$.

Por sua vez, o conjunto consistente de assunções implícitas associadas ao antecedente de um condicional $a\Rightarrow b$ pode ser construído para observar a função condicional de um operador de refinamento. Uma ideia seria usar a função de seleção *s* na construção do operador de contração sobre o conjunto K de assunções implícitas satisfazendo a seguinte restrição: $s(K\perp\neg a)=\{X\in K\perp\neg a\text{: } \neg h(a\Rightarrow b)\in X\}$.

Entretanto, uma comparação completa entre o operador de refinamento e a teoria dos condicionais contributivos de Alchourrón está fora do escopo do presente trabalho.

5. CONSIDERAÇÕES FINAIS

As convicções de Alchourrón sobre o papel da ciência, em particular da ciência do direito, como descrição de normas gerais, levou-o a ver *a derrotabilidade* como suscetibilidade para mudança da teoria. Dessa forma, a abordagem formal que considerou filosoficamente correta em relação à *derrotabilidade* consistiu na qualificação dos condicionais gerais por meio de um operador de revisão. Na medida em que também estava convencido

48 Obviamente por meio de $\wedge K*a$ queremos dizer uma conjunção de elementos de axiomatização finita de $K*a$.

que na representação formal nada se ganha e nada se perde em relação ao uso de relações de consequência não-monotônicas, sustentou então que deveríamos optar pela representação filosoficamente correta.

Peczenik defende que as lógicas não-monotônicas de argumentação sujeita a exceções são filosoficamente mais corretas para representar o raciocínio jurídico.[49] Seu ponto é que tais lógicas propiciam uma representação adequada do jogo de argumentos a favor e contra uma afirmação, do sopesamento e balanço de razões, bem como de decisões que saltam para conclusões, baseadas em normas gerais e presunções sobre fatos do caso. Outros, como Prakken,[50] acreditam que o modelo de revisão seria impróprio para espelhar o jogo de alocação de ônus da prova, que seria essencial para a natureza derrotável da argumentação jurídica.

Minha impressão sobre esse debate é que não deveria haver conflito, na medida em que as preocupações e convicções de ambos os lados podem ser acomodadas. As lógicas de argumentação derrotável ilustram melhor a derrotabilidade no processo de raciocínio envolvido na instanciação de normas gerais para fatos particulares (atuais ou hipotéticos), no qual o ônus da prova organiza os argumentos a favor e contra uma determinada afirmação e permite pular para a conclusão (enquanto uma afirmação não for desafiada por um contra-argumento). Esse é um lado da moeda do raciocínio jurídico. No entanto, seja qual for o resultado de tal argumentação de instanciação, uma certa solução normativa é justificada diante de determinados fatores do caso (atual ou hipotético) que foram, por alguma razão, considerados relevantes. Se novos fatores são considerados relevantes a ponto de abrir uma exceção à norma geral condicional presente no sistema normativo, isso significa que a decisão somente pode ser justificada com base no sistema se esse for submetido a uma certa alteração. Esse raciocínio acerca do sistema justificatório subjacente é o outro lado da moeda, que pode ser melhor representado pelas lógicas de revisão de crenças, tais como a lógica de condicionais contributivos de Alchourrón e a lógica de refinamento.

Portanto, os oponentes nessa discussão talvez estejam apenas focando aspectos distintos do mesmo fenômeno, *i.e.* derrotabilidade jurídica como exceção, de um lado, e derrotabilidade jurídica como qualificação, de outro. De todo modo, prefiro deixar uma análise mais detalhada sobre esse debate para outro trabalho.

---

49 PECZENIK (1996).

50 PRAKKEN (1997).

SEÇÃO 8

CONTRAÇÃO CONSERVADORA[1]

Resumo: A teoria de revisão de crenças baseia-se no princípio de alteração minimal do conjunto original de crenças diante de evidências conflitantes, ou seja, altera-se o conjunto de crenças originais eliminando-se aquelas conflitantes (ou que derivem consequências conflitantes) com a nova informação. Baseando-me no princípio epistêmico de *conservadorismo,* formulado por Harman,[2] questiono se essa é realmente a forma mais econômica de lidar com o nosso estoque de crenças e argumento pelo menos algumas das consequências lógicas de uma crença rejeitada devem ser preservadas, se não houver um motivo específico para rejeitá-las. Em outras palavras, o agente deve ser minimal, não apenas em relação às suas crenças explícitas, mas também a respeito dos seus compromissos epistêmicos originários. O presente trabalho propõe um operador denominado «*contração conservadora*», satisfazendo o princípio do conservadorismo de Harman. O foco está nas consequências lógicas da crença a ser contraída, as quais podem se tornar explícitas no conjunto contraído resultante. Mostramos, ao final, que o operador denominado «refinamento de crenças»[3] é um caso particular de contração conservadora, o que também parece ter uma relação interessante com o raciocínio abdutivo.

---

1 Maranhão, J. «Conservative Contraction», *The Many Sides of Logic* (eds. Carnielli, W., D'Ottaviano, I. e Coniglio, M), *Studies in Logic*, vol. 21, King's College Publications, 2009.

2 Harman (1989).

3 Maranhão (2007).

1. INTRODUÇÃO: AGENTES EPISTÊMICOS TENAZES

Quando é que uma crença se justifica? E quando é que se justifica a manutenção de uma crença? Essas questões são fundamentais para uma teoria do conhecimento. A primeira é estática: diz respeito à estrutura de um determinado estoque de crenças e à forma pela qual nossas crenças de fato se relacionam ou deveriam se relacionar. A segunda é dinâmica: diz respeito à nossa disposição para alterar as nossas crenças e trata da faculdade de descartar uma crença e do modo pelo qual ela deve ser descartada quando outras também tiverem sido abandonadas.

Curiosamente, a conhecida controvérsia na epistemologia entre o fundacioalismo e o coerentismo ficou por muito tempo confinada à dimensão estática. Basicamente, as teorias do conhecimento fundacionalistas defendem que há algumas crenças básicas cuja justificação não depende de qualquer outra crença e que fornecem, direta ou indiretamente, a justificação para todas as demais crenças (por exemplo, por meio de uma dedução linear). As teorias coerentistas defendem que nenhuma crença pode ter esse *status* fundacional e que por isso todas as crenças apoiam-se direta ou indiretamente umas nas outras. Enquanto as teorias fundacionalistas deparam com o problema de explicar a natureza dessas crenças básicas, as teorias coerentistas enfrentam o desafio de explicar o que é exatamente essa relação de mútuo suporte, que é algo mais forte do que a simples consistência, porém algo não tão forte quanto a relação de consequência lógica.[4]

Foi apenas recentemente (se considerada a história do debate) que a discussão se beneficiou de uma perspectiva dinâmica. Na década de oitenta, a discussão filosófica apoiava-se e inspirava-se no então novo campo de estudos lógicos denominado «revisão de crenças», cujo marco inicial é o trabalho de Alchourrón, Gärdenfors e Makinson.[5]

Desde então, a perspectiva dinâmica vem ganhando espaço e, como seria de esperar, tem gerado muitas discussões. Mas há uma intuição nuclear que parece continuar inabalada: os agentes epistêmicos são tenazes no que diz respeito às suas crenças originais. Essa tenacidade reflete-se no princípio de «alteração minimal», que implica duas afirmações: (i) deve-se abandonar uma crença somente quando o agente for «forçado» a fazê-lo, (ii) para renunciar a uma crença deve-se abandonar o menor número de crenças possível (ou seja, apenas aquelas «responsáveis» pela crença que se pretende rejeitar).[6]

---

4 Ver (Sosa, 1980) para uma apresentação e discussão do tema.
5 Alchourrón, Gardenfors e Makinson (1985).
6 Hansson (1999: 12).

A primeira afirmação deixa em aberto a interpretação que se deve dar ao termo «*forçada*». Em sentido positivo, significa que uma crença deve ser abandonada quando houver uma razão indicando que os motivos para mantê-la não são válidos. Em sentido negativo, deve-se abandonar uma crença sempre que não se encontrar uma boa razão para mantê-la. Segundo Harman, na perspectiva dinâmica, essa é a noção chave para distinguir as teorias de conhecimento coerentistas das teorias fundacionalistas. Neste último caso (fundacionalismo), presume-se que, para manter uma crença, deve-se manter o registro das suas justificativas originais (se não mais as encontramos, deve-se abandoná-la). Naquele (coerentismo), essa exigência para preservação é menos rígida, requerendo-se o abandono apenas diante da presença de contra-razões aos motivos da crença, dado que a relação de justificação não é linear.[7]

Harman interpreta a visão coerentista à luz de noção ainda mais forte para favorecer a preservação, que chama de «princípio do conservadorismo»: determinada crença deve ser abandonada somente quando houver uma razão específica que a contrarie. Em suas palavras: «justifica-se a plena aceitação de algo na ausência de uma razão especial para sua não aceitação».[8] De acordo com o conservadorismo, mesmo que a justificativa original para a manutenção de uma crença seja contradita, ainda é possível mantê-la, se for consistente ou coerente com o restante do estoque de crenças. Essa persistência na crença de fato ocorre, como mostram pesquisas empíricas em ciência cognitiva e Harman atribui esse fenômeno não à simples teimosia ou ao mau hábito, mas a um efetivo processo de racionalização:

> «Os indivíduos não percebem que as crenças por eles adquiridas foram desacreditadas. Eles criam todo tipo de racionalizações (como dizemos), recorrendo a conexões com outras crenças que são compatíveis com a teoria coerentista, mas não com a fundacionalista.»[9]

Harman dá um passo além e afirma que nós não só raciocinamos dessa forma, mas que essa deve ser a diretriz a ser observada na administração de nossas crenças. A afirmação fundamenta-se no princípio que ele denomina «evasão da sobrecarga» (*clutter avoidance*), segundo o qual não se deve tumultuar a mente com crenças desnecessárias. A ideia é que devemos reservar espaço na nossa mente, uma vez que existem limites para o que podemos lembrar. É por isso que não se deve manter um registro de todas as etapas intermediárias para se chegar a uma conclusão, mas apenas armazenar as informações essenciais para uma consulta posterior.

---

7 HARMAN (1989: 39).
8 HARMAN (1989: 46).
9 HARMAN (1989: 38).

Mas evitar o alívio da sobrecarga (*clutter avoidance*) também implica que não se deve acreditar explicitamente nas consequências lógicas das crenças. Adota-se uma distinção entre as crenças explícitas (básicas) e implícitas (consequências lógicas das crenças básicas). A distinção é crucial na perspectiva dinâmica, uma vez que formulações de um conjunto de crenças logicamente equivalentes podem produzir resultados diferentes em função de uma revisão.[10]

Neste trabalho afirmamos que, devido à distinção entre crenças explícitas e implícitas, o princípio de alteração minimal incorporado em todos os modelos de revisão de crenças pertencentes à tradição AGM não é fiel ao princípio do conservadorismo de Harman e, por isso, não dá tratamento adequado aos agentes epistêmicos tenazes. De fato, ele leva a resultados desarrazoados na contração de um conjunto de crenças. Para representar o conservadorismo, propomos um novo operador de contração que chamamos de contração conservadora.

2. ALTERAÇÃO MINIMAL *VERSUS* CONSERVADORISMO

Os modelos lógicos de contração de crenças pertencentes à tradição AGM baseiam-se no princípio da alteração minimal do conjunto original de crenças. Considere-se um conjunto de crenças K do qual se derive a, uma crença que deve ser abandonada. A minimalidade será satisfeita nesse processo de contração pela construção de subconjuntos maximais de K dos quais não se derive a. A *contração maximal* (*maxichoice contraction*) dá-se pela escolha de um desses subconjuntos.[11] Esse modelo garante que, para abandonar a, apenas as crenças que são relevantes para a inferência de a sejam excluídas (princípio da relevância). Intuitivamente, as crenças relevantes para a são aquelas que, dentro do conjunto K, podem contribuir para a derivação de a. Seja b uma crença tal que $b \in K$. Então, b é relevante para K se e somente se houver $K' \subset K$ tal que $a \notin Cn(K')$ mas $a \in Cn(K' \cup \{b\})$. Mais do que isso, a alteração minimal sustenta que, dentre essas crenças relevantes, deve-se abandonar apenas o suficiente para evitar a.

Se deixarmos de lado, por enquanto o princípio de evasão da sobrecarga (*clutter avoidance*), então o nosso conjunto de crenças deverá ser fechado pela relação de consequência lógica (nesse caso, o termo «teoria» será utilizado). A noção de evasão da sobrecarga já estava presente em artigo anterior de Alchourrón e Makinson,[12] no qual se utiliza, ao lado da *maxichoice contraction*, a contração por intersecção total (*full meet contraction*), que

---

10 Ver a discussão em Hansson (1999, Capítulo 1).

11 Alchourrón, Gardenfors e Makinson (1985).

12 Alchourrón e Makinson (1982).

apenas preserva aquelas crenças presentes em todos os subconjuntos maximais do conjunto de crenças originário. No artigo que inaugura o conhecido modelo AGM[13] a inovação foi o que se denomina contração por intersecção parcial (*partial meet contraction*), segundo a qual são preservadas apenas as crenças extraídas de um subconjunto selecionado dentre esses subconjuntos maximais. O exemplo abaixo mostra a diferença entre essas abordagens:

Exemplo 1. *Suponha um conjunto de crenças composto por sentenças que descrevem o que você gostaria de fazer sem violar a lei. Suponha que você gostaria de praticar mergulho (d), utilizar um cilindro de ar (t) e pescar (f). Você vem a saber que todas essas atividades, conjuntamente, são proibidas e, então, você passa a admitir a negação da sentença* $t \wedge d \wedge f$*, que é consequência do conjunto de crenças* $\{t,f,d\}$*. Pela contração maximal, você abandonaria apenas uma das atividades (por exemplo, poderia pescar com cilindro de ar, mergulhar e pescar, ou mergulhar com cilindro de ar). A intersecção total desses três conjuntos simplesmente o levaria a ficar inerte. A intersecção parcial oferece opções mais flexíveis, tal como o abandono de duas dessas atividades (por exemplo, pode não fazer sentido utilizar um cilindro de ar, se você desistiu da ideia de mergulhar e decidiu pescar).*

Maxichoice é o operador que leva a minimalidade mais a sério, mas pode levar a consequências desarrazoadas. Suponha que você acredita que George Bush é o presidente dos EUA (a). Seu conjunto de crenças é $Cn(\{a\})$. Então você descobre que Obama é o presidente. Dado que, para qualquer sentença b (por exemplo, «Homer Simpson é o presidente»), $a \vee b \in Cn(\{a\})$, o resultado de uma contração maximal abandonaria a, mas ainda manteria a crença de que Bush ou Homer é o presidente.

Aí está a dificuldade de conciliar a alteração minimal com a evasão da sobrecarga (*clutter avoidance*). Pode-se argumentar que o problema residiria, antes de mais nada, em trabalhar com conjuntos de crenças logicamente fechados. Assim, para observar a evasão da sobrecarga (*clutter avoidance*) o certo seria trabalhar com conjuntos de crenças que não sejam necessariamente fechados (que denominaremos *bases de crenças*). Foi esse o argumento de Makinson em defesa da contração *maxichoice*.[14]

O problema é que trabalhar com bases de crenças altera completamente o equilíbrio entre alteração minimal e evasão do excesso (*clutter avoidance*) e minha impressão é que isso não tem sido levado em conta.

A alteração minimal sobre teorias presta a devida atenção ao nosso compromisso com as consequências lógicas das nossas crenças, mas é tão

---

13 Alchourrón, Gardenfors e Makinson (1985).

14 Makinson (1987).

cautelosa que acaba acumulando crenças em excesso. Portanto, a evasão da sobrecarga (*clutter avoidance*) nos aconselha a ser mais seletivos no processo de contração. Mas se privilegiarmos a evasão da sobrecarga, operando sobre bases de crenças em vez de teorias, então algumas consequências lógicas relevantes das nossas crenças correm o risco de serem ignoradas. Isso ocorre porque a alteração minimal fica restrita à base de crenças explícitas e não se aplica aos nossos compromissos implícitos originários. Isso pode levar à supressão de crenças que, racionalmente, talvez valha a pena manter.

Observe-se que, se K for fechado por consequência lógica (se K for teoria), então as consequências lógicas de uma crença abandonada podem ser mantidas no resultado da contração. Por exemplo, na contração de b a partir do conjunto $Cn(\{a \wedge b\})$, a pode ser mantida dado que $a \in Cn(\{a \wedge b\})$. Mas se lidarmos com uma base de crenças, então ela será perdida pois $a \notin \{a \wedge b\}$ e deixará de ser derivada se a crença presente na base for eliminada. Na verdade, o resultado dessa contração de base seria o conjunto vazio. Esse efeito de «*propagação da descrença*» estaria justificado, segundo Hansson, pela intuição de que «*não se justifica manter crenças meramente derivadas em função do seu próprio valor. Se uma delas perder a base de apoio proporcionada por crenças básicas, então ela será automaticamente eliminada*» ([6], p. 18).

A intuição pode funcionar para a versão fundacionalista do conhecimento. Mas será que essa é realmente a forma mais razoável de lidar com as nossas crenças? Por que deveria o agente abandonar seus compromissos epistêmicos anteriores se não tiver motivos específicos para opor-se a eles? Pelo princípio do conservadorismo, isso não deveria ocorrer.

Neste trabalho, interpreta-se o conservadorismo no sentido de que as consequências lógicas das nossas crenças explícitas originárias podem ser mantidas mesmo que algumas das crenças nas quais se apoiam sejam abandonadas. Os exemplos abaixo indicam que a restrição do princípio da alteração minimal às bases parece inadequada e que o conservadorismo deve ser o princípio informador da nossa «política» de contração de bases.

Exemplo 2. *Suponha que João acredita que seu amigo Paulo é uma fonte confiável de informação. Um dia Paulo diz a João, muito aflito, que a esposa de João está beijando um homem louro no parque ($b \wedge l$). João aceita essa crença com base na confiabilidade de Paulo, corre para o parque. Aliviado, retorna e diz ao amigo: «Você mentiu! O homem que ela beijou é moreno!».*

Por que rimos da reação de João? Ele abandonou sua crença em $b \wedge l$ porque testemunhou sua negação: $\neg(b \wedge l)$, portanto, a justificativa para manter a sua crença anterior foi descartada: Paulo tornou-se uma fonte falível de informações. O problema é que João negligenciou outras possíveis razões para manter parte da informação, e esqueceu-se justamente da parte relevante para o contexto da conversa. Tal reação não parece racional, pelo menos do ponto de vista pragmático. Ele ainda deve manter *b*, dado que não há qualquer evidência em contrário.

A hermenêutica jurídica apresenta vários exemplos desse tipo de raciocínio. Tomemos por exemplo a interpretação da lei penal sobre o aborto. O art. 124 do Código Penal brasileiro proíbe o aborto em qualquer circunstância, enquanto o art. 128 o permite, desde que praticado por médico, quando a vida da mãe estiver em risco ou a gravidez for resultante de estupro. Essas regras não são consideradas contraditórias em face do princípio interpretativo *lex specialis derogat generalis*. O princípio produziria o efeito de eliminar o art. 124 do ordenamento jurídico *simpliciter*. Mas não é essa a conclusão dos juristas. Em vez disso, há outro antigo princípio interpretativo, já presente no *Digesto*, segundo o qual a regra mais específica derroga a geral, mas *apenas naquilo que lhe for específico*. Isso significa que, a partir do comando presente no art. 124 (o aborto é proibido em qualquer circunstância), uma consequência lógica é resgatada (o aborto é proibido quando a vida da mãe não estiver em risco a gravidez e não for resultante de estupro ou quando não for praticado por médico).

Parece que a hermenêutica jurídica está muito mais próxima do conservadorismo do que da ideia de alteração minimal incorporada nos modelos de revisão de bases. De fato, na interpretação constitucional do Supremo Tribunal Federal, prevalece uma doutrina denominada «*interpretação da lei conforme a Constituição*», segundo a qual, se houver conflito entre a lei e a Constituição, apenas a parte que violar especificamente a Constituição deve ser eliminada, enquanto o resto do texto jurídico pode ser preservado. Por exemplo, o STF considerou que uma lei que criadora de novo imposto com efeitos retroativos ofendia a Constituição. Mas apenas a retroatividade, e não a criação do imposto foi considerada inválida.

No exemplo do direito penal, a crença derivada preservada (compromisso epistêmico implícito originário) é um condicional. A regra resultante da reinterpretação do art. 124 possui uma condição de aplicação mais forte. Anteriormente, não havia qualquer condição (aborto é proibido *simpliciter*) e a interpretação produziu uma regra mais refinada ou qualificada (aborto é proibido se tais ou quais condições estiverem presentes). A regra pode ser ainda mais qualificada como resultado de um processo de revisão (interpretação), como foi o caso da decisão do STF, que introduziu o diagnóstico de anencefalia do feto como mais uma hipótese de exceção à proibição de abortar. Em muitos sistemas lógicos, mas obviamente não em todos, considerando-se que *cond* seja o conectivo binário condicional, temos que, para toda fórmula *b*, *cond* $(a,b) \in Cn(b)$, para qualquer *a*. Para esses sistemas, portanto, ao manter o condicional ainda que a sentença da base seja eliminada com, o agente mantém um compromisso epistêmico originário, mas que estava implícito e passa a ficar explícito na base como resultado da revisão. Isso denota um traço de conservadorismo, que também pode ser encontrado no raciocínio teórico, como indicado no seguinte exemplo.

Exemplo 3. *Suponha que um holandês acredita que a água se transforma em vapor a 100ºC em qualquer circunstância. Ele viaja para La Paz, muito acima do nível do mar e põe água a ferver, a qual se transforma em vapor a uma temperatura diferente. Em vez de abandonar essa crença, ele imagina que algum fator nessa circunstância em particular deve ter sido responsável pelo fracasso do experimento. Deve haver alguma razão refutadora para essa crença, dado que ele acaba de comprovar que, em La Paz, ou acima do nível do mar, a água não se transforma em vapor a 100ºC. Assim, ele desiste da sua crença original, mas mantém a crença de que quando se está ao nível do mar, então a água se transforma em vapor a 100ºC.*

A diferença relevante entre o conservadorismo e a alteração minimal vem à tona no contexto da contração de bases. Sempre que estivermos lidando com um conjunto de crenças logicamente fechado, alterações minimais implicam conservadorismo. Mas, na contração das bases de crenças (não fechadas), a alteração minimal é conservadora apenas no que diz respeito às crenças explícitas, mas não com relação a todos os compromissos epistêmicos originários (crenças derivadas). Ou seja, conservadorismo implica minimalismo. Dentro da dimensão estática, pode não valer a pena manter uma crença derivada em função do seu próprio valor, mas na dimensão dinâmica as coisas são bem diferentes, uma vez que a crença derivada pode ainda ser válida, mesmo quando a crença mais forte da qual deriva seja descartada. Portanto, parece interessante desenvolver um operador de contração de bases capaz de «resgatar» consequências da sentença contraída (compromissos implícitos), que não estavam explícitas no conjunto original.

No entanto, é exatamente isso o que se evita pelo postulado da inclusão para bases, segundo o qual $A-a \subseteq A$, onde $A-a$ é o resultado da contração de uma crença *a* a partir de um conjunto *A*. É razoável esperar que um operador que satisfaça o conservadorismo tenha que abandonar essa restrição.

As questões formais a serem enfrentadas, portanto, são: (i) *como se poderia enfraquecer razoavelmente o postulado da inclusão de modo a incluir no conjunto contraído resultante algumas das consequências da base de crenças originária?* (ii) *qual seria a construção correspondente?* O presente artigo apresenta uma possível resposta para essas perguntas.

A construção será baseada na *contração do núcleo* (*kernel contraction*), em vez da contração por intersecção parcial. A intuição e o resultado dessas operações são muito próximos. Em vez de escolher entre conjuntos maximais dos quais não se deriva a sentença a ser contraída (intersecção parcial), a contração do núcleo primeiro identifica os subconjuntos minimais «nucleares» dos quais é derivada a sentença a ser contraída e depois elimina pelo menos uma sentença de cada um. A contração de núcleo é mais adequada para as nossas finalidades, visto que permite uma visão mais clara das sentenças a serem excluídas. Nosso interesse, com base no conservadorismo, é alterar (enfraquecer) essas sentenças em vez de excluí-las.

Primeiro faremos uma breve apresentação da contração de núcleo com base numa perspectiva um pouco mais geral, visto que não definimos os operadores de revisão em conjuntos fixos. Em seguida, apresentamos três versões de conservadorismo: maximal, parcial e refinamento.

3. CONTRAÇÃO DO NÚCLEO (*KERNEL CONTRACTION*)

Comecemos com algumas convenções. Seja *FOR* o conjunto de fórmulas da linguagem proposicional, incluindo pelo menos negação ($\neg$) e implicação ($\rightarrow$). Os conjuntos de sentenças são representados por letras maiúsculas e as sentenças por letras minúsculas. Faremos uso do operador de consequência tarskiano *Cn*. Simplificaremos a notação do operador de consequência em conjuntos unitários $Cn(\{a\})$ escrevendo $Cn(a)$.

Nas apresentações padrão, o operador de contração é definido para um conjunto fixo de fórmulas A e uma fórmula qualquer a. Algumas cláusulas e restrições são, então, introduzidas na construção e nos postulados de contração, a fim de abordar os casos-limite de uma contração de A por a, onde $a \notin Cn(A)$ ou onde $a \in Cn(\emptyset)$. Essas restrições permitem que o conjunto contraído permaneça inalterado nesses casos.

Vamos excluir *ab initio* os casos limite, ou seja, presume-se que apenas sentenças não tautológicas que estejam no conjunto original serão excluídas, de modo a concentrar nossos esforços nos casos mais interessantes, em que alguma mudança no conjunto original deve ocorrer. Definimos todas as funções relevantes (as de contração, núcleo e incisão) como pares de um conjunto A e uma fórmula a. Isso permitirá a comparação de operações em conjuntos distintos.

O domínio interessante da função de contração define-se como $INSET = \{(A,a) \in 2^{FOR} x FOR : a \in Cn(A)$ e $a \notin Cn(\emptyset)\}$. Agora estamos preparados para definir a função de núcleo.

Definição 1. *A função de* núcleo (Kernel) *é uma função* $Ker{:}INSET \rightarrow 2^{2^{FOR}}$ *tal que* $X \in Ker(A,a)$ *se e somente se:*

(i) $X \subset A$

(ii) $a \in Cn(X)$

(iii) se $X' \subset X$ *então* $a \notin Cn(X')$

Agora, cada uma dessas «correntes» de derivação é quebrada pela função de incisão:

Definição 2. *Uma* incisão *é uma função* $\sigma{:}INSET \rightarrow 2^{FOR}$ *tal que:*

(i) (i) $\sigma(A,a) \subseteq \bigcup Ker(A,a)$

(ii) se $X \in Ker(A,a)$ *então* $X \cap \sigma(A,a) \neq \varnothing$

A contração de núcleo é, então, uma «incisão» no conjunto original.

Definição 3. *Um* operador de contração de núcleo *sé uma função* $\ominus_\sigma{:}INSET \rightarrow 2^{FOR}$ *tal que* $\ominus_\sigma(A,a) = A \ominus_\sigma a = A \backslash \sigma\ (A,a)$.

A contração de núcleo também pode ser definida por postulados [5].

Definição 4. *A* função de contração de núcleo *é uma função* $\ominus{:}INSET \rightarrow 2^{FOR}$ *tal que* $\ominus(A,a) = A \ominus a \subset FOR$ satisfazendo os seguintes postulados:

sucesso: $a \in Cn(A \ominus a)$

inclusão: $A \ominus a \subset A$

retenção de núcleo: se $b \in A \backslash A \ominus a$ então existe $A' \subset A$ tal que $a \notin Cn(A')$, porém $a \in Cn(A' \cup \{b\})$

A diferença entre a contração por intersecção parcial e a contração de núcleo percebe-se apenas na contração de bases e diz respeito ao último postulado de retenção de núcleo. A intersecção parcial satisfaz uma propriedade mais forte, denominada *relevância*, que seria a seguinte: se $b \in A \backslash A \ominus a$ *então existe* A' tal que $A \ominus a \subseteq A' \subset A$, tal que $a \notin Cn(A')$, porém $a \in Cn(A' \cup \{b\})$.

O teorema a seguir confirma que esses postulados caracterizam a construção baseada em conjuntos de núcleo.

Teorema 1 (*Teorema de representação*). *Todo operador de contração de núcleo baseado numa incisão* σ *é uma função de contração de núcleo. Seja* $\ominus$ *uma função de contração de núcleo. Então existe uma incisão* σ *tal que* $\ominus = \ominus_\sigma$.

O operador assim definido não é uniforme, no sentido de que o mesmo conjunto de núcleos (resultantes, por exemplo, do mesmo conjunto contraído por sentenças equivalentes) pode gerar contrações diferentes, dado o uso de funções de incisão diferentes e irrestritas. Para obter uniformidade deve-se acrescentar um postulado junto com uma restrição correspondente na função de incisão. Não faremos isso aqui, pois queremos focar apenas naquilo que for essencial para enfraquecer o postulado de inclusão.

4. CONTRAÇÃO DE NÚCLEO CONSERVADORA

Introduzimos agora o que denominamos *contração de núcleo conservadora*. Interpretamos o princípio do conservadorismo de Harman com a adoção da diretiva de que a manutenção pelo agente de consequências lógicas da crença rejeitada é justificada, a menos que exista um motivo específico para não fazê-lo. No caso de bases, isso significa que algumas das consequências da base da crença originária deverão ser «resgatadas» quando uma sentença for excluída.

Evidentemente, nem todas as consequências da sentença original serão objeto de interesse, pois devemos restringir-nos àquilo que é relevante. Mas saber «o que é relevante» envolve toda uma discussão aparte, dependendo de alguma «concepção» de relevância. Exploraremos três operações possíveis. Introduzamos, então, uma função de escolha $*$ no conjunto dos subconjuntos de fórmulas tal que para todo a, $Cn^*(a) \subseteq Cn(a)$. Uma concepção mais ampla de relevância (e mais conservadora) consideraria todas as consequências materiais (não tautológicas) da sentença excluída, ou seja, $Cn^*(a)=Cn(a) \setminus Cn(\varnothing)$. Uma opção menos conservadora seria recuperar apenas uma parte delas, isto é, adotar $Cn^*(a) \subset Cn(a) \setminus Cn(\varnothing)$. A opção menos conservadora envolveria recuperar apenas uma propriedade como relevante, o que implica adotar uma fórmula mais fraca $w(a)$ derivada diretamente de a. A contração conservativa será baseada na segunda opção, por ser mais geral.

A construção aqui proposta conta com a propriedade de decompatibilidade da consequência lógica, isto é, para todo a, existe $w'(a)$ e $w(a)$, tal que $\{w(a), w'(a)\} \subseteq Cn(a)$ e $a \in Cn(\{w(a), w'(a)\})$ o que é válido, por exemplo, na lógica clássica. Primeiro, utilizamos uma função de escolha $*$ sobre o conjunto de consequências lógicas que satisfaz a seguinte condição: se $x \in Cn^*(a)$, então $x' \in Cn^*(a)$ tal que $a \in Cn(\{x,x'\} e x \in \mathrm{Cn}(a))$. Essa propriedade é trivial no caso $Cn^*(a)=Cn(a) \setminus Cn(\varnothing)$. A contração de núcleo conservadora é construída pelas definições a seguir.

Definição 5. *A função de núcleo conservadora é uma função* $CKer: INSET \rightarrow 22^{FOR}$ *tal que* $X \in CKer(A, a)$ *se e somente se:*

(i) $X \subset A \cup Cn^*(a)$

(ii) $a \in Cn(X)$

(iii) se $X' \subset X$ *então* $a \notin Cn(X')$

A função de incisão opera agora nesta versão estendida de um conjunto de núcleos, que podemos também denominar núcleos conservadores ou c-núcleos.

Definição 6. *Uma* incisão *é uma função* σ: *INSET*$\rightarrow 2^{FOR}$ *tal que:*

(i) $\sigma(A,a) \subseteq \bigcup CKer(A, a)$

(ii) se $X \in CKer(A, a)$ *então* $X \cap \sigma(A,a) \neq \varnothing$

Agora, introduziremos outra função de seleção *s* no conjunto de núcleos conservadores, tal que, para todo conjunto *A* e sentença *a*, $s(CKer(A, a)) \subseteq CKer(A,a)$. Denominamos essa função *seleção parcial* se e somente se $s(CKer(A,a))=\{X:X \cap (Cn^*(a)) \neq \varnothing\}$. Observe-se a seguinte propriedade interessante, que é útil:

Observação 1. Seja $*$ uma escolha e *s* uma função de seleção parcial. Então (i) $Cn^*(a) \subseteq \bigcup s(CKer(A,a))$ e (ii) $A \cup Cn^*(a)$ $A \cup (\bigcup s(CKer(A,a)))$.

Demonstração. Para a primeira parte, por definição de *, se $x \in Cn^*(A)$, então há $x' \in Cn^*(A)$ tal que $a \in Cn(\{x, x'\})$. Portanto $\{x,x'\}$ é um núcleo conservador e, pela definição de seleção parcial, $\{x,x'\} \in s(CKer(A, a))$. Portanto, $x \in \bigcup s(CKer(A, a))$. Isso também demonstra a afirmação da esquerda para direita da segunda parte. Para obter a informação da direita para esquerda, suponha que $x \in A \cup (\bigcup s(CKer(A,a)))$, então ou $x \in A$ ou $x \in X \in s(CKer(A, a))$. A primeira hipótese leva a $x \in A \cup Cn^*(a)$. Para a segunda hipótese, temos, pela definição de seleção parcial, que $X \cap Cn^*(a) \neq \varnothing$. Assim, ou $x \in X \cap Cn^*(a)$, caso em que $x \in Cn^*(a)$, ou $x \in A$ pela definição de c-núcleo.

A contração de núcleo conservadora é considerada uma incisão do conjunto original que se estende pela recuperação de algumas das suas consequências lógicas.

Definição 7. Um *operador conservador de contração de núcleos* é uma função $\otimes_\sigma$:*INSET*$\rightarrow$*2FOR* tal que $\otimes_\sigma (A,a)=A \otimes_\sigma a= A \cup (\bigcup s(CKer(A,a)) \setminus \sigma(A,a)$.

A função que caracteriza a contração de núcleo conservativa maximal é dada abaixo.

Definição 8. Uma *função da contração de núcleo conservadora* é uma função $\otimes$:*INSET*$\rightarrow$*2FOR* tal que $\otimes(A,a)=A \otimes a \subset FOR$ satisfazendo os seguintes postulados:

sucesso: $a \notin Cn(A \otimes a)$

inclusão estendida: $A \otimes a \subset A \cup Cn^*(a)$

retenção de núcleo: se $b \in A \setminus A \otimes a$, então existe $A' \subset A \cup Cn^*(a)$, tal que $a \notin Cn(A')$, porém $a \in Cn(A' \cup \{b\})$

Teorema 2 *(teorema de representação). Cada operador de contração de núcleo conservador baseado numa incisão* σ *é uma função de contração de núcleo conservadora. Seja* $\otimes$ *uma função de contração de núcleo conservadora. Então existe uma incisão* σ *tal que* $\otimes=\otimes_\sigma$.

Demonstração. Para a primeira parte, devemos demonstrar que a construção satisfaz os postulados propostos. Para inclusão, $A\otimes a=A\cup\bigcup s(CKer(A,a))\backslash\sigma(A,a)$ e, dada a observação 1, temos que $A\otimes a=A\cup Cn^*(a)\backslash\sigma(A,a)$, o que significa que $A\otimes a\subseteq A\cup Cn^*(a)$. Para sucesso, suponha *ad absurdum* que $a\in Cn(A\cup\bigcup s(CKer(A,a))\backslash\sigma(A,a))$. Por compacidade, existe $X\subseteq A\cup\bigcup s(CKer(A,a)$ tal que $a\in Cn(X)$. Pela observação 1, $X\subseteq A\cup Cn^*(a)$. Assim, existe $X'\subset X$, minimal, tal que $X'\in CKer(A,a)$. Mas isso contradiz a definição da função de incisão e a hipótese, uma vez que $X'\cap\sigma(A,a)=\varnothing$. Para retenção de núcleo, suponha que $b\in A\backslash A\otimes_\sigma a$. Portanto, $b\in\sigma(A,a)$. Como $\sigma(A,a)\subseteq\bigcup s(CKer(A,a))$, existe B, tal que $b\in B\in s(CKer(A,a))$. Pela observação 1, $B\subseteq A\cup Cn^*(a)$. Agora, tome-se $B'=B\backslash b$. Logo, $a\notin Cn(B')$ e $a\in Cn(B'\cup b)$, e terminamos. Para a segunda parte, tome-se $\sigma(A,a)=A\cup Cn^*(a)\backslash A\otimes a$. Temos que mostrar que σ é uma função de incisão e que $A\otimes a=A\otimes_\sigma a$. Primeiro, mostramos que $\sigma(A,a)\subseteq\bigcup s(CKer(A,a))$. Suponha que $b\in\sigma(A,a)$. Logo, $b\in A\cup Cn^*(A,a)\backslash A\otimes a$. Por retenção de núcleo, existe $B\subseteq A\cup Cn^*(A,a)$ tal que $a\notin Cn(B)$, mas $a\in Cn(B\cup b)$. Por compacidade, existe um conjunto minimal B', tal que $a\notin Cn(B')$, mas $a\in Cn(B'\cup b)$. Assim, pela definição de seleção parcial em c-núcleo, $B'\cup b\in s(CKer(A,a))$ e portanto $b\in\bigcup s(CKer(A,a))$. Agora, suponha que $X\in s(CKer(A,a))$. Sabemos, por sucesso, que $a\notin A\otimes a$. Logo, $X\nsubseteq A\otimes a$. Seja x tal que $x\in X$ e $x\notin A\otimes a$. Como pela observação 1, $s(CKer(A,a))\subseteq A\cup Cn^*(a)$, temos que $x\in A\cup Cn^*(a)$. Assim, $x\in\sigma(A,a)$ e portanto $X\cap\sigma(A,a)\neq\varnothing$. Então σ é uma função de incisão. Finalmente, segue de inclusão que $A\otimes a\subseteq A\cup Cn^*(a)$ e a construção de $\sigma(A,a)$ tal que $A\otimes a=A\cup Cn^*(a)\backslash\sigma(A,a)$. Logo, $\otimes=\otimes_\sigma$.

4.1 Contração de núcleo conservadora maximal

Se definirmos a escolha $*$ como $Cn^*(a)=Cn(a)\backslash Cn(\varnothing)$, obteremos um operador que podemos denominar *contração de núcleo conservadora maximal.* Nesse caso, a construção, de fato, não precisa de uma função de seleção parcial nos núcleos conservadores, uma vez que eles corresponderão a $Cn^*(a)$, como o leitor pode verificar reformulando a observação 1. Também satisfaz uma propriedade adicional: para todo $b\notin Cn(\varnothing)$, temos que ou $a\in Cn(A\otimes a\cup\{b\})$ ou $a\in Cn(A\otimes a\cup\{\neg b\})$. Isso significa que qualquer expansão do conjunto contraído conservadoramente de modo maximal recuperará a nossa crença original em a, o que não parece razoável.

De todo modo, esse operador atende ao nosso interesse filosófico em descobrir se a minimalidade fornece expressão formal ao princípio de conservadorismo de Harman. Ele suprime a sentença a ser contraída, mas «resgata» todas as suas consequências materiais que não sejam suficientes para recuperar a sentença original.

Note-se que o conservadorismo é aqui levado ao extremo e não se presta a devida atenção à evasão de excesso. Suponhamos que se descubra que determinada crença é equivocada, e que então se faça um esforço para suprimir apenas a parte da sentença contradita pela nova evidência, mantendo-se todas as informações mais fracas como sendo pelo menos hipoteticamente aceitáveis. Fica claro que esse ideal formal está longe da realidade prática. Tomemos, por exemplo, o experimento em que a água entra em ebulição a uma temperatura diversa de 100ºC, como se pensava originalmente. Como resultado de uma contração de núcleo o agente acreditará que a água entra em ebulição a 100ºC, «*se o aquecimento ocorrer ao nível do mar*», ou «*se o céu estiver azul*», ou «*se Elvis não estiver morto*», ou qualquer outra hipótese que possa ser formulada na linguagem. Isto é assim porque para toda sentença a e todo conjunto A, temos que $\{a \vee b, a \vee \neg b\} \in CKer(A,a)$, para todo b. Essa é uma consequência da propriedade de decomposibilidade mencionada anteriormente.

Assim, embora contra-intuitiva do ponto de vista prático, a contração conservadora maximal é a mais fiel ao princípio de conservadorismo, se a lógica subjacente satisfizer a decompatibilidade. Parece mais adequado, portanto, utilizar seleções parciais que recuperam apenas uma parte das consequências diretas da sentença contraída. Outra opção, localizada no extremo oposto do espectro do conservadorismo, é limitar a nossa escolha de modo a recuperar apenas uma sentença mais fraca.

4.2 Refinamento de núcleo

Um terceiro operador capaz de satisfazer o princípio do conservadorismo poderia ser obtido pela escolha de apenas um núcleo, incluindo apenas uma consequência da sentença rejeitada. Na verdade, essa ideia foi explorada por meio de operador denominado «refinamento». Grosso modo, o refinamento é uma operação pela qual o agente qualifica suas crenças sujeitando-as a uma nova condição. A crença a ser qualificada pode ser a originária (refinamento interno), uma nova informação (refinamento externo), ou ambos podem ser qualificadas por condições mutuamente excludentes (refinamento global). Se a lógica subjacente satisfizer a decompatibilidade, então o refinamento externo é equivalente à revisão seletiva de Hansson e Fermé.[15] O refinamento

[15] HANSSON e FERMÉ (2001).

global constrói-se a partir do refinamento interno mediante um operador de expansão simples. Portanto, vamos apresentar apenas o operador de refinamento interno, representado por $\lhd$, que também é um caso particular da contração no domínio dos conjuntos de crenças.

Em Maranhão (2007),[16] o refinamento de bases foi apresentado da seguinte forma: introduziu-se a função condicional h no conjunto de fórmulas de modo que, para cada sentença a a ser contraída, fosse selecionada a condição relevante $h(a)$ em que a crença em a não se mantém (e, portanto $\neg h(a)$ é a única que confirma a crença originária). Há duas formas de construir o operador de refinamento interno em bases:

(i) acrescentar à base $\neg h(a)\rightarrow a$ e depois simplesmente contraí-la por a: $A\lhd_1 a=A\cup\{\neg h(a)\rightarrow a\}\div a$ (onde $\div$ é o operador de contração por intersecção parcial), ou

(ii) contrair a base por $h(a)\rightarrow a$ e depois adicionar $\{\neg h(a)\rightarrow a\}$: $A\lhd_2 a=A\div h(a)\rightarrow a\cup\{\neg h(a)\rightarrow a\}$.

Ambas as operações são equivalentes se a função de seleção utilizada na contração e a função condicional satisfizerem algumas condições (ver Maranhão, 2007).

Os postulados relevantes são os seguintes:

corte pela raiz: $h(a)\rightarrow a\notin Cn(A\lhd a)$

sucesso: $a\notin Cn(A\lhd a)$

inclusão: $A\lhd a\subset A\cup\{\neg h(a)\rightarrow a\}$

relevância: se $b\in A\backslash A\lhd a$, então existe A', $A\lhd a\subseteq A'\subseteq A\cup\{\neg h(a)\rightarrow a\}$, tal que $a\notin Cn(A')$ e $a\in Cn(A'\cup\{b\})$

preservação: $\neg h(a)\rightarrow a\in A\lhd a$.

A primeira alternativa de refinamento, $\lhd_{1,}$ é dada por sucesso, inclusão, relevância e preservação, enquanto a segunda, $\lhd_2$, é dada pelo corte de raiz (*root-cutting*), relevância e inclusão, que são conjuntos equivalentes de postulados.

É fácil perceber a correspondência entre o refinamento interno e um caso particular de contração de núcleo conservadora, onde $Cn^*(a)=s(CKer(A,a))=\{h(a)\rightarrow a,\neg h(a)\rightarrow a\}$. Note-se, em primeiro lugar, que o postulado de inclusão ficou enfraquecido, como na contração conservadora. A relevância é a

[16] Reproduzido na Seção 6 deste livro.

contrapartida da retenção de núcleo conservadora. Logo, por essa restrição, temos que o refinamento de núcleo é caracterizado por sucesso, inclusão e retenção de núcleo. O refinamento de núcleo teria os seguintes postulados:

sucesso: $a \notin Cn(A \lhd a)$

inclusão: $A \lhd a \subset A \cup \{h(a) \rightarrow a, \neg h(a) \rightarrow a\}$

retenção de núcleo: se $b \in A \setminus A \lhd a$, então existe A', $A' \subseteq A \cup \{h(a) \rightarrow a, \neg h(a) \rightarrow a\}$, tal que $a \notin Cn(A')$ e $a \in Cn(A' \cup \{b\})$

Caso se queira especificar qual é a condição confirmadora ou refutadora da sentença originária, então se pode acrescentar o postulado da preservação, que pode corresponder a uma restrição particular na função de incisão (por exemplo, uma função de incisão é preservativa se seleciona $h(a) \rightarrow a$ para ser descartado).

5. ALGUMAS NOTAS FINAIS SOBRE O RACIOCÍNIO ABDUTIVO E PRÓXIMOS TRABALHOS

As etapas que vão da contração de núcleo conservadora maximal até o refinamento têm um quê de raciocínio abdutivo.

Na lógica clássica, toda fórmula mais fraca do que uma fórmula a pode ser expressa por uma fórmula condicional $h \rightarrow a$, para um h qualquer tal que $h \in Cn(a)$. Portanto, podemos interpretar a recuperação de fórmulas mais fracas como a incorporação de novas hipóteses que qualificam a aceitação da sentença rejeitada. Cada h pode ser visto como uma explicação possível para a, haja vista que o conjunto de crenças conservadoramente contraído, em particular, refinado, incluirá $h \rightarrow a$.

É usual tomar o raciocínio abdutivo como uma inferência à melhor explicação possível. Dada uma evidência e, deriva-se algo capaz de explicá--la: diante de e e passa-se a acreditar em e porque h.[17] Essa seria uma explicação no contexto da expansão da crença do agente. Essa ideia foi explorada por Pagnucco num modelo de raciocínio abdutivo baseado na revisão de crenças.[18] Nesse modelo o agente explica a evidência e mediante a expansão do seu conjunto de crenças K, até atingir consistentemente o resultado $e \in Cn(K \cup H)$. Wasserman e Dias aplicaram o modelo às bases de crenças.[19]

De acordo com Aliseda,[20] o raciocínio abdutivo não ocorre apenas quando um agente quer explicar os novos dados em face de uma *observação*

---

17 HARMAN (1989: 67).

18 PAGNUCCO (1996).

19 WASSERMAN e DIAS (2001).

20 ALISEDA (2000).

surpreendente, mas também na presença de alguma *anormalidade* que refuta alguma crença previamente aceita, ou seja, quando o agente tem que explicar por que sua crença originária falhou. Talvez ele abandone a crença contestada, o que é representado pela contração, mas talvez seja tenaz e mantenha a crença original, agora qualificada por uma condição confirmadora *h*. Ou seja, diante de uma surpresa que o obrigue a abandonar sua crença em *e*, ele ainda pode acreditar em *e* sob a condição *h*. Com base no que foi desenvolvido neste artigo, vê-se que a abdução pode ocorrer no contexto de uma contração da base de crenças e não só como expansão. Olsson,[21] já na tentativa de capturar a inferência abdutiva dentro do contexto de consolidação de um conjunto coerente de crenças, propõe um modelo de coerência no qual a revisão de crenças está restrito por um conjunto referencial, que chama de «conjunto de estabilidade» (*stability set*), que é uma determinada classe de conjuntos de crenças. A base original de crenças é expandida por uma nova crença que logo é consolidada, isto é, é tornada consistente, considerando-se que a eleição da «melhor consolidação» dentre as alternativas consistentes é ditada por sua coerência com o conjunto de estabilidade. Se a nova crença já for consistente com a base, então o modelo de Olsson se reduz a uma expansão abdutiva referenciada ao conjunto de estabilidade.

Mas note que, nesse processo de racionalização, se *e* for rejeitado com base numa observação, o agente talvez busque as condições relevantes nas quais *e* continue justificado. A revisão ainda não é a estratégia correta, visto que ele pode não estar convencido de que $\neg e$. Portanto, no raciocínio abdutivo ou coerentista, o agente pode estar mais disposto a modificar a crença original em vez de simplesmente rejeitá-la. Se *h* for considerado um fator relevante, isso significa que a sua presença ou ausência faz alguma diferença em relação a *e*. A sua presença ou a sua ausência será uma condição para refutar *e*. Esse processo é capturado no modelo de contração conservadora pela função de escolha no conjunto de consequências lógicas da base da crença originária. Nesse modelo, o agente está justificado ao selecionar o núcleo conservativo onde $h \rightarrow e$ está presente, ou seja, $X=\{h \rightarrow e, \neg h \rightarrow e\}$. A função de incisão depois selecionará qual hipótese é a condição refutadora de *e*, permanecendo assim a condição confirmadora no conjunto contraído conservadoramente. A contração conservadora maximal pode ser interpretada como a operação que resulta no conjunto de todas as explicações possíveis para confirmar *e*. Aqui teríamos no conjunto conservativamente contraído resultante ou $h_i \rightarrow e$ ou $\neg h_i \rightarrow e$ para cada sentença na linguagem h_i, desde que $h_i \rightarrow e$ não seja uma tautologia. Na verdade, isso pode representar uma etapa não intencional na qual o agente simplesmente não sabe por que *e* falhou. Em

---

21 OLSSON (1997).

tal situação, podemos considerar que o agente apenas percebeu que *e* não é totalmente verdade, sem chegar a avaliar alguma possível explicação.

O próximo passo, que podemos denominar contração conservadora parcial, representaria um nível de raciocínio crítico, no qual o agente rejeita várias explicações implausíveis para o fracasso de *e*, ou mesmo no qual o agente realiza testes para excluir a relevância de alguma propriedade *h*. Isso significa que o conteúdo do conjunto contraído resultante agora seria $\{h_1 \rightarrow e, h_2 \rightarrow e, ..., h_n \rightarrow e\}$. Nessa etapa temos que $h_1 \vee h_2 \vee ... \vee h_n \rightarrow e \in Cn(A \otimes e)$.

O resultado desses testes levaria a uma escolha da hipótese que possa ser considerada a «*melhor explicação*» para a crença originária rejeitada. É aí que chegamos à última versão de contração conservadora, que denominamos refinamento. Esse é o caso em que escolhemos apenas um núcleo.

Esse processo epistêmico pode representar o mecanismo de incorporação de «exceções implícitas» para determinada regra em um ordenamento, por meio da interpretação. A solução de uma regra pode ser rejeitada em determinada aplicação, ainda que suas condições estejam presentes. Enquanto não for especificada a condição relevante que justifica a derrota da regra, a decisão permanece inexplicável no sistema jurídico. Trata-se simplesmente de uma exceção supreendente (ou exercício de discricionariedade). Essa exceção pode ser reputada «implícita» no sistema somente se e justamente porque se encontra (ou se estipula) a condição refutadora que explica a derrota da regra (ou melhor, da formulação original da regra). Isso porque o fato daquela condição ser tomada como relevante, pelo postulado da preservação, implica a identificação da condição confirmadora, que explica (e justifica) quando, no sistema, a regra (agora na sua nova formulação) deve ser aplicada.

Podemos pensar em outras suposições razoáveis para a seleção de hipóteses relevantes que expliquem a sentença rejeitada. Por exemplo, todas as nossas crenças originárias não devem ser consideradas candidatas para explicar a sentença rejeitada, uma vez que estavam presentes quando essa sentença tornou-se insustentável. Isso proporcionaria duas condições para a função de seleção em núcleos conservativos. Primeiro, se $h \in A$, então $\{h \rightarrow, \neg h \rightarrow e\} \notin s(CKer(A,a)$, dado que ficou comprovado que *h* não era relevante para *e*. Mas precisamos considerar o caso do c-núcleo $\{h \rightarrow e, h\}$. Se ambas estiverem no conjunto originário, então uma delas deve ser abandonada. Se apenas *h* estiver no conjunto originário, talvez tenhamos uma razão para mantê-la. Esse último caso pode ser obtido mediante a imposição de uma restrição à função de incisão, por exemplo se $h \in A$ e $h \rightarrow e \notin A$, então $h \notin \sigma(A,a)$. No entanto, a exata relação entre contração conservadora, refinamento e abdução ainda terá de ser estudada.

Outro ponto interessante seria o enfraquecimento não só da sentença rejeitada, mas de todas as crenças originárias responsáveis pela derivação da sentença rejeitada. Por exemplo, no caso de $\{h \rightarrow e, h\} \subseteq A$ poderíamos obter uma contração conservativa na qual uma fórmula mais fraca que $h \rightarrow e$ ou uma fórmula mais fraca do que h (ou ambas) esteja no conjunto modificado resultante.

Uma terceira ideia que parece valer a pena explorar seria a de um operador de contração conservativa que «resgata» apenas as consequências lógicas que sejam sub-fórmulas da sentença rejeitada. É isso o que de fato acontece no exemplo 1 e capta melhor a ideia de que o agente mantém apenas as partes da sentença que são úteis, sem a introdução de novas proposições.

Todas essas possibilidades ficam para futuras investigações.

SEÇÃO 9

A LÓGICA NO DIREITO: GRANDES EXPECTATIVAS E ALGUMAS DESILUSÕES[1]

Resumo: Partindo da controvérsia entre Susan Haack e Eugenio Bulygin sobre o papel da lógica no Direito, este texto discute as perspectivas para o uso de ferramentas lógicas para modelar a atividade de interpretação jurídica. São opostas duas concepções de Direito, ligando-se cada uma a uma representação lógica diferente: (i) o Direito como sistema de regras ligado a uma representação por lógicas deônticas e as lógicas de revisão; (ii) o Direito como uma prática interpretativa/ argumentativa ligada a uma representação por lógicas de argumentação derrotável. Com base na distinção entre lógicas de qualificação e lógicas de exceção, o texto propõe então a conciliação entre as duas tradições, esboçando de modo informal um modo de integrar essas ferramentas lógicas. Defendo, ao final, uma visão mais otimista sobre o papel da lógica no Direito, com mais expectativas do que Bulygin e menos desilusões do que as expressas por Haack.

1. DESCRITIVISMO E SISTEMATIZAÇÃO EM XEQUE

A filosofia do direito foi presenteada com o recente interesse e dedicação de uma das grandes filósofas da lógica e da ciência. Susan Haack[2] ao voltar-

---

1 Maranhão, J. «La lógica en el Derecho: grandes expectativas y algunas desilusiones», *Doxa*, vol. 32, 2009.

2 Haack (2007).

-se para a lógica jurídica mostra-se cética quanto ao alcance e à utilidade da aplicação da lógica formal ao direito. A seu ver, a lógica não toca e nem pode tocar no cerne do fenômeno jurídico, que teria a ver com a atividade de *interpretação*, *i.e.* com o caráter e razões de proposições interpretativas que identificam o direito em determinados casos, capazes de encontrar critérios para fazer uma interpretação preferível a outra. Para Haack, a ênfase excessiva na estrutura lógica dos sistemas normativos dada por Alchourrón e Bulygin não seria capaz de dar conta da atividade interpretativa no direito. Mais do que isso, as tentativas nesse sentido, mesmo com as ferramentas lógicas atualmente disponíveis, estariam condenadas ao fracasso ou a captar algo muito lateral e limitado do fenômeno jurídico.

Bulygin não poderia deixar de replicar o ataque de Haack e o faz afirmando que não seria tarefa da lógica dar conta da atividade de interpretação.[3] Nesse aspecto Bulygin e Haack não discordam. Apenas a afirmação de Haack é mais forte: se para ele a lógica *não deve* representar a interpretação jurídica, para ela a lógica *não pode* fazê-lo.

Mas Bulygin discorda de Haack quanto à inutilidade da aplicação da lógica ao direito. A lógica seria um instrumento capaz de esclarecer conceitos fundamentais para a teoria jurídica, como a própria noção de sistema normativo (*descrito* pela ciência do direito), os conceitos de lacuna e contradição normativas (defeitos do sistema *descrito*), a distinção entre proposições normativas (*descritivas* de) normas (objetos dessas *descrições*) e a dinâmica de derrogação de normas (alteração do sistema cujas consequências podem ser descritas).

Nota-se que as aplicações e feitos da lógica destacados por Bulygin estão todos eles ligadas à *descrição* do conteúdo de decisões de autoridades normativas, com determinado sentido fixo, representadas por sentenças dentro de uma linguagem lógica, organizadas em um *sistema dedutivo*. Em seu argumento, Bulygin traça um limite claro ao afirmar que a lógica jamais pode dizer qual deveria ser o conteúdo dessas sentenças (interpretação), o que depende de decisões dos legisladores («*not all*»). Mas pode iluminar o tema ao identificar as consequências lógicas dessas decisões, ou de descrições delas («*but something*»).

Na verdade, o desacordo entre ambos não se refere propriamente à lógica ou acerca do que se é capaz de fazer com ela. O desacordo versa sobre *o que é o direito* e qual a tarefa da *ciência do direito*. Bulygin concebe o direito como um sistema de regras, cuja descrição incumbe ao conhecimento jurídico, de forma que a lógica, em seu papel de fundamentação do conhe-

---

3 BULYGIN (2007).

cimento, deve se restringir a estruturar essa descrição. Diante da investida de Haack contra a lógica na atividade de interpretação jurídica, Bulygin se limita, assim, a avisar que «*grandes expectativas podem causar grandes decepções*». Haack, porém espera mais, e não está só.

Haack dirige sua atenção à controvérsia entre Holmes e Langdell e vê no ceticismo de Holmes, que inspirou o realismo norte-americano, uma crítica ao mesmo tempo «verdadeira e importante» sobre a possibilidade do direito como atividade científica. Para Haack, Holmes revela com acurácia a contingência histórica dos sistemas jurídicos e como esses se adaptam continuamente às alterações sociais por meio da interpretação e reinterpretação das leis pelos juízes à luz de ideias morais e políticas. Mas, divergindo em certa medida do ceticismo dos realistas, Haack parece convicta da existência de uma racionalidade nesse processo, ainda que flexível e adaptável. Seu ponto é que, se naquela época as referências à lógica não tinham a menor ideia da revolução que estava em curso nessa disciplina, Holmes parece ter acertado no ponto que a lógica «*cannot touch the heart of the matter*»,[4] pois as ferramentas lógicas atuais não podem desmentir essa avaliação.

Embora não especifique exatamente seu conceito de direito, em diversas passagens Haack poderia alinhar-se com a concepção interpretativista ou anti-positivista, quando une a crítica dos realistas ao formalismo à crença em uma racionalidade própria na atividade de interpretação e adaptação do direito à realidade. Essa concepção vê o direito como prática interpretativa e a sua identificação como a justificação de determinada solução normativa em determinado caso, por meio da ponderação de razões. Seria então tarefa da lógica a representação formal das razões oferecidas para justificar uma determinada interpretação como preferível a outra (tarefa que, para ela, não tem como ser cumprida).

Portanto, o desacordo entre ambos remete-nos à controvérsia entre as concepções positivista e anti-positivista do direito. O problema está no fato de que Bulygin restringe a lógica jurídica a um modelo do conhecimento *descritivo* do direito como *sistema de regras*. Mas anti-positivistas como Dworkin e Alexy negam exatamente essas duas teses: o direito não é um sistema de regras, mas uma *prática social* interpretativa e argumentativa, na qual as regras legais podem ser derrotadas por considerações morais ou políticas; o conhecimento do direito não pode ser meramente descritivo, pois as discrepâncias acerca das valorações morais, em jogo na identificação do direito nos casos concretos, levam ou devem levar o jurista e o filósofo do direito a se engajar nessa mesma atividade de valoração e argumentação.

---

4 Haack (2007: 3).

O ponto crítico é que Haack decepciona-se com a incapacidade da lógica em lidar exatamente com a dimensão valorativa da prática social de interpretação, que Alexy e Dworkin apontam como inerente e fundamental para a caracterização do fenômeno jurídico, ou seja, *daquilo que o direito é*. Mas se Bulygin está correto a respeito da limitação da lógica ao aspecto descritivo da teoria jurídica e se teóricos como Alexy e Dworkin têm razão com relação à implausibilidade de uma teoria jurídica meramente descritiva de um sistema de regras, então a lógica formal teria que se contentar em representar algo implausível, sem qualquer papel relevante para a teoria do direito.

Não vou entrar na discussão entre positivistas e anti-positivistas.[5] Mas essa última conclusão, baseada apenas na *hipótese* de adequação do interpretivismo, incomoda pelo fato de a lógica formal ser um instrumento de tal maneira abstrato, que deveria estar acima de qualquer posicionamento acerca do conceito de direito: se o direito seria um sistema de regras descrito pela ciência, ou uma prática social argumentativa e interpretativa capaz de explicar, a partir da melhor moralidade política, regras identificadas pelas fontes de direito ou mesmo a própria história legislativa de uma comunidade, ou ainda o conjunto de normas postas compatíveis com uma moral racional absoluta, ou qualquer concepção coisa que tome o direito como prática racionalmente fundada. A lógica não se compromete com nada, ou melhor, parafraseando Russell, na lógica formal nunca sabemos do que estamos falando ou se é verdade aquilo que estamos dizendo.[6]

Bulygin está plenamente correto ao afirmar que a lógica não pode tomar decisões ou firmar conteúdos e os avanços alcançados juntamente com Alchourrón no esclarecimento de conceitos ligados à atividade de sistematização de normas, através da aplicação de instrumentos formais é inegável. Mas a possibilidade de aplicação desses instrumentos à atividade de interpretação não está excluída, apenas não foi objeto de preocupação de Alchourrón e Bulygin, por força de suas convicções acerca do conceito de direito e das condições de fundamentação da atividade interpretativa.

Se assumirmos que as escolhas do intérprete jurídico, ao menos idealmente, são parte de um processo de fundamentação racional, ainda que envolva preferências sobre valores, então há alguma lógica subjacente, bastando descobri-la, ou melhor, construí-la da forma mais adequada para representar esse processo.[7] Por ser formal e abstrata, no campo de qualquer

---

5 Faço isso com cuidado em Maranhão (2012).

6 A paráfrase é de Newton da Costa (comunicação pessoal).

7 Da Costa (1994: 41-48).

atividade racional, a lógica, como instrumento analítico, *está a serviço de todos*.

Teóricos como Alexy e Dworkin, ao contrário de positivistas mais céticos como Kelsen e Ross, creem na possibilidade de justificação racional da atividade interpretativa jurídica. Mesmo Haack, em sua desilusão, parece indicar como *desideratum* a compreensão da racionalidade por trás do processo de interpretação e da dinâmica de alteração do conteúdo das regras por meio da interpretação. Ela quer o «*por que*» um conteúdo de uma proposição normativa é preferido a outro e não simplesmente quais as «*consequências*» da fixação de determinado conteúdo. Se há realmente um «*por que*» *i.e.* se estamos falando de escolhas justificadas e não arbitrárias, então isso está certamente ao alcance da lógica.

Obviamente, uma afirmação peremptória como essa não é capaz de superar a discussão. O objetivo desse artigo é explorar *a possibilidade de* um modelo para a interpretação construtiva no direito, que busque conciliar a racionalidade sistemática, representada pelo modelo subsuntivo, com o reconhecimento de discrepâncias na interpretação das normas jurídicas, representadas pelos modelos de sopesamento e de argumentação crítica.

O caminho para a conciliação, defendido aqui, está na representação de sistemas normativos instáveis, sujeitos a alteração e reconstrução, a partir de argumentos pró ou contra a solução de um problema jurídico. A construção do sistema é voltada para o problema de atribuição de uma solução normativa a um caso, o que foi o tema central de *Normative Systems*, de Alchourrón & Bulygin. Esse sistema reconstruído e ativado para a solução de um determinado caso, concreto ou hipotético, está sujeito a alteração, por novas atribuições de sentido ou qualificações de suas normas. A dinâmica de alteração de sistemas de crenças ou normas é o objeto dos modelos de revisão de crenças ou sistemas normativos, originado pelos trabalhos de Alchourrón, Gärdenförs e Makinson. A motivação dessas alterações deve ser dada pela conclusão de argumentos justificados, o que pode ser representado por alguma lógica de argumentação derrotável.

A combinação dessas lógicas (deôntica, revisão de crenças e argumentação derrotável) pode servir de base à construção de modelo formal para representar a racionalidade na atividade de interpretação jurídica, em particular na construção de teorias pela dogmática jurídica para a solução de casos difíceis. É essa última ideia que quero (pelo menos começar) a explorar no presente texto.

2. DE ONDE VIEMOS E ONDE CHEGAMOS

O debate sobre a possibilidade de reconstrução lógica do processo de interpretação jurídica não é novo, sendo um tema recorrente, mas com tratamentos diversos e conclusões distintas, em três diferentes gerações ligadas a três distintas concepções teóricas que cuidaram do tema lógica jurídica: a primeira geração, que podemos chamar de «lógica material», ligada à dogmática alemã do séc. XIX; a segunda geração, que chamaremos de «lógica deôntica», ligada ao positivismo jurídico; a terceira geração, que chamaremos de «lógica de argumentação» que pode ser colocada a serviço das mais recentes teorias jurídicas anti-positivistas, que vêm o direito como uma prática social argumentativa e interpretativa das normas.[8]

2.1 A primeira geração: «lógica material»

A ideia de uma lógica própria da atividade dos juristas esteve presente na tentativa da dogmática alemã do séc. XIX em definir um método para a hermenêutica jurídica. Não é a toa que, em qualquer comunidade jurídica de tradição romano-germânica, o tema «lógica jurídica» seja normalmente associado a cânones interpretativos capazes de revelar a intenção do legislador ou esquemas retóricos presentes nessa tradição como os argumentos *a simili*, *acontrario*, *a maiore ad minus,* etc.

Esse esforço de definição de um método para interpretação que nasce com a escola histórica, antes da unificação alemã, tinha a ver com a necessidade de organização de um ordenamento jurídico, em contexto de controvérsia quanto às próprias fontes normativas válidas (direito romano, a moral traduzida no chamado direito natural, ordenações dos reinos germânicos, o direito canônico e costumes). Nessa linha, o método de Savigny de identificação dessas regras a partir de «*nexos histórico-orgânicos*» capazes de revelar «*o espírito do povo*» (*Volksgeist*) que formaria a base para identificação das regras válidas para o direito.[9] A escola histórica foi gradualmente cedendo espaço à ordenação e sistematização de regras de inspiração jusnaturalista e, já com Puchta, tais normas começaram a adquirir um *status* independente de suas raizes históricas e sociais, cuja autoridade extraía-se da própria racionalização conferida pela dogmática.[10] Evoluiu-se, assim, para a

---

[8] Ao falar em gerações não quero passar a ideia de superação de uma corrente por outra. Os operadores do direito ainda guardam traços marcantes dos chamados métodos interpretativos desenvolvidos pela dogmática alemã do séc. XIX e, no âmbito da filosofia do direito ainda está presente o debate entre positivistas e anti-positivistas. Vale lembrar também que a obra *Normative Systems* de Alchourrón e Bulygin, apontada aqui como ponto alto da concepção positivista, é posterior ao artigo célebre de Dworkin contra o modelo de regras. O objetivo é apenas apontar correntes de pensamento que ganharam força em determinados períodos históricos e ligá-las a tentativas de fundamentação com base em concepções distintas do que seria a lógica jurídica. Cada corrente jusfilosófica e a respectiva fundamentação lógica é chamada de uma «geração».

[9] Savigny (1840).

[10] Puchta (1854), Mecke (2009).

chamada «*jurisprudência dos conceitos*» (*Begriffsjurisprudenz*) de Puchta, Gerber, Laband e do primeiro Jhering. Circunscrevia-se o direito a uma discussão sobre conceitos e institutos jurídicos fundamentais *construídos* (ou criados) pela ciência, a partir do material jurídico disponível, dos quais seria possível extrair de forma unívoca, pela «sistematização» e «dedução lógica», as normas gerais a serem utilizadas para solucionar casos concretos por subsunção. Essa missão e o método da dogmática cultuados pela jurisprudência dos conceitos são bem sintetizados por Laband:

> «*Die wissenchaftliche Aufgabe der Dogmatik, eines bestimmten positiven Rechts liegt aber in der Konstruktion der Rechtsinstitute, in der Zurückführung der einzelnen Rechtssätze auf allgemeinere Begriffe und andererseits in der Herleitung der aus diesen Begriffen sich ergebenden Folgerungen. (...) Zur Lösung dieser Aufgabe gibt es kein anderes Mittel als die Logik.*»[11]

Mas o significado da «lógica» e da «dedução» no raciocínio jurídico nessa tradição não pode ser identificado sequer com a lógica dedutiva clássica (aristotélica) disponível à época, ligando-se mais a intuições sobre sistematização,[12] a preservação de unidade ou consistência e mesmo estipulações de máximas capazes de justificar as regras reconstruídas. Os juristas da época já percebiam essa limitação das leis da lógica dedutiva clássica. Savigny, por exemplo, já enfatizava que a interpretação dogmática não poderia ser reduzida a nexos meramente lógicos e mesmo Jhering que, em sua primeira fase, foi um entusiasta de uma *Logik des Rechts*, ressaltava o *caráter criativo* desta «lógica», que não se reduzia à pura lógica formal e a relações de consequência.[13]

Esse «método» ou «técnica» de interpretação, sem discutir sua fundamentação teórica, na prática continua a ser empregado nas disciplinas dogmáticas a partir do pressuposto de um «legislador racional» por trás dos textos normativos. Em casos de indeterminação recorre-se a um raciocínio sobre qual seria a intenção (contrafática) de um legislador ideal que respeite determinadas máximas de competência como consistência, precisão, coerência entre meios e fins, ao emitir o comando com aquela formulação.[14] Trata-se, na verdade, de um processo de inferência que se assemelha à implicatura de

---

[11] LABAND (1990: 136) apud FARIAS.

[12] Cf. AARNIO (1977: 267).

[13] «*Es handelt sich hierbei nicht um dem Reiz einer bloss formalen Logik und Consequenz, sondern um die Schöpfung einer Welt aus rein geistigen Stoff, eine Nachbildung der Natur im Elemente dês Gedankens.*» (JHERING, 1990: 139) apud FARIAS.

[14] Para a elaboração histórica desses postulados de competência desenvolvidos pela dogmática alemã do séc. XIX, consultar (WIEACKER, 1967).

Grice,[15] tendo por trás uma espécie de raciocínio abdutivo,[16] que toma como evidências as formulações normativas provenientes das fontes identificadas como válidas e formula hipóteses sobre qual seria intenção que melhor explicaria aquele conjunto de formulações normativas.

Engisch chamava essa lógica jurídica tradicional de «*lógica material*», entendida como um conjunto de cânones interpretativos e princípios de argumentação para que se obtenham ou se justifiquem regras de comportamento a partir de textos normativos.[17] Na tradição anglo-saxônica Raz usa um nome particular, «lógica interna ao direito» («*the inner logic of law*»), para tratar dessas convenções de interpretação jurídica ou mesmo de um certo «senso de propriedade» difundida entre operadores do direito na condução de casos jurídicos.[18] A essa «lógica material» ou «lógica interna», de busca por conteúdos, opõe-se a «*lógica formal*», que pode ser entendida, em sua concepção mais tradicional, como o estudo da forma das inferências dedutivas válidas.

2.2 A segunda geração: lógica deôntica e revisão de sistemas normativos

Após os severos ataques dirigidos à jurisprudência dos conceitos, ironicamente, pelo seu excessivo «formalismo» e «logicismo», o positivismo jurídico, principalmente com Alf Ross e Hans Kelsen, recupera o tema da lógica, dessa vez a lógica formal propriamente dita, ao mesmo tempo em que descarta a chamada «metodologia hermenêutica» como uma atividade desprovida de valor científico. Com a publicação de «*Deontic Logic*», por Von Wright,[19] e o (re)surgimento da lógica deôntica, criou-se uma grande expectativa entre teóricos do direito. Dentre os entusiastas estava Kelsen. A interdefinibilidade entre obrigação e proibição («*o que não está proibido está permitido*») e o princípio de não contradição entre normas, ambos presentes no sistema de Von Wright, aparentemente «comprovavam» as teses kelsenianas de completude e consistência necessárias dos ordenamentos jurídicos, a ponto de Kelsen, de maneira egocêntrica, como conta Von Wright,[20] atribuir a descoberta da lógica deôntica à própria *Teoria Pura do Direito*.

---

[15] Cf. Grice, «Logic and Conversation», *op. cit.*; e Grice (1991: 41-57). Sobre a relação entre as implicaturas de Grice e a figura do legislador racional na interpretação jurídica ver Dascal (2005: 160-381) e Maranhão (2012).

[16] Sobre o raciocínio abdutivo, o *locus classicus* é composto pelos escritos de Peirce, Cf. Hartshorne & Weiss (1931-1958). Para competentes análises do raciocínio abdutivo explorado por Peirce, ver Hilpinen (2004); e, ainda, Kapitan (1997), ver Maranhão (2012) para um breve apanhado.

[17] Cf. Engisch (1964).

[18] Raz (1994: 238).

[19] Von Wright (1951: 1-15).

[20] Von Wright (1985).

A ideia de uma lógica para o direito passava a receber um papel completamente distinto daquela «lógica material», dentro de um programa de fundamentação epistemológica da identificação e descrição de um sistema de normas válidas. O ponto alto desta concepção científica do direito está na caracterização da atividade de sistematização pela dogmática jurídica feita por Alchourrón & Bulygin em *Normative Systems*.[21] As teorias dogmáticas seriam um corpo logicamente fechado de proposições normativas (com base em uma lógica de proposições normativas, que refletiria propriedades de uma lógica deôntica), que são tomadas como soluções normativas (obrigatório, proibido, permitido) para ações em casos hipotéticos relevantes. A dogmática científica, assim, teria uma função cognitiva de normas, *i.e.* uma apresentação organizada do ordenamento e descrição de problemas lógicos presentes no sistema, jamais podendo criar novas soluções ou alterá-lo, o que seria tarefa do legislador (informado pelas proposições dogmáticas).

Essa representação estática e estável de um ordenamento na forma de sistema normativo seria então complementada, a partir de artigos posteriores de Alchourrón e Makinson que desembocaram na criação do modelo AGM,[22] por lógicas de revisão de crenças que representariam a dinâmica de expansão, derrogação e revisão de conflitos entre normas do sistema normativo. Esses modelos descreveriam as consequências de decisões de autoridades normativas, de promulgação ou revogação de normas, no sistema jurídico descrito.

2.3 A terceira geração: lógica de argumentação

A terceira geração liga-se à concepção do direito como uma prática interpretativa de regras ao lado de valorações políticas e morais. O tema da lógica volta a cena com a distinção entre regras e princípios e o acento na derrotabilidade das normas jurídicas.

Para Dworkin,[23] é característico nessa atividade interpretativa que normas legais são derrotadas por princípios de conteúdo moral ou de políticas públicas, ainda que presentes suas condições de aplicação, na medida em que os operadores do direito não se limitam à análise das circunstâncias nelas apontadas como relevantes, mas consideram e devem considerar todas as circunstâncias e propriedades presentes nos casos que possam se mostrar relevantes frente ao melhor sopesamento desses princípios (*all-things-considered*). A lógica na aplicação desses princípios seria distinta da lógica de condições suficientes para consequências jurídicas presente nas regras (*all or nothing*), na medida em que princípios oferecem apenas razões *prima facie*

---

21 Alchourrón & Bulygin (1971).

22 AGM (1985: 510-530).

23 Dworkin (1977) e (1986).

para soluções normativas. Tais razões pró ou contra determinada solução também não poderiam entrar em contradição, mas possuiriam uma dimensão de peso a ser avaliada em cada caso.

Alexy,[24] por sua vez, cético quanto à possibilidade de uma hierarquização dos princípios, entendidos como mandados de otimização, busca ainda, no esforço de racionalização do discurso jurídico, ordenar a argumentação jurídica por meio de um conjunto de regras que constituem um protocolo de discussão crítica específico para o direito, mas pertencente ao domínio do raciocínio e argumentação práticas.

Esse processo de sopesamento possuiria uma dimensão valorativa insubmissa à formalização e desafiadora da abordagem descritiva de um sistema de regras.

Todavia, a representação lógica e formal do raciocínio derrotável não traz propriamente uma dificuldade, muito embora possa colocar em questão o caráter dedutivo de lógicas aptas a tal representação, já que não satisfazem o princípio de monotonicidade, que constitui um dos elementos estruturais de sistemas dedutivos na concepção de Tarski.[25] Existem diferentes formas de construção de lógicas derrotáveis. A ideia geral por trás dessas construções é que de alguma forma as inferências são realizadas com base em assunções implícitas, que podem ser derrotadas diante de novas informações.[26]

---

[24] ALEXY (1983: 234-235).

[25] TARKSI (1983). Alchourrón também faz uma interessante análise da inadequação filosófica das lógicas não-monotônicas e sua incompatibilidade com a regra de *modus ponens* em ALCHOURRÓN (1993) (exploro essa discussão de alchourrón em «Why was Alchourrón afraid of snakes», publicado neste volume na Seção 7).

[26] Uma primeira forma de construção surgiu com Reiter (REITER, 1980) na década de 80. A relação de consequência é dada a partir de regras de inferência (*defaults*) que são aplicadas desde que não gerem inconsistências a partir de um conjunto inicial de sentenças. Como a ordem de aplicação dos *defaults* pode alterar as conclusões (e as inconsistências) geradas, o conjunto de consequências é definido a partir da intersecção de uma seleção das possíveis extensões do conjunto de sentenças pelo *defaults*. Novas premissas no conjunto base também alteram as consequências geradas e as extensões possíveis de forma que conclusões anteriormente derivadas podem ser perdidas.
Uma segunda linha, trazida por Kraus, Lehmann e Magidor (KRAUS, LEHMANN & MAGIDOR, 1990), é construída semanticamente, por meio da restrição do conjunto de valorações que são modelos das premissas. A relação de consequência é definida não a partir de todos os modelos das premissas (ou de todos os mundos possíveis nos quais elas são verdadeiras, usando-se semânticas de Kripke), tal como se faz em lógica clássica, mas apenas em uma subclasse de modelos chamados de modelos «mais normais» ou preferenciais. Com a introdução de novas premissas, alteram-se os modelos preferenciais ou «mais normais» nos quais a verdade das premissas é checada, de forma que alteram-se as derivações anteriormente válidas.
Uma terceira linha de construção surgiu das tentativas de se mapear lógicas não monotônicas com lógicas de revisão de crença. Nessa construção, a relação de consequência é definida considerando-se um conjunto de sentenças adicionais (assunções ou expectativas) que deve

Uma representação bastante próxima e adequada da derrotabilidade dentro de um processo de interação (dialética) entre argumentos pró e contra uma determinada solução normativa é dada pelas chamadas lógicas de argumentação derrotável (*logics of defeasible argumentation*). Essas lógicas foram introduzidas no final da década de 80 por Pollock[27] e rapidamente dominaram o *mainstream*, a partir da década de 90, no âmbito da inteligência artificial e direito.[28] Existem, hoje, diversos sistemas de argumentação. Como mostram Bondarenko-Dung-Kowalski-Toni[29] é possível construir uma relação abstrata de consequência não-monotônica tomando a noção de argumento como elemento primitivo e definindo sobre eles relações de conflito e derrotabilidade (preferência entre argumentos conflitantes) a partir dos quais define-se o status de argumentos como justificados, derrotados ou defensáveis. Não é o caso de expor diferentes sistemas, mas é fácil ver que é possível construir diferentes lógicas de argumentação com a especificação da estrutura do argumento, *i.e.* como uma dedução (em determinada lógica) de uma sentença a partir de um subdomínio (consistente) de um domínio (possivelmente e preferencialmente inconsistente) de regras e proposições.

Assim, com as lógicas de argumentação, para cada tese (sentença) identifica-se, no domínio considerado, argumentos *pró* (que derivam tal sentença ou premissas que componham uma demonstração dessa sentença) e *contra* (que derivam a negação da sentença ou a negação de uma premissa que componha a demonstração dessa sentença) que interagem e prevalecem ou sucumbem a partir das relações de preferência estabelecidas entre regras (usadas nos argumentos e subargumentos). No modelo de Prakken e Sartor, mesmo as relações de preferência podem ser regras derrotáveis e, portanto, sujeitas a argumentação.[30]

Esses sistemas podem ser construídos por meio de uma definição semântica, ou quasi-semântica, do conjunto de argumentos justificados

---

ser consistente com o conjunto de premissas. Caso não haja consistência, procede-se a uma contração do conjunto de assunções e a inferência passa a ser feita então com base em algum subconjunto maximal do conjunto original de assunções que seja consistente com o conjunto de premissas. Na medida em que o conjunto de assunções se reduz, conclusões anteriormente derivadas são perdidas. Para uma introdução às diferentes abordagens, ver (Brewka, Dix & Konolige, 1997) e uma coleção de *surveys* ver (Gabbay, Hogger & Robinson, 1994.). Uma apresentação mais recente, bastante clara e completa das principais construções pode ser encontrada em Makinson em (Makinson, 2005). Na Seção 7 deste livro, a linha de construção por semânticas preferenciais e a linha por revisão de conjuntos maximais consistentes são brevemente apresentadas e comparadas.

27 Pollock (1987).

28 Para uma excelente introdução, ver (Prakken e Vreeswijk, 2002).

29 Bondarenko, Dung & outros (1997).

30 Prakken & Sartor (1997).

dentro de um domínio de argumentos e preferências entre argumentos, que se aproxima de um modelo de ponderação, ou ainda, a partir de um protocolo ou jogo com regras de interação entre o proponente e o oponente em um confronto de argumentos, o que se aproxima do modelo de argumentação crítica ou de diálogos argumentativos.

2.4 Conflito entre gerações

Dessa forma, a questão colocada na introdução acerca das promessas da lógica para o direito ganha uma perspectiva histórica. É curioso que cada nova geração rejeita a geração anterior. Assim aconteceu com a rejeição pelo positivismo ao fundamento epistemológico da «lógica material» ou «método de interpretação» da dogmática alemã,[31] em grande parte pelos seus compromissos metodológicos e também pela circunscrição da lógica formal à dedução.

O mesmo acontece com os proponentes de lógicas de argumentação ou mesmo dos teóricos do direito, que questionam a adequação de representação do raciocínio jurídico pela derivação monotônica de consequências a partir de um conjunto de regras, mesmo suplementada pelas técnicas de revisão de sistemas normativos. Assim, por exemplo, Prakken argumenta contra modelos do raciocínio jurídico argumentativo com base em técnicas de restauração da consistência (revisão) do conjunto de regras e contra o uso de condicionais que satisfaçam contraposição (bidirecionais), descartando, assim, a lógica deôntica clássica.[32] Seu principal ponto é que as técnicas de revisão, que comparam conjuntos de regras não podem dar conta da natureza passo a passo (*step by step nature*) do processo de argumentação, em que subargumentos são comparados antes e separadamente para que se chegue a uma definição sobre qual argumento completo deve prevalecer.

Também Peczenik acredita que a representação do processo de sopesamento, essencial para o direito, não pode ser dada por um sistema de regras em conjunto com a abordagem de revisão de crenças de Alchourrón e Makinson. Para Peczenik é essencial que o sistema lógico caracterize ou descarte de uma regra para um caso, mas que, ao mesmo tempo, permita sua reaplicação em casos em que o seu peso se altera, o que não seria possível no modelo AGM de revisão, apenas aplicável ao processo de derrogação, no qual a regra preterida é eliminada do sistema.[33]

---

31 KELSEN (1960, cap. VIII); e ROSS (1958, cap. IV).
32 PRAKKEN (1997).
33 PECZENIK (1996).

Infelizmente ou felizmente, a indisposição com as gerações passadas parece ser um traço necessário do homem, que o motiva a inovações. Porém, passado algum tempo, vale a pena olhar para trás. A meu ver, é isso o que a insatisfação de Haack provoca. Ela parece não crer em uma representação formal daquela «lógica material». Mas será que com as técnicas formais atualmente disponíveis é possível chegar mais perto dela, ao menos para representar formalmente os padrões de racionalidade que a sustentam?

Na verdade, nem a segunda, nem a terceira gerações satisfazem integralmente essa expectativa. Se a primeira nem se propõe a representar a atividade de interpretação, a última limita-se a representar o processo argumentativo a partir de um domínio de regras e proposições fáticas já dado (ainda que as regras controversas sejam tomadas como diferentes interpretações de um mesmo conjunto de regras). Mesmo em sofisticações posteriores, presentes em representação de raciocínio baseado em casos, em que se relacionam regras com os valores por elas promovidos, que discutimos mais abaixo, o domínio de valores e sua ordenação já é conhecido de antemão. Todavia, uma das habilidades do jurista é justamente revelar novos valores e relações entre regras e valores na interpretação de um caso, atual ou hipotético, capazes de solucionar adequadamente o caso em questão, além de explicar os precedentes. Esse processo de busca racional por novas regras, ou ainda a dinâmica de alterações desse domínio de regras e valores, em função da interpretação, ainda aguarda uma representação adequada. Mas não é despropositado crer que avanços tanto na área de raciocínio abdutivo e revisão de crenças possam superar essas limitações.

Primeiramente, vou tentar delinear uma proposta de conciliação, no âmbito da lógica, entre a segunda e terceira gerações. Em seguida tentarei indicar caminhos para que ambas se voltem para algum lugar do passado, *i.e.* para o esforço da dogmática alemã em descrever uma «lógica material» para a atividade de interpretação.

3. FAZENDO AS PAZES

Não vou fazer aqui uma refutação em detalhe dos argumentos da terceira contra a segunda geração a respeito da inadequação ou insuficiência de seus métodos. Apenas dar uma ideia de como ambas podem ser interpretadas como representações de domínios ou aspectos complementares e não incompatíveis do raciocínio jurídico, talvez com uma perspectiva mais «arrojada» para a segunda geração.

3.1 Duas faces de um mesmo raciocínio

Nem tudo é rejeitado pela terceira geração. Como já vimos, argumentos conflitantes são deduções com base em uma determinada lógica. A justificação de cada argumento pode ser tomada como uma dedução a partir de um (sub)sistema de regras. Há, portanto, um momento dedutivo.

O problema é que esse (sub)sistema coexistirá com outros, havendo alguma avaliação dos argumentos gerados por tais subsistemas consistentes para a identificação daquele que prevalece para um dado caso concreto (uma dada descrição dos «fatos do caso»). Aqui, um detalhe importante, as lógicas de argumentação representam a dialética entre argumentos em um esforço de identificação de uma solução para uma determinada descrição de um caso individual. Um exemplo vai ajudar. Usarei uma variação do exemplo de Alchourrón e Bulygin em *Normative Systems*, que nos ajudará a ver os aspectos que precisariam ser desenvolvidos no modelo de representação:

Carlos vende a Pablo imóvel de propriedade de Eugênio. Eugênio pretende reaver o imóvel de Pablo. A regra vigente (R1) determina que Pablo tem o direito de reter o imóvel, se, e somente se, o adquiriu de boa fé e a título oneroso. O sistema de normas expressas é completo e consistente, com duas propriedades relevantes. Nas lógicas de argumentação, podemos representar controvérsias sobre a boa fé ou a onerosidade do título, mas suponha que prevalece o argumento de que Pablo cumpre os requisitos legais para reter o imóvel. Então segue a conclusão de que pode retê-lo (argumento A1 com base em R1). Mas o que nos interessa são as discrepâncias sobre as regras aplicáveis. Suponha então, que Eugênio precisa do imóvel para seu sustento, uma interpretação do princípio constitucional de justiça social, que pauta a ordem econômica, leva a uma regra R2 determinando que, nesse caso, o adquirente deve restituí-lo. Suponha, por fim, que há uma relação de preferência estipulando que a regra de justiça social prevalece sobre a regra de restituição em caso de título oneroso e boa fé. Nesse caso, o segundo argumento (A2 com base em R2) estará justificado (*justified*) e o primeiro fica com o status de derrubado (*overruled*).

Essa pode ser uma representação adequada do processo de sopesamento de argumentos que leva, por exemplo, um juiz deliberar sobre a prevalência da segurança contratual sobre a propriedade, mas, por outro lado, a prevalência da justiça social sobre a segurança contratual e, no caso concreto de Eugênio e Pablo, reconhecer o direito de Eugênio de continuar em sua terra (note, porém, que a relação entre as regras e esses valores por detrás das regras não aparece nas lógicas de argumentação em geral; a valoração simplesmente é representada por uma relação de preferência entre as regras default).

Vamos assumir então que tais discrepâncias e valorações estão presentes na decisão de um juiz para um caso e ele determina a restituição. Por mais arbitrária, ou *contra legem* que o argumento por trás de R2 e a decisão do juiz possam parecer, se conclusões jurídicas são fundamentadas, então essas devem ser universalizáveis. Isto é, dada uma determinada solução jurídica (obrigatória, permitida, proibida) referente a um tipo de ação, levando-se em consideração determinadas circunstâncias tomadas por relevantes, essa mesma solução deveria ser aplicada a todos os casos nos quais esteja envolvido o mesmo tipo de ação na presença das mesmas circunstâncias.[34] Caso o agente não esteja disposto a generalizar sua decisão, então há algum problema com seus fundamentos, dado que a ação e as circunstâncias consideradas relevantes são exatamente as mesmas (a menos que novas condições relevantes apareçam, caso no qual teremos uma nova decisão, também universalizável).

Isto significa que, seja qual for a justificativa da decisão, se baseada exclusivamente em normas legais explícitas ou se tais normas foram derrotadas por princípios morais, senso de justiça ou considerações ligadas a políticas públicas, é possível abstrair uma determinada regra para a ação, nas circunstâncias consideradas relevantes para esse caso tipo. Ou seja, se as lógicas de argumentação permitem representar *como* são justificadas as decisões a partir de uma mesma base de regras e descrições de fatos conflitantes, então com a identificação de uma tese justificada, aparece a pergunta: afinal *qual* a regra aplicada?

No exemplo, a decisão do juiz pode levar à formulação de uma nova regra (R1') segundo a qual se o adquirente age de boa-fé e a título oneroso, mas o proprietário usa o imóvel para o seu sustento, então o adquirente deve restituí-lo.

E quando estamos dispostos a afirmar uma regra jurídica, *i.e.* que diante de tais ou quais condições a ação em questão é obrigatória, devemos estar também prontos a asserir que ausentes tais condições a solução normativa seria distinta, caso contrário, as condições ressaltadas, que fazem parte do fundamento da decisão, não seriam relevantes e a decisão seria arbitrária (no exemplo, se o adquirente agiu de boa fé e a título oneroso, e o proprietário não a usa para seu sustento, então o adquirente pode reter a propriedade). Portanto, quando generalizamos uma regra jurídica, estamos, na verdade

---

34 Não quero entrar aqui na discussão entre universalistas e particularistas no que se refere a juízos morais ou a jurídicos (ver a respeito a rica discussão travada no volume Razones y Normas da revista *Discussiones*, ano IV, numero 5, editado por Jorge L. Rodriguez. Apenas quero indicar que a pretensão de universalidade deve estar presente para aquele que argumenta, ainda que, de fato em uma apreciação externa cheguemos à conclusão que a universalização não é possível. Mesmo Alexy toma a pretensão de universalização como uma das regras do discurso racional prático em geral, com a seguinte formulação: «Todo orador que aplique um predicado F a um objeto *a* tem de estar preparado para também aplicar F a qualquer outro objeto que seja semelhante a *a* em todos os aspectos relevantes» (ALEXY, 1983: 234-235).

generalizando um determinado sistema de regras que oferece soluções inter-relacionadas para diferentes casos relevantes em determinada situação de conflito.

E o que houve na dimensão «*qual regra*»? Certamente, alguma forma de revisão do sistema normativo. Tudo indica que tal dimensão pode ser representada pelas técnicas lógicas de revisão de crenças, na linha de AGM.

3.2 Lógicas de exceção *vs.* lógicas de qualificação

A pista em direção a modelos de revisão deve enfrentar a objeção de Peczenik, segundo a qual tais técnicas não vão servir, dado que somente representam o processo de revogação de normas do sistema. Para Peczenik, em casos de sopesamento, uma regra prevalece sobre outra, mas essa última não pode ser derrogada, pois poderá ser usada em outros casos. Por exemplo, em outro caso, no qual o proprietário não depende de imóvel para seu sustento ou no qual não há informações sobre isso, R1 pode ser aplicada. Portanto R1 não pode ser derrogada do sistema.

O primeiro equívoco de Peczenik é que a mudança idealizada não é tão brutal no sentido de derrogar R1. Pelo contrário, ela permanece no sistema, porém com novas qualificações. E com novas qualificações não só para o caso em que está presente a nova propriedade relevante, *i.e.* R1', mas também no caso complementar quando tal propriedade está ausente, mantidos todos os outros fatores constantes. O que se propõe somente é que o sistema normativo passe a ter um universo de casos mais fino, seja um sistema mais refinado, de tal forma que solucione casos com a presença ou ausência de novas propriedades consideradas relevantes, em função da aplicação de outros parâmetros normativos.

O segundo equívoco de Peczenik está na afirmação de que as técnicas de revisão de crença não servem para dar conta dessa mudança. Isso é falso e, para usar um argumento religioso, já estava escrito na profecia de I. Levi de que qualquer alteração de nosso estado epistêmico pode ser reduzido a uma combinação de operações primárias de contração e expansão («*commensurability thesis*»).[35] A lógica de condições contributivas de Alchourrón e os operadores de refinamento são modelos de qualificação de crenças ou regras satisfazendo a tese de comensurabilidade.

A lógica de condições contributivas foi defendida por Alchourrón em sua cruzada contra lógicas não-monotônicas. Para Alchourrón, a noção de derrotabilidade seria melhor representada por uma alteração das premissas e não pelo enfraquecimento da relação de consequência, principalmente com

---

[35] LEVI (1991).

lógicas que coloquem em questão o princípio de *modus ponens*. A solução dada por Alchourrón seria, então, a construção de condicionais cujos antecedentes seriam apenas condições contributivas (condições necessárias para uma condição suficiente), mas não suficientes para a conclusão. Sem entrar em detalhes técnicos,[36] a contribui para b se b é derivado classicamente a partir de a em conjunto com as assunções implícitas K consistentes com o antecedente, *i.e.* $b \in Cn(K*a)$, onde Cn é o operador de consequência clássico e $*$ é um operador de revisão AGM. Alchourrón internaliza a relação de consequência na linguagem objeto representando o condicional por meio de implicação estrita associado a uma função de revisão f, ou seja $a \supset b = \Box(fa \rightarrow b)$, onde $\Box$ é o modal de «necessidade» de S5.[37] O condicional assim construído é derrotável, pois ampliado o antecedente a teoria K pode se contrair de forma diversa e não mais derivar b. Assim, por exemplo, a pode representar que o adquirente age de boa fé e a título oneroso e em K poderia estar a proposição $\sim c$ de que o proprietário não é pobre. Pode ocorrer, portanto que $a \supset b$ mas não valer que $a \wedge c \supset b$. A regra, então, com suas assunções explicitadas seria $a \wedge \sim c \supset b$. Ou seja, no modelo de Alchourrón, novas propriedades relevantes capazes de derrotar uma regra do sistema podem ser representada pela explicitação das assunções implícitas do antecedente dessa regra, o que pode ser feito com uma operação de revisão no antecedente da regra derrotada.

Outra maneira de representar o processo de qualificação das normas, porém com um operador sobre o *sistema de regras* (e não sobre o antecedente de uma regra) é dada pelas lógicas de refinamento.[38]A ideia é muito simples: em vez de suprimir informações ou normas na presença de inconsistências, os agentes podem manter ambas desde que enfraqueça pelo menos uma delas. Uma forma de fazê-lo, que pode ser representada de forma sintática, é sujeitar uma das sentenças a uma condição adicional. Para tanto, utiliza-se uma função condicional h sobre a linguagem, que tem a função de escolher a condição relevante na qual a informação (ou norma) original deixa de valer (*condição refutadora*). Em seguida, define-se a operação de refinamento interno sobre um sistema A como uma contração AGM no qual a sentença contraída b é qualificada pela condição refutadora $h(b)$ escolhida, *i.e.* $A\#b = A \div h(b) \Rightarrow b$, onde $A \div$ é o operador de contração AGM. A implicação utilizada na linguagem objeto pode ser qualquer uma que satisfaça as condições (i) $b \Rightarrow a \in Cn(a)$; e (ii) $a \in Cn(b \Rightarrow a, \neg b \Rightarrow a)$, condições satisfeitas,

---

36 Para uma análise mais detalhada da construção de Alchourrón e de suas motivações ver MARANHÃO (2006), traduzido na Seção 7 deste livro.

37 CHELLAS, B.F. «Modal Logic: an introduction». Cambridge, 1980.

38 Uma apresentação completa das lógicas de refinamento interno e global tanto para conjuntos de sentenças logicamente fechados ou conjuntos arbitrários de sentenças encontra-se em MARANHÃO (2007), traduzido na Seção 6 deste livro.

por exemplo, pela implicação material e pela implicação estrita usada por Alchourrón para construção das condições contributivas. Como resultado, tem-se que, ausente a condição refutadora, vale a crença (norma) original, *i.e.* $\sim h(b) \Rightarrow b \in A\#b$. Ademais, na operação de refinamento global (denotado por •), presente a condição refutadora, tem-se para o caso a crença ou consequência normativa oposta, $h(b) \Rightarrow \sim b \in A \bullet b$. O operador pode ser generalizado para bases de crenças não necessariamente fechadas por consequência lógica. Usando a terminologia de *Normative Systems*, o operador de refinamento global sobre sistemas normativos modela a transição de um sistema com um universo de casos menos fino, para um universo de casos mais fino, preservando sua completude e consistência e alterando o sistema o mínimo necessário para incluir a nova propriedade relevante, com suas consequências mutuamente incompatíveis nos casos de ausência ou presença dessa propriedade.

É possível distinguir, assim, de um lado, as *lógicas de exceção*, que são as lógicas de argumentação, nas quais a conclusão de um argumento fundado em regras pode ser preterida em determinado caso, considerado excepcional, a partir de uma comparação passo a passo das regras presentes nos argumentos conflitantes, pois é preferida uma outra regra conflitante e, de outro, as *lógicas de qualificação*, nas quais as regras têm suas condições de aplicação mais qualificadas.

É possível, ainda, ligar cada relação de preferência entre regras que determina o resultado de um sopesamento a uma qualificação na regra por meio do operador de refinamento. De forma simplificada, para cada sopesamento de argumentos contendo duas regras potencialmente conflitantes R1=$a \Rightarrow b$ e R2=$c \Rightarrow \sim b$, aliado a uma relação de preferência na qual R2>R1, tem-se que a função condicional de refinamento h é tal que $h(a \Rightarrow b)=c$, ou seja a condição da regra vencedora será a condição refutadora da regra original usada pelo operador de refinamento de forma que resultaria um sistema mais refinado (com $a \wedge c \sim c \Rightarrow$b e $a \wedge \sim c \Rightarrow \sim$b) e consistente.

Aqui vê-se também que o argumento de Prakken contra as lógicas de revisão de crenças não impede a conciliação. A comparação passo a passo liga-se ao raciocínio jurídico desenvolvido no embate de argumentos pró e contra uma determinada solução, olhando para determinada instanciação. Para a pergunta acerca de qual a regra geral que explica a solução adotada no caso em questão, em conjunto com as soluções adotadas nos casos não excepcionais, não entra em linha de conta o processo de avaliação dos argumentos, mas apenas o argumento vencedor ou a solução vencedora para as condições relevantes consideradas no curso da argumentação. A solução, aliada a essas condições, forma uma nova regra mais qualificada, de forma que o sistema de soluções passa a ser mais fino. É esse último aspecto do raciocínio normativo que as lógicas de qualificação querem capturar.

Não se propõe aqui, com as lógicas de qualificação, que as regras devam ter todas as suas condições de aplicação qualificadas, o que obviamente seria uma tarefa impossível. Nem se pressupõe que em todos os casos isso seja possível (pode-se recorrer à derrogação quando não houver possibilidade de compatibilização entre duas regras ou princípios). Apenas se afirma que as regras têm condições de aplicação qualificáveis. Também não se defende a ideia de que as regras deverão sempre ser qualificadas quando surja um argumento conflitante com a solução indicada pelo sistema. O modelo lógico também não se compromete com essa decisão. Se deve prevalecer a regra intocada ou se essa deve ser qualificada com base em um argumento, isso é matéria de decisão ou escolha do intérprete, justificada ou não. Essa dinâmica de escolhas do intérprete deve se situar entre dois extremos. Um extremo é o modelo «arraigado» no qual nenhuma regra é qualificada, inadequado pois as justificações morais ou políticas da regra não teriam nenhuma relevância em sua aplicação. O outro extremo é o modelo «*all things considered*», em que todas as justificações morais ou políticas da regra são necessariamente consideradas para definir os casos relevantes para a sua aplicação, o que também é inadequado pois então as regras, nesse modelo, não fariam diferença prática, pois não ofereceriam uma razão independente (de suas justificações) para a solução do caso.[39]

O emprego de lógicas de qualificação significa que não precisamos das lógicas de argumentação? Evidente que não. As lógicas de argumentação parecem mais próximas do processo dialético de oposição de argumentos presente na deliberação de casos concretos. Já as lógicas de qualificação representam a forma pela qual teorias interpretativas do ordenamento são alteradas, com a solução de conflitos potenciais e mesmo com a introdução de novas propriedades relevantes não previstas explicitamente no ordenamento.

As lógicas de argumentação apontam para uma possível sofisticação na noção de sistema e na dinâmica de revisões. Lógicas de revisão usuais ou mesmo de refinamento na linha AGM não contém nenhum elemento que possa refletir as razões pelas quais algumas proposições passam a ser aceitas, em vez de outras. Tais lógicas usualmente também tomam o conjunto de proposições ou normas de forma não estruturada por razões ou argumentos, *i.e.*, a exigência para que pertençam ao sistema é tão-somente a sua consistência.

---

[39] Sobre a oposição entre esses modelos de decisão ver Schauer (1998).

Essa falta pode ser suprida se combinarmos as lógicas de argumentação com as lógicas de revisão de crença de tal forma a trabalhar com um conjunto de crenças fatuais ou normativas cuja aceitação já esteja fundamentada e estruturada com base em argumentos.

Uma primeira ideia nesse sentido foi apresentada por Wassermann e Carbogim. Em uma primeira construção voltada para a representação de processos de revisão de agentes com recursos limitados (de memória, capacidade de inferência e informações), Wasserman separa a base de crenças ou normas (desde que não sejam logicamente fechadas) em crenças *não ativas* e crenças *ativas*. Certamente, quando buscamos solucionar um caso não utilizamos todas as normas do ordenamento, que podem até mesmo ter regras conflitantes. Mas quando olhamos para o caso, atual ou hipotético, então o conjunto de regras e dados ativados para solucionados tem que ser consistente e fundamentado, e os mecanismos de revisão podem se aplicar localmente para esse conjunto de crenças relevantes.[40] Assim, uma forma de combinar seria permitir na base não ativa a existência de parâmetros e proposições que formam argumentos incompatíveis e que, dentro de uma lógica de argumentação podem chegar a uma tese justificada.[41] Somente as teses justificadas segundo a argumentação seriam aceitas em uma revisão ou refinamento do conjunto de crenças ou normas ativas, a partir do mapeamento sugerido acima.

Liga-se, dessa forma, o processo de argumentação à atividade de sistematização da dogmática jurídica, de maneira que o sistema reconstruído seja estruturado com base em argumentos subjacentes.

3.3 Novas roupas para a 2ª geração

Mas a qualificação por refinamento é compatível com a concepção descritiva de *Normative Systems*? Essa é a hora certa de perguntar, pois, no quadro descritivo não faz muito sentido falar em novas propriedades relevantes não previstas pelo conjunto de normas descrito. Para Alchourrón e Bulygin, as propriedades relevantes são aquelas que podem ser descritas no que chamam de «*tese de relevância*» *i.e.* as propriedades explicitamente escolhidas pelo conjunto de normas examinado como condições para as soluções normativas para determinada ação. Outras propriedades, consideradas relevantes, por exemplo, pela moral ou por uma determinada interpretação dos propósitos do legislador, ou mesmo com base em outro conjunto de normas do ordenamento, somente poderiam fazer parte do que chamam

---

40 Nessa linha Wassermann (2000).

41 Ver Wassermann & Carbogim (2004).

de «*hipótese de relevância*», ou seja, parte de um discurso valorativo ou prescritivo, que não mereceria atenção. A desconsideração de propriedades presentes na hipótese de relevância é tratada como uma lacuna axiológica, que tem caráter espúrio, pois representaria não propriamente um vazio no sistema, mas uma inadequação entre a solução escolhida pelo conjunto de normas original e a valoração subjetiva do intérprete baseada em outras pautas normativas.

Mas essa é uma opção teórica que tem a ver com a concepção descritiva e positivista do direito, não com as técnicas lógicas empregadas. Alchourrón e Bulygin não aceitariam novas propriedades relevantes como parte do sistema original, mas a representação lógica do sistema aliada a representação de sua dinâmica pode dar conta da introdução de novas propriedades. Jorge Rodriguez[42] já deu um passo nessa direção, quando defendeu que a *hipótese de relevância* e *lacunas axiológicas* não deveriam ser imediatamente identificadas com o discurso prescritivo, mas poderiam ser compreendidas e analisadas como fornecendo informação sobre um segundo sistema normativo que constituiria, na verdade, uma reconstrução pelo intérprete, do ordenamento tal como «desejado» pelo *legislador racional.*

Acredito que a discussão pode se emancipar do aspecto descritivo assumido para o discurso da dogmática jurídica. Para a linguagem lógica utilizada, *i.e.*, do ponto de vista sintático, não entra em linha de conta a correção ou incorreção da perspectiva descritivista. Pode-se representar o que seria o sistema reconstruído pelo intérprete (sem avançar teses sobre a existência ou possibilidade de descrição objetiva desse sistema) e o foco estaria no processo racional de estipulação de novas interpretações, justificadas, que provocam alterações nesse sistema.

O relevante é saber como considerar esse processo de interpretação no modelo. Aarnio, por exemplo, já questionou a concepção de *Normative Systems* com base no fato de que diferentes atribuições de sentido poderiam resultar em sistemas distintos.[43] Para Aarnio seria difícil conceber um sistema básico identificado S_0 que seria, então, reformulado para um sistema S_1 sem conceder que essa reformulação provocaria uma redefinição de significados e, portanto, uma alteração na própria identificação do sistema original S_0. Bulygin cortou a objeção ao abstrair do processo de interpretação, *i.e.*, esclarece que *Normative Systems*, na linha de Carnap, considera as sentenças como proposições com determinado significado fixo, de forma

[42] Rodriguez (2000).
[43] Aarnio (1986: 156-157).

que as diferentes atribuições de sentido possíveis a uma norma não entram em linha de conta:[44]

> «Jamais foi nossa intenção negar que a dogmática jurídica também realiza atividades criativas, mas nosso interesse estava focado nos aspectos puramente cognitivos da dogmática jurídica. Juristas, é claro, fecham todos os tipos de lacunas e removem inconsistências, mas essa atividade é diferente da mera sistematização tal como caracterizada em NS [Normative Systems].»

Perfeito. Mas isso não significa que o processo de interpretação não possa ser representado, apenas que alterações de significado passam a ser representados por alterações das sentenças, *i.e.* no processo dinâmico, de revisão ou de refinamento.

No exemplo acima, vimos como a consideração de um princípio (função social da propriedade) acabou por alterar a interpretação da regra R1, que passou a incluir uma nova propriedade relevante (ser o proprietário pobre), o que pode ser representado pela sua qualificação por meio de um processo de refinamento. Também a resolução de problemas de ambiguidade e vagueza via interpretação podem ser representados por alterações sintáticas no sistema, com a introdução de novas condições para a aplicação de determinada consequência normativa.

Voltando ao exemplo, pode surgir a dúvida se Pablo, o adquirente, agiu de boa fé, no caso em que não sabia que o imóvel não era de Carlos, mas poderia ter tomado conhecimento mediante algumas diligências usuais, ou seja, se não tivesse sido negligente. Nesse caso, entram em jogo novamente as valorações sobre a proteção à propriedade e à segurança do contrato. Quanto mais (menos) rigoroso com as exigências de boa fé mais peso é dado para a propriedade (segurança do contrato). Seja qual for a deliberação, chega-se a uma estipulação sobre *o que conta como o que*, por exemplo, «*o conhecimento da falsidade do título conta como má-fé*», já «*o desconhecimento conta como boa fé*», tudo no contexto da regulação sobre aquisição da propriedade. O mesmo se dá em situações de vagueza, como no caso do termo «*título oneroso*» em que é possível estipular que «*preço muito abaixo do valor de mercado conta como título gratuito*».

Estipulações da forma «*x* conta como *y*» em sistemas legais ou institucionais foram analisadas por Searle como regras constitutivas, segundo as quais a ocorrência de «*x*» *constitui*, no sentido de ser uma *condição suficiente* para, a ocorrência de «*y*».[45] Tal relação de «*conta como*» já foi estudada

---

44 Bulygin (1986).
45 Searle (1995).

no âmbito de lógicas descritivas como subsunções de conceitos[46] e, como sugerem, Grossi-Dignum-Meyer podem ser satisfatoriamente representadas por uma implicação estrita.[47] Assim, pode-se representar interpretações de conceitos vagos ou de penumbras presentes como propriedades relevantes nas regras por regras conceituais que são condicionais estritos, também sujeitos a refinamento como quando a regra «*desconhecimento conta como boa fé*» é refinado para «*desconhecimento e negligência conta como má fé*» e «*desconhecimento sem negligência conta como boa fé*».

Problemas de lacuna, por sua vez, poderiam ser representados pela expansão do sistema com uma nova regra estipulada pelo intérprete.

Dessa forma, é possível representar sistemas normativos, indexados a determinada interpretação original, bem como sua evolução a partir de escolhas realizadas pelo intérprete: derrogações diante de atribuições de sentido incompatíveis, expansões com regras constitutivas ou com novas regras para fechar lacunas, refinamento de regras constitutivas ou de regras regulativas (de comportamentos) para incluir novas propriedades relevantes. Tal modelo pode fornecer uma boa ideia da racionalidade no processo construtivo de teorias interpretativas pela dogmática.

Ao falar em atribuições e escolhas do intérprete, afastamo-nos de uma concepção descritiva de um sistema relativamente estável de regras, sem perder os importantes conceitos de sistematização desenvolvidos em *Normative Systems*. Tudo se preserva, apenas se admite que o sistema de regras é circunscrito ao conflito e modifica-se em função das características do conflito, sendo, portanto, instável. Ou seja, o sistema refere-se a determinada construção de um conjunto de normas relevantes para determinada ação, que constitui o foco do conflito, e pode ser alterado por estipulações valorativas do intérprete dogmático a partir das propriedades desse conflito. A ideia é que, para cada conflito hipotético, estrutura-se um sistema indexado original de regras com base em uma atribuição preliminar de significado, que passa por alterações (expansões, contrações, revisões, refinamento) conforme escolhas do intérprete, até que se chegue a uma determinada construção do sistema, consistente, completa e mais refinada, que se estabiliza, ainda que provisoriamente, para solucionar o caso (pois dá conta de todas as suas propriedades destacadas).

---

46 Ver (Grossi, Dihnum & Meyer, 1996).

47 Grossi, Dihnum & Meyer (2005). Os autores procuram ainda representar o contexto no qual a subsunção conceitual é realizada como o sistema normativo no qual a subsunção vale. Para tanto, utilizam uma lógica multi-modal em que cada modalidade é indexada com relação ao sistema normativo.

4. RUMO AO DESEJO DE HAACK: LIGANDO VALORAÇÕES À ARGUMENTAÇÃO E SISTEMATIZAÇÃO COM BASE EM REGRAS

A representação do sistema normativo, mesmo na sua versão instável e com suas proposições e soluções normativas estruturadas com base em argumentos, continua vulnerável à crítica de Haack. Falta incorporar elementos que possam dar conta daquela dimensão valorativa, que cumpre a função de justificar uma determinada interpretação ou fornece a razão pela qual determinada atribuição de sentido é melhor do que outra.

Note que a justificação das revisões interpretativas com base em argumentos não basta. Nessa proposta, uma determinada alteração é justificada por determinado confronto de regras conflitantes que já são dadas e que guardam determinada relação de preferência, também já dada. Falta, porém, relacionar essa argumentação e a alteração do sistema normativo dela decorrente a determinado conjunto de valores os quais o sistema de regras deve servir. Ou seja, há um elemento criativo que altera o domínio de regras, mas se assume que essa criação não é arbitrária e tem sua racionalidade dada por esse conjunto de preferências e valores.

No exemplo, temos que a regra R1 (se o adquirente age de boa fé e a título oneroso, então pode reter o imóvel) é derrotada pela regra R2 (se o proprietário depende do imóvel para sustento, então o adquirente deve restituir) em uma argumentação em que o adquirente age de boa fé e a título oneroso, mas o proprietário depende do imóvel. Tal resultado da argumentação leva a um refinamento do sistema com uma regra R1' (se o adquirente age de boa fé e a título oneroso e o proprietário não depende do imóvel, então pode reter o imóvel). Resta saber de que forma a relação de preferência entre regras ou a função condicional do operador de refinamento estão relacionadas a determinado universo de valores ao qual deve corresponder ou guardar coerência.

Assim, por exemplo, nas hipóteses de boa fé e título oneroso deve prevalecer o valor de segurança contratual sobre o direito de propriedade, mas o direito de propriedade prevalece em situações nas quais a proteção da segurança contratual pode comprometer considerações de justiça social. É claro que é difícil hierarquizar um conjunto de valores com base em relações de preferência, mas basta assumir, para o exame da racionalidade dessa dimensão valorativa, que relações entre valores guardam determinada coerência ou devem corresponder a determinadas relações de preferência entre regras, ou podem guiar a escolha de novas propriedades relevantes (condições refutadoras) para as regras originais do sistema a ser reconstruído com base nesses valores ou nessas relações entre valores. Podemos intuir que se R2 prevalece sobre R1 então não pode conviver racionalmente com um sistema de valores no qual a segurança contratual prevaleça sempre sobre o direito de propriedade ou sobre justiça social.

Outra dificuldade. Tais relações entre valores podem levar a estipulações de preferências entre regras, mas há a volta: escolhas explicitadas pelo legislador entre determinadas propriedades relevantes e mesmo entre regras levam a uma reordenação de valores. Ou seja, há algo aqui ligado à ideia de «*reflective equilibrium*» de Rawls,[48] que não é fácil de lidar. De alguma forma, porém, para lidar com a «dimensão valorativa» o modelo deveria contar com outro domínio de elementos (os valores) além do domínio das regras ou do sistema normativo e de uma determinada relação (funcional ou não) entre esses domínios.

Dentro desse campo, além de representar o processo de ponderação e interação argumentativa acima descrita, a representação de raciocínio baseado em casos deu um passo adicional em direção à demanda de Haack. Trata-se da tentativa de gerar argumentos capazes de relacionar precedentes com os valores que constituem o propósito da decisão.

Nas lógicas de argumentação, a oposição dos argumentos normalmente se dá por meio da contraposição das regras *default* neles contidas, que é resolvida por meio de relações de preferência entre essas regras ou por um critério de especialidade. Em raciocínio baseado em casos, os *defaults* relacionam propriedades relevantes dos casos com a decisão, a favor do proponente ou a favor do oponente. A questão em *case-based reasoning* é saber, para um novo caso, com determinadas propriedades relevantes, a solução de qual precedente deve ser aplicada, tendo em vista que o caso em tela pode conter propriedades presentes ou ausentes em mais de um precedente. A mera comparação de propriedades relevantes e soluções pode gerar um impasse, que, no domínio real, normalmente é resolvido pelo raciocínio criativo de advogados e juízes a partir da atribuição de valores às decisões e a comparação entre os valores protegidos em cada decisão.

Esse desafio proposto por Berman e Hafner foi enfrentado por Bench-Capon e Sartor,[49] que propõem um *framework* para a construção de teorias relacionando precedentes a valores por ele protegidos, ou seja «*uma decisão* d *em função de uma propriedade relevante* p, *protege o valor* v». A racionalidade a ser capturada então é a coerência entre a ordenação das preferências entre valores, ou conjunto de valores protegidos, a ordenação de preferências entre regras derivadas dos precedentes. Essa coerência também é testada pela

---

48 Rawls (1971).

49 Bench-Capon & Sartor (2003).

capacidade das regras encontradas (relação entre propriedades relevantes e solução) para explicar o conjunto de precedentes. Trata-se de construir teorias relacionando valores, regras e precedentes, que passarão então a ser testadas em termos de sua coerência, capacidade explicativa e simplicidade.

É claro que é possível formular mais de uma teoria com regras gerais, valores e relações entre regras e valores que explique determinado conjunto de julgados. Passa-se, então a uma avaliação e identificação daquela teoria que possua maior *coerência*, ou seja, aquela que seja consistente, na qual as regras melhor se encaixem nos valores estipulados e que possua maior poder explicativo dos julgados disponíveis, o que pode ser medido usando técnicas de mensuração de coerência[50] desenvolvidos em inteligência artificial, na linha de Thagard, de coerência como *constraint satisfaction*.[51]

As ideias discutidas no modelo de Bench-Capon e Sartor foram adaptadas por Prakken[52] para a mesma linguagem de sua lógica de argumentação derrotável.[53] Nesse modelo, argumenta-se sobre soluções para casos, com base em preferências sobre regras *default* nos argumentos que sustentam essas soluções; cada regra é ligada a valores por ela promovidos, por meio de uma relação binária, ela mesma uma regra *default*, sujeita a argumentação; as regras de preferência entre regras também estão sujeitas a argumentação com base em relações de preferências entre valores avançados pelas regras, preferências essas que também podem estar sujeitas a debate. Ou seja, regras, preferências e valores estão sujeitos a argumentação.

A diferença entre ambos os modelos está na avaliação da solução mais justificada. Enquanto em Bench-Capon e Sartor a avaliação dá-se pela comparação entre teorias reconstruídas de regras e valores, que se aproximam do modelo de ponderação e escolha da reconstrução mais coerente das decisões, em Prakken a avaliação dá-se pela comparação de argumentos.

Para exemplificar a forma de escolha de teorias com base em coerência, suponha que temos três precedentes judiciais. Um no qual o adquirente estava de boa fé e reteve o imóvel. Outro no qual o proprietário dependia do imóvel e o juiz determinou a sua devolução. Dos julgados, generalizam-se, inicialmente, 2 fatores (boa fé do adquirente e situação econômica do proprietário) ligados a soluções opostas. Estipula-se, assim um propósito ao qual essas regras devem servir (segurança do contrato e justiça social). Para essa teoria T_1, não é necessária uma relação de preferência entre regras, que pode ser tomada como o conjunto vazio. Suponha que um novo precedente

---

50 Bench-Capon & Sartor (2001).

51 Thagard (2002).

52 Prakken (2002).

53 Prakken & Sartor (1997).

é trazido para a discussão envolvendo tanto a boa fé do adquirente quanto a pobreza do proprietário. O juiz então determina que seja devolvido o imóvel. A teoria T_1 não mais dispõe de recursos para explicá-lo, recorre-se assim a uma nova teoria T_2 que incluirá a preferência da regra de situação econômica do proprietário sobre a regra condição econômica de boa fé e a prevalência da função social da propriedade sobre a segurança do contrato. Por ter maior poder explicativo (explicar mais precedentes) T_2 é melhor que T_1. Os valores aceitos nessa teoria que prevalece podem ser usados para se derivar novas regras para novos casos, que, por sua vez, dependendo de novos fatores considerados pelo juiz, podem levar a outra teoria com hierarquias redefinidas ou mesmo com novos valores aos quais estarão ligadas novas regras.

O sistema de Bench-Capon e Sartor acaba por delinear um procedimento de construção de teorias interpretativas de precedentes. Sobre esse sistema, é estipulado um procedimento de construção, por meio de pequenas regras que definem os movimentos do intérprete (aquele que constrói as teorias). Por exemplo, se for adicionado novo fator (propriedade relevante), uma regra deve ser estipulada que contenha aquele novo fator, bem como um valor ao qual corresponda. Se for adicionada uma nova regra inconsistente com uma regra originária, deve ser adicionado um par (Rm>Rn) na relação de preferência que resolva o conflito. Se for adicionado um par na relação de preferência entre regras, um par correspondente ($v_{rm}>v_{rn}$) deve ser adicionado na relação entre os valores a que servem essas regras. Outras regras fazem parte desse procedimento e servem para simplificar a teoria. A simplicidade da teoria, também pode ser tomada como um critério para preferi-la às demais teorias concorrentes.

No exemplo acima, como somente havia um fator relevante para cada precedente, não houve dificuldade na generalização das regras. Mas podemos imaginar precedentes nos quais as soluções normativas são aplicadas a um conjunto de fatores e para os quais o intérprete terá que levantar hipóteses sobre quais foram os fatores relevantes para a decisão.

A teoria resultante de uma construção interpretativa/argumentativa no modelo de Bench-Capon e Sartor, porém, não necessariamente é consistente. Vale dizer, nos casos interessantes, conterá, na teoria final, regras incompatíveis, indicando-se a regra aplicada com base no sistema de argumentação e preferências. Essa limitação foi notada por Suzuki e Tojo,[54] que propõem uma consolidação da teoria resultante, por um operador de revisão de crença que elimine a inconsistência entre regras em favor das regras prevalecentes para o caso. A solução, porém, esbarra na crítica de Peczenik sobre

---

[54] SUSUKI & TOJO (2005).

a adequação de modelos de revisão para o modelo de ponderação. O que ocorre, na verdade não é a eliminação de uma regra, como na derrogação. Mais adequado parece ser o uso de uma lógica de qualificação, em que a regra prevalecente fica condicionada às propriedades do caso, mas não gera propriamente a revogação da regra derrotada naquele caso.

Assim, a exigência de coerência entre valores, regras e mesmo precedentes (que são regras individuais) podem ser trazidas para a dinâmica de modificação e construção do sistema normativo pelo intérprete, por meio de operadores de refinamento de teorias. No modelo, a teoria construída e alterada por revisão e refinamento, toma por base argumentos justificados que levam em consideração valores preferências e também argumentos sobre esses valores e relações de preferência.

Alternativamente, seria possível relacionar diretamente o sistema normativo reconstruído com um conjunto de valores ou objetivos que o sistema pretende concretizar. Como normas são diretrizes para agir de uma forma em determinados casos (com propriedades relevantes) pode-se exigir que tal sistema normativo guarde coerência com os valores ou propósitos, a partir de uma função que relacione tais ações reguladas e propriedades relevantes com esses mesmos propósitos (a ação- permitida, ordenada ou proibida – naquela circunstância favorece o propósito ou desfavorece o propósito). Assim, se o objetivo do sistema é proteger a propriedade, pode-se considerar que a retenção do contrato em uma aquisição de boa fé e a título oneroso, mas em que o adquirente é negligente, contraria aquele objetivo, de forma que a negligência, antes desconsiderada deveria ser tomada como uma condição (relevante) refutadora para a ação de retenção que constitui uma consequência do sistema normativo correspondente. Dessa forma, a escolha da condição refutadora para operadores de refinamento de sistemas pode ser guiada pelo sistema de valores e pela função que relaciona as ações reguladas a esses valores. Novamente essa função refletiria um raciocínio abdutivo em que os valores são hipóteses que explicam as regras do sistema, pois avaliam positivamente ou negativamente as ações, em determinadas circunstâncias, que são proibidas, obrigatórias ou permitidas.

O recurso a técnicas de representação do raciocínio abdutivo podem superar a limitação apontada aos sistemas de argumentação que incorporam valores. Vale dizer, os valores não seriam dados de antemão para cada regra *default* e também não seriam ordenados previamente. Esses valores seriam gerados por um processo abdutivo e incorporados às teorias dentro do processo de construção.

Enfim, a visão que se pretende esboçar é, portanto, a de um sistema instável em que novas regras e propriedades são introduzidas, na medida em que guardem coerência com um conjunto de valores estipulado, ou inferido por um raciocínio abdutivo a partir das próprias regras, como o conjunto de valores que melhor explica essas regras. Têm-se, assim, algumas linhas para o que seria um modelo formal apto a representar o processo de reconstrução do sistema pela dogmática jurídica em sua atividade interpretativa, com sua dimensão valorativa.

As demandas de Haack podem ser atendidas, acredito, se a atividade interpretativa, dentro de um modelo formal, for tomada como uma dinâmica de alteração de sistemas normativos, em que as regras que se estabilizam são sustentadas por argumentos justificados, e que, ademais, guardem coerência (possam ser explicadas por) um conjunto de valores às quais servem. Dessa forma, acredito, as técnicas formais desenvolvidas pela 2ª e 3ª gerações podem se aproximar daquela lógica material intuitiva desenvolvida pela 1ª geração e que ainda hoje é aplicada pelos especialistas dogmáticos como a lógica própria dos juristas.

Obviamente, o que foi delineado aqui é apenas um programa de governo, recheado de promessas. Assim como ocorre nas campanhas políticas, não tenho certeza se tais promessas poderão ser cumpridas, mas servem, pelo menos, para uma resposta mais otimista quanto ao futuro. A lógica pode fazer mais que alguma coisa e pode fazer tudo o que vale a pena, pois representará aquilo que há de racional na reconstrução interpretativa dos ordenamentos. Mas certamente, incapaz de tomar decisões, não poderá fazer tudo.

BIBLIOGRAFIA

Aarnio, Aulius, 1977: *On Legal Reasoning*, Turku/Loimaa.

——, 1986: «On Changes in the Systematics of Law», *Rechtstheorie*, Beiheft 10: *Vernunft und Erfahrung im Rechtsdenken der Gegenwart/Reason and Experience in Contemporary Legal Thought*, p. 161-170.

Al-Hibri, A., 1978: *Deontic Logic*. Washington University Press.

Alchourrón, Carlos, 1969: «Logic of Norms and Logic of Normative Propositions». *Logique et Analyse*, n. 47: 12.

——, 1982a: «Normative Order and Derogation», in A.A. Martino (ed.) *Deontic Logic, Computational Linguistics and Legal Information Systems*, vol. II, North-Holland Publishing Co., p. 51-64.

——, 1982b: «Normative Order and Derogation», in A.A. Martino (ed.) *Deontic Logic, Computational Linguistics and Legal Information Systems*, vol. II, North-Holland Publishing Co., p. 51-64.

——, 1988a [1988]: «Conflictos de normas y revision de sistemas normativos», in Alchourrón and Bulygin, 1991, p. 291-301.

Åqvist, Lennart, 1973: «Modal logic with subjunctive conditionals and dispositional predicates», *Journal of Philosophical Logic*, 2: 1-76.

——, 1987: *Introduction to Deontic logic and the Theory of Normative Systems*, Bibliopolis.

——, 1988b [1988]: «Condicionalidad y la representacion de las normas jurídicas» in Alchourrón and Bulygin, 1991, p. 267-280.

——, 1993: «Philosophical foundations of Deontic Logic and the Logic of Defeasible Conditionals». *Deontic Logic in Computer Science: Normative System Specification.* J-J. Ch. Meyer and J.R. Wieringa (editors), John Wiley & Sons, p. 43-84.

——, 1995: Defeasible logics: demarcation and affinities. *Conditionals: from Philosophy to Computer Science*. CROCCO, G. Fariñas del Cerro e A. HERZIG (eds.), Oxford: Clarendon Press, p. 67-102.

——, 1996a: «Detachment and Defeasibility in Deontic Logic», *Studia Logica*, 57:5-18.

——, 1996b: «On Law and Logic», *Ratio Juris*, 9, p. 331-48.

ALCHOURRÓN, Carlos e BULYGIN, Eugenio, 1971: *Normative Systems,* Springer Verlag. (As referências são da versão em espanhol: ALCHOURRÓN, Carlos e BULYGIN, Eugenio. *Introducción a la Metodologia de las Ciencias Juridicas y Sociales*, Astrea, 1975).

——, 1991: *Análisis Lógico y Derecho*, Centro de Estudios Constitucionales, Madrid.

ALCHOURRÓN, Carlos e MAKINSON, David, 1982: «On the logic of theory change: contraction functions and their associated revision functions». *Theoria*, 48: 14-37.

ALCHOURRÓN, Carlos, GÄRDENFORS, Peter; e MAKINSON, David, 1995: «On the logic of theory change», *Journal of Symbolic Logic*, 50(2), p. 510-530.

ALISEDA, Atocha, 2000: «Abduction as epistemic change: a Peircean model in artificial inteligence». Flach, Peter A., and Antonis C. Kakas, Editors, *Abduction and Induction: Essays on Their Relation and Integration*. Dordrecht and Boston: Kluwer Academic Publishers.

ALEXY, Robert, 1983: *Theorie der juristischen Argumentation: Die Theorie des rationalen Diskurses als Theorie der juristischen Begründung*, Suhrkamp.

ALMEIDA, João Marcos, 1999: «Semânticas de Traduções Possíveis». Tese de mestrado defendida na Universidade Estadual de Campinas, Instituto de Filosofia e Ciências Humanas.

AUSTIN, J. L., 1976: *How to do things with words*. 2. ed. Oxford, J. O. Urmson e M. Sbisa (eds.).

BAKER, G. P. e HACKER, P. M. S., 1985: *Wittgenstein: Rules Grammar and Necessity. An analytical comentary on the Philosophical Investigations*, vol. 2, Oxford: Blackwell.

BECHER, Verónica; FERME, Eduardo; RODRIGUEZ, Ricardo; LAZZER, Sandra; OLLER, Carlos; PALAU, Gladys, 1999: «Some Observations on Carlos Alchourrón Theory of Defeasible Conditionals», in P. MCNMARA e H. PRAKKEN (eds.) *Norms, Logics and Information Systems*, IOS Press.

BENCH-CAPON, T. e SARTOR, G., 2001: «A quantitative approach to theory coherence», em VERHEIJ, B., LODDER, A., LOUI, R. and MUNTJEWERFF, A. (eds.) *Legal Knowledge and Information Systems*, Jurix, IOS Press, p. 53-63.

——, 2003: «A Model of Legal Reasoning with Cases Incorporating Theories and Values». *Artificial Intelligence*, vol. 150 1-2:97-143.

BULYGIN, Eugênio, 1986. «Legal Dogmatics and the Systematization of Law, Rechtstheorie, Beiheft 10: *Vernunft und Erfahrung im Rechtsdenken der Gegenwart. Reason and Experience in Contemporary Legal Thought*», p. 193-210.

——, 1991: «Normas, Proposiciones Normativas y Enunciados Juridicos», in ALCHOURRÓN AND BULYGIN, 1991, p. 169-193.

BOBBIO, Norberto, 1967: «"Sein" and "Sollen" in Legal Science». *Archiv für Rechts- und Sozialphilosophie, ARSP*, n. 6.

BONDARENKO, A., DUNG, P.M, KOWALSKI, R.A. e TONI, F., 1997: «An abstract argumentation theoretic approach to default reasoning». *Artificial Intelligence*, 93: 63-101.

BREWKA, G., DIX, J. e KONOLIGE, K., 1997: *Nonmonotonic Reasoning: an overview*, CSLI Lecture Notes.

BULYGIN, Eugênio, 1992: «Entrevista a Georg Henrik Von Wright», *DOXA, Cuadernos de Filosofia del Derecho*, vol. 12: 385-392.

——, 2007: *What can one expect from logic in the law? Not all, but something: a reply to Susan Haack*, Atas do VIII, Seminário Internacional de Teoria del Derecho, Bahia Blanca.

CARACCIOLO, Ricardo, 1994: El concepto de «laguna». Descripción o Prescripción, em *La noción de sistema en la teoria del derecho*, Mexico: Fontanamara, 27-36.

CARMO, J. E., JONES, A. J. I., 2002: «Deontic logic and contrary-to-duties», in: GABBAY, D.; GUENTHNER, F. (eds.). *Handbook of Philosophical Logic*, vol. 8: 265-343.

CASTAÑEDA, H. N., 1959: «The logic of obligation», *Philosophical Studies*, 10:17-23.

——, 1981: «The Paradoxes of Deontic Logic: The Simplest Solution to All of Them in One Fell Swoop», in HILPINEN, R. (ed.) *New Studies in Deontic Logic*, 37-86, Reidel, Dordrecht.

CHELLAS, B.F., 1980: *Modal Logic: an introduction.* Cambridge.

CHISHOLM, R.M., 1963: «Contrary to Duty Imperatives and Deontic logic», *Analysis* 24, p. 33-36.

COLEMAN, J., 2001: *The Practice of Principle: in defense of a pragmatist approach to legal theory*, Oxford.

COSTA, Newton A. C. da, 1994: *Ensaio sobre os fundamentos da lógica*, Hucitec.

DASCAL, Marcelo, 2005: *Interpretação e Compreensão.* Unisinos, São Leopoldo.

DUBISLAV, W., 1937: «Zür Unbegründbarkeit der Forderungssätze». *Theoria*, 3: 330-342.

DUMMET, M., 1959: «Wittgenstein's Philosophy of Mathematics», *The Philosophical Review*, vol. 68, p. 324-48.

DWORKIN, Ronald, 1977: *Taking Rights Seriously*, Harvard University Press.

——, 1986: *Law's Empire*, Harvard University Press.

ENGISCH, Karl, 1964: *Einführung in das juristische Denken*. Stuttgart: Kohlhammer.

FARIAS, Domenico. *Interpretazione e Logica*. Milano: Giuffrè (s/d).

FERMÉ, Eduardo e HANSSON, Sven Ove, 1999: Selective Revision. *Studia Logica*, 63, vol. 3: 331-342.

FERRAZ JUNIOR, Tercio Sampaio, 1978: «Função Social da Dogmática Jurídica», Max Limonad (ed. de 1998).

——, 1988: *Introdução ao Estudo do Direito: técnica, decisão, dominação*. Atlas; referências são feitas à nova edição da Atlas de 2003.

—— e MARANHÃO, Juliano, 2007: «Função Pragmática da Justiça na Hermenêutica Jurídica: lógica do ou no direito?» em *Revista do Instituto de Hermenêutica Jurídica*, vol. 1, n. 5, «A filosofia no direito e a filosofia do direito», Porto Alegre, p. 273 a 318.

FUHRMANN, Andre, 1999: «Solid Belief», *Theoria*, 63, p. 90-104.

GABBAY, DOV, HOGGER, C. J. e ROBINSON, J. A., 1994: *Handbook of Logic in Artificial Intelligence and Logic Programming, vol. 3, Nonmonotonic Reasoning and Uncertain Reasoning*, Oxford: Clarendon Press.

GÄRDENFORS, Peter, 1981: «Rules for rational change of belief». *In Philosophical Essays dedicated to Lennart Aqvist*, p. 88-111.

GRICE, Paul, 1991: «Further notes on logic and conversation». In: GRICE, Paul. *Studies in the way of words*. Cambridge: Harvard University Press.

GROSSI, D., DIGNUM, F. e J.-J. MEYER, 1996: «Contextual Taxonomies», em J. Leite e P. Toroni (eds.). Proceedings of CLIMA Workshp, Lisbon 2004 e JONES, A.J.I., e SERGOT, M. «A formal characterization of institucionalized power» *Journal of the IGPL*, 3: 429-445.

—— e ——, 2005: «Modal Logic Investigations in the semantics of count-as». In *Proceedings of the 10th International Conference on Artificial Intelligence and Law- ICAIL*.

HAACK, S., 2007: «On logic in the law: Something but not all», *Ratio Juris*, vol. 20, n. 1: 1-31.

HABERMAS, Jürgen, 1997: *Zwischen den Traditionen. Laudatio auf Georg Henrik Von Wright*, Universität Leipzig.

HACKER, P. M. S., 1996: *Wittgenstein's Place in Twentieth Century Analytic Philosophy*, Oxford: Blackwell.

——, 1999: *Wittgenstein on Human Nature*, New York: Routledge.

HAGE, Jaap, 2000: «Rule Consistency», *Law and Philosophy* 19: 369-390.

HANSEN, Jorg, 1999: «Are there Paradoxes of Commitment in Professor Von Wright's Logic of Norms?». *Action, Norms, Values: discussions with Georg Henrik Von Wright*, ed. Meggle, G.,Walter de Guyter.

——, 2001: «Some logics about Imperatives», *Fundamenta Informaticae* 46 1-22, IOS Press.

HANSSON, Bengt, [1968] 1971: «An Analysis of Some Deontic Logics. Reimpresso em Hilpinen», R. (ed.) *Deontic Logic, Introductory and Systematic Readings*, 121-147. Reidel, Dordrecht.

HANSSON, Sven Ove, 1994: «Kernel Contraction». *Journal of Symbolic Logic*, 59: 845-859.

——, 1995: «The Emperor's New Clothes. Some recurring problems in the formal analysis of counterfactuals», in CROCCO, FARIÑAS DEL CERRO e A. HERZIG (eds.). *Conditionals: from Philosophy to Computer Science*, Clarendon Press, p. 13-31.

——, 1997: *Theoria: special issue on non-prioritized belief revision*, vol. 63.

——, 1999: *A textbook of belief dynamics: theory change and database updating*. Kluwer.

——, 2001: *The Structure of Values and Norms*, Cambridge University Press.

HARMAN, Gilbert, 1989: *Change in view: principles of reasoning*, MIT Press.

HART, H. L. A., [1961] 1994: *The Concept of Law*, Oxford University Press, 1961. Citações são da 2ª edição ampliada, editada em 1994, por Penelope A. Buloch e Joseph Raz.

——, 1983a: «Introduction», *Essays in Jurisprudence and Philosophy*, Oxford: Clarendon Press.

——, 1983b: «Kelsen Visited», *Essays in Jurisprudence and Philosophy*, Oxford: Clarendon Press.

HARTSHORNE, Charles; WEIS, Paul (Eds.), [1931-1938] 1931-1958: *Collected Papers of Charles Sanders Peirce*. Cambridge: Harvard University Press.

HEMPEL, Carl. G., 1970: *Aspects of Scientific Explanation*, Free Press.

HILPINEN, Risto e FOLLESDAL, Dagfin, 1971: «Deontic Logic: an introduction», *Deontic Logic: Introductory and Systematic Readings*. Hilpinen, Risto (ed.), D. Reidel Publishing Company.

—— e ——, 1993: «On deontic logic, pragmatics and modality». *Pragmatik: Handbuch pragmatischen Denkens*. Band IV. ed. Herbert Stachowiak. Felix Meiner Verlag, Hamburg, p. 295-319.

HILPINEN, Risto (ed.), 1971: *Deontic Logic: Introductory and Systematic Readings*. D. Reidel Publishing Company.

——, 1987: «Conflicts and Change in Normative Systems», in Ake Frändberg and Mark Van Hoecke (eds.), *The Structure of Law*, Iustus Förlag.

——, 2004: «Peirce's Logic». In: GABBAY, D. M.; WOODS, John. *Handbook of the History of Logic. The Rise of Modern Logic*: *From Leibniz to Frege*. Amsterdam: Elsevier, vol. 3. p. 611-658.

HINTIKKA, Jaakko, 1977: «Language Games», *Dialectica*, vol. 31, n. 3-4: 226-45.

JHERING, R., [1881] 1990: *Gesammelte Aufsätze* 1B, Jena, 7-11, apud FARIAS, Domenico. *Interpretazione e Logica*. Milano: Giuffrè.

JONES, A. I., PORN, I., 1985: «Ideality, sub-ideality and deontic logic», *Synthese*, 65: 275-290.

JØRGENSEN, Jørgen, 1937-1938: «Imperatives and Logic». *Erkenntnis* 7: 288-296.

KALINOWSKI, G., 1975: *Lógica del discurso normative*, Madrid: Tecnos.

—— e GARDIES, J. L., 1974: *Un logicien deontique avant la letre: Gottfried Wilhelm Leibniz, Archives für Rechts-und Sozialphilosophie*- ARSP, LX/1.

KANGER, Stig, 1971: «New Foundations for Ethical Theory, em Hilpinen, Risto (ed.)». *Deontic Logic: Introductory and Systematic Readings*. D. Reidel Publishing Company, p. 36-58.

KAPITAN, Tomis, 1997: «Peirce and the Structure of Abductive Inference». In: HOUSER, N.; ROBERTS, D. D.; EVRA, J. V. *Studies in the Logic of Charles Peirce*. Bloomington and Indianapolis: Indiana University Press, p. 477-496.

KELSEN, Hans, 1960: *Reine Rechtlehre*, 2. ed., Wien: Deuticke.

——, 1965: «Recht und Logik», Viena: Forum.

——, 1979: *Allgemeine Theorie der Normen*. Wien: Manz.

KENNY, Anthony, 1982: «Wittgenstein on the Nature of Philosophy», in B. McGuinness (ed.) *Wittgenstein and his times*. University of Chicago Press.

KRAUS, LEHMAN e MAGIDOR, 1990: «Nonmonotonic Reasoning, preferential models and cumulative logics», *Artificial Intelligence*, 44: 167-207.

LABAND, P., [1887] 1990: *Das Staatsrecht des Deutschen Reiches*, 2. Aufl. Tübingen, p. IX, apud FARIAS, Domenico. Interpretazione e Logica. Milano: Giuffrè.

KLUG, Ulrich, 1966: «Juristische Logik», Berlim.

LEVI, Isaac, 1991: *The fixation of belief and its undoing: changing beliefs through enquiry*. Cambridge University Press.

LEWIS, David, 1973: «Counterfactuals», Blackwell.

LOUI, R. P., 1997: «Alchourrón and Von Wright on Conflict Among Norms», em Nute, D. (ed.) *Defeasible Deontic Logic*, Kluwer, p. 345-351.

LOWER, B. e BELZER, M., 1983: «Dyadic deontic detachment», *Synthese*, 54: 295-318.

ŁUKASIWICZ, Jan, [1910] 1971: «On the principle of Contradiction in Aristotle», *Review of Metaphisics,* vol. 24: 485-509.

MAKINSON, David, 1987: «On the status of the postulate of recovery in the logic of theory change». *Journal of Philosophical Logic*, 16: 383-394.

——, 1993: «Five faces of minimality», *Studia Logica*, 52:339-379.

——, 1999: «On a fundamental problem of deontic logic», em *Norms, Logics and Information Systems*. McNamara, P. e Prakken (eds.), Amsterdam: IOS.

——, 2005: *Bridges from Classical to Non-Monotonic Logic*, Kings College.

MALLY, Ernst, 1926: *Grundgesetze des Sollens*, Graz: Leuschner und Lubensky.

MARANHÃO, Juliano, 2001: «Some operators for refinement of normative systems», in VERHEIJ, B., LODDER, A., LOUI, R. and MUNTJEWERFF, A. (eds.) *Legal Knowledge and Information Systems*, Jurix 2001, IOS Press, p. 103-115. Publicado neste volume na Seção 5.

——, 2002: «Von Wright's skeptical turn on the logic of norms and the problem of gaps in normative systems. A ser publicado em *Archiv für Rechts und Sozialphilosophie (ARSP)*. Publicado nesse volume na Seção 2.

——, 2004: «Padrões de racionalidade na sistematização de normas», Tese apresentada na Faculdade de Direito da Universidade de São Paulo para obtenção do título de doutorado.

——, 2006: «Why Was Alchourrón Afraid of Snakes?» In: *Análisis Filosófico*, XXVI, N° 1, mayo. 2006. Publicado nesse volume na Seção 7.

——, 2007: «Refining Beliefs», in J-Y. BÉZIAU, A. COSTA LEITE (eds.) *Perspectives on Universal Logic*, 335-349, Polimetrica. Publicado neste volume na Seção 6.

——, 2009: «S. A. Von Wright's Therapy to Jorgensen's Syndrome». *Law and Philosophy*, 28: 163-201. Springer. Publicado neste volume na Seção 1.

____, 2012: *Positivismo jurídico lógico-inclusivo*. São Paulo: Marcial Pons.

MARCOS, J., 2005: «Modality and paraconsistency», in: BILKOVA, Marta; BEHOUNEK, Libor (org.). *The Logica Yearbook 2004*. Prague: Filosofia, p. 213-222.

MEIRELLES, Hely Lopes, 1996: *Direito Administrativo Brasileiro*, Malheiros.

NIINILUOTO, Ikka, 1981: «On truth and argumentation in legal Dogmatics», in *Rechtstheorie*, Beiheft 2.

OLSSON, E.J., 1997: «A coherence interpretation of semi-revision», *Theoria* 63:105-134.

PAGNUCCO, Maurice, 1996: «The Role of Abductive Reasoning Within the Process of Belief Revision», Phd. Thesis, Department of Computer Science, University of Sydney.

—— e ROTT, H., 2000: «Severe Withdrawal (and recovery)», *Journal of Philosophical Logic* 28: 501-547, 1999; Errata, *Journal of Philosophical Logic* 29: 121.

PECZENIK, A., 1996: «Jumps and logic in the Law». *Artificial Intelligence and Law* 4: 297-329.

POLLOCK, J. L., 1987: «Defeasible Reasoning». *Cognitive Science* 11:481-518.

PRAKKEN, Henry, 1997: *Logical Tools for modeling legal argument*. Dordrecht Kluwer.

——, 2002: «An exercise in formalizing teleological case based reasoning», em *Artificial Intelligence* and Law 10: 113-133.

—— e SARTOR, G., 1997: «Argument based extended logic programming with defeasible priorities». *Journal of Applied Non-Classical Logics* 7: 25-75.

—— e SERGOT, M., 1996: «Contrary to duty obligations», *Studia Logica* 57:91-115.

——, 1997: «Dyadic Deontic Logic and Contrary to Duty Obligations», in NUTE, D. (ed). *Defeasible Deontic Logic*, Dordrecht: Kluwer.

PRAKKEN, H. e VREESWIJK, G., 2002: «Logics for Defeasible Argumentation», em D. GABBAY e F. GUENTHNER (eds.) *Handbook of Philosophical Logic*, 2. ed., vol. 4: 218-319. Kluwer: Dordrecht.

PRIOR, A. N., 1954: «The Paradoxes of Derived Obligation», *Mind*, 63: 64-65.

PUCHTA, 1854: *Das Gewohnheitsrecht*, vol. 1 e 2, 4.ª ed., Erlangen, 1837; *Vorlesungen über das heutige römische Recht*, 4. ed., Leipzig.

REITER, R., 1980: «A logic for default reasoning». *Artificial Intelligence* 13:81-132.

RESCHER, N., 1958: «An axiom system for deontic logic». *Philosophical Studies*, vol. 9: 24-30.

——, 1962: «Conditional Permission in Deontic Logic». *Philosophical Studies*, vol. 13: 1-6.

RAWLS, John, 1971: *A Theory of Justice*, HUP.

RAZ, Joseph, 1994: «The inner logic of law», in *Ethics in the Public Domain*, Oxford: Clarendon Press.

RODRIGUEZ, Jorge L., 2000: «Axiological Gaps and Normative Relevance», *Achives für Rechts-und Sozialphilosophie* (ARSP).

——, 2005: «Introducción: "Normas y razones: Aspectos lógicos y sustantivos"». In: *Discussiones*, año IV, n. 5 – Razones y Normas. Córdoba: Ediuns.

ROSS, David, 1930: *The Right and the good.* Hackett.

ROSS, Alf, 1994: *On Law and Justice*, Londres: Stevens and Sons, 1958. *Sobre el Derecho y La Justicia.* Referências são feitas à tradução de Genaro Carrió, Sobre el Derecho y la Justicia, Eudeba.

——, 1971: *Directives and Norms*, Routledge, citações são da tradução para o espanhol: *Logica de las Normas*, Tecnos.

SAVIGNY, F. Carl von, 1840: *System des heutigen romischen Rechts.* Berlim.

SCHAUER, Frederick, 1998: *Playing by the rules: a philosophical examination of rule-based decision-making in law and in life*, Oxford: Clarendon.

SEARLE, John, 1995: *The construction of social reality*, Free Press.

SEARLE, John R. e VANDERVEKEN, D., 1985: *Foundations of Illocutionary Logic*, Cambridge University Press.

SOSA, E., 1980: «The raft and the pyramid: coherence vs. foundations in the theory of knowledge». *Midwest Studies in Philosophy*, 5: 3-25.

STENIUS, Erik, 1963: «The Principles of a Logic of Normative Systems», *Acta Philosophica Fennica*, 16: 247-260.

SUZUKI, Y. e TOJO, S., 2005: Additive Consolidation for dialogue-game, 105-114, *Proceedings of the 10th. International Conference on Artificial Intelligence and Law*, Bologna, Italy: ACM Press.

TARSKI, Alfred, 1983: «Fundamental Concepts of the methodology of the deductive sciences», in CorcSoran J. (ed.) *Logic, semantics, metamathematics*. Hackett Publishing Co.

THAGARD, P., 2002: *Coherence in thought and action*, MIT.

VAN ECK., 1982: «A system of temporally relative modal and deontic predicate logic and its philosophical application». *Logique et analyse*, 100: 249-381.

VERNENGO, R.J., 1986: «Systematization in Legal Dogmatics and Judicial Decisions», *Rechtstheorie*, Beiheft 10: 230-239.

VON WRIGHT, G.H., 1951: «Deontic Logic», *Mind* 60: 1-15.

——, 1963: *Norm and Action: a logical enquiry*. Routledge & Keagan Paul, London.

——, 1964: «A New System of Deontic Logic». *Danish Yearbook of Philosophy*, vol. 1: 173-182.

——, 1965: «A Correction to a New System of Deontic Logic». *Danish Yearbook of Philosophy*, vol. 2: 103-107.

——, 1968: *An Essay in Deontic Logic and the General Theory of Action*. North-Holand.

——, 1971: «Deontic Logic and the Theory of Conditions», in RISTO HILPINEN (ed) *Deontic logic: Introductory and SystematicReadings,* Dordrecht Holand: D. Reidel Publishing Company.

——, 1982: «Norms, truth and Logic», in A.A. MARTINO (ed.) *Deontic Logic, Computational Linguistics and Legal Information Systems*, vol. II, North-Holland, p. 3-20.

——, 1983: «Norms, Truth and Logic», *in Pratical Reason. Philosophical Papers*, vol.1, Oxford: Basil Blackwell, p. 130-209.

——, 1983b: «Introduction», *Pratical Reason. Philosophical Papers*, vol. 1, Oxford: Basil Blackwell, p. vii-ix.

——, [1983c] 1983: «On the logic of Norms and Actions», *Pratical Reason. Philosophical Papers,* vol. 1, Oxford: Basil Blackwell, p. 100-129.

——, 1985: «Is and Ought», *Man, law and other forms of life*, ed. BULYGIN E., 263-281, Reidel.

——, [1989a] 1989: «A Reply to my Critics», *The Philosophy of Georg Henrik Von Wright*, eds. P. SCHILPP and HAHN, L. Library of Living Philosophers, vol. XIX, 731-888.

——, [1989b] 1989: «Intellectual Autobiography», *The Philosophy of Georg Henrik Von Wright,* eds. P. SCHILPP and HAHN, L. Library of Living Philosophers, vol. XIX, 1-55.

——, [1991a] 1991: «The Foundations of deontic logic– a critical survey», in *Proceedings of ΔEON'91*, eds. J. J. Meyer e Wieringa.

——, [1991b] 1996: «Is there a logic of Norms?» *Ratio Juris* 4: 265-283. 1991. Referências são feitas à versão reimpressa em Six Essays in *Philosophical Logic. Acta Philosophica Fennica*, vol. 60.

——, [1993b] 1993: «Analytic Philosophy: A Historico-Critico Survey», in *The three of knowledge and other essays*, Leiden: Brill.

——, 1996: «Ought to be-Ought to do», in *Six Essays in Philosophical Logic. Acta Philosophica Fennica*, vol. 60.

——, 1997: «On Norms and Normpropositions», in *The Reasonable as Rational?, Festschrift in honour of Aulis Aarnio*, ed. WERNER KRAWIETZ u.a.. Dunker & Humboldt.

——, [1999a] 1999: «Deontic Logic: as I see it», in *Norm Logics and Information Systems (ΔEON'98),* eds. MCNAMARA, P. and PRAKKEN, H., 15-25, Amsterdam IOS.

——, [1999b] 1999: «Value, Norm and Action in my Philosophical Writings», *in Action, Norms, Values: discussions with Georg Henrik Von Wright*, ed. Meggle, G.,Walter de Guyter.

——, 2001: *On Wittgenstein. Philosophical Investigations: Special Edition to Mark the Fiftieth Anniversary of Wittgenstein's Death,* vol. 24, 2: 177-179.

WASSERMANN, Renata, 2000: «Resource-bounded belief revision». ILLC dissertation series DS-2000-01. Amsterdam.

WASSERMANN, Renata e DIAS, Wagner, 2001: «Abductive Expansion of Belief Bases», *Proceedings of the IJCAI Workshop on Abductive Reasoning*, Seattle, August.

WASSERMANN, R. e CARBOGIM, D., [2000] 2004: «Full Acceptance via Argumentation». Proceedings of the Discussion Track of SBIA/IBERAMIA, Atibaia, November 2000; e Paglieri, F. e Castelfranchi. C. Argumentation and Data-oriented Belief Revision: On the Two-sided Nature of Epistemic Change. In F. GRASSO, C. REED, G. CARENINI (Ed.), *CMNA IV: 4th workshop on Computational Models of Natural Argument* (p. 5-12). Valencia: ECAI.

WIEACKER, Franz, 1967: *Privatrechtsgeschichte der Neuzeit.*Göttingen: Vandenhoeck & Ruprecht.

TLP WITTGENSTEIN, Ludwig, 1994: *Tractatus Logico-Philosophicus*, trad. L.H. Lopes dos Santos: Edusp.

PI WITTGENSTEIN, Ludwig, 1991: *Investigações Filosóficas*, G. E. M. Anscombe and R.Rhees, trad. J. C. Bruni, Nova Cultural, Coleção Os Pensadores.

RFM Wittgenstein, Ludwig, 1964: *Remarks on the Foudations of Mathematics*, ed. G.H. Von Wright, R. Rhees and G.E.M Anscombe, trans. By G.E.M. Anscombe, Oxford: Blackwell.

LFM Wittgenstein, Ludwig, 1976: *Wittgenstein's Lectures on the Foundations of Mathematics*, Cambridge, 1939. C. Diamond (org.). University of Chicago Press.

OC Wittgenstein, Ludwig, 1979: *On Certainty*, ed. G.E.M Anscombe and G.H. Von Wright, Oxford: Blackwell.

PG Wittgenstein, Ludwig, 1978: *Philosophical Grammar*, ed. R. Rhees, University of California Press.

Wójcicki, R., 1988: *Theory of logical calculi*. Dordrecht: Kluwer.

Ziembinski, Zygmunt, 1978 : «La notion de rationalité du législateur», in *Archives de philosophie du Droit:Formes de rationalité en droit*, Sirey.

——, 1985: «Two Concepts of Rationality in Legislation», in *Rechtstheorie*, Beiheft 8: *Juristische logik, Rationalität und Irrationalität im Recht/ Juristic logic, Rationality and Irrationality in Law*, p. 139-150.

Zietelman, Ernst, 1903: *Lücken im Recht*, Leipzig.